中国煤炭行业能源金融安全运行管理

Energy Financial Security Operation Management of Coal Industry in China

洪　强　王会波　著

科学出版社

北京

内 容 简 介

煤炭行业作为我国供给侧结构性改革去产能、去库存的重点领域，国家能源安全和生态压力并存。本书基于中国能源结构主要依赖煤炭的客观事实，从整个中国煤炭行业层面、以山西省为代表的区域层面和以山西潞安环保能源开发股份有限公司为代表的企业层面系统性研究了供给侧结构性改革背景下中国煤炭行业金融安全预警管理体系。以 MATLAB 软件为支撑，运用基因遗传算法修正 BP 神经网络的方法构建中国煤炭行业金融安全预警管理模型，分别计算分析了中国分层次的煤炭行业金融安全预警指数，提出了保障中国煤炭行业金融安全的对策建议，全面提升中国煤炭行业资本运营管理质量。

本书适合我国煤炭领域经济工作者及相关煤炭行业发展政策决策者、高等学校煤炭经济研究者、煤炭企业管理者阅读。

图书在版编目（CIP）数据

中国煤炭行业能源金融安全运行管理 = Energy Financial Security Operation Management of Coal Industry in China/洪强，王会波著. —北京：科学出版社，2017

ISBN 978-7-03-055485-7

Ⅰ. ①中⋯ Ⅱ. ①洪⋯ ②王⋯ Ⅲ. ①煤炭工业 – 金融投资 – 风险管理 – 研究 – 中国 Ⅳ. ①F830.56

中国版本图书馆CIP数据核字（2017）第280815号

责任编辑：刘翠娜 耿建业 / 责任校对：桂伟利
责任印制：张 伟 / 封面设计：无极书装

科 学 出 版 社 出版
北京东黄城根北街 16 号
邮政编码：100717
http://www.sciencep.com

北京建宏印刷有限公司 印刷
科学出版社发行 各地新华书店经销
*
2017 年 11 月第 一 版 开本：720 × 1000 B5
2018 年 1 月第二次印刷 印张：15 1/4
字数：300 000
定价：98.00 元
（如有印装质量问题，我社负责调换）

作者简介

洪强，男，汉族，1971年9月出生，浙江宁波人，研究生学历，高级会计师、高级经济师。山西省国资委党委联系的高级专家，中国煤炭工业技术委员会经济与管理专家委员会委员，山西潞安矿业(集团)有限责任公司总会计师。

王会波，男，汉族，1976年1月出生，山西长治人，研究生学历，高级会计师、注册会计师。

前　言

　　进入 21 世纪以来,中国经济增长形成的对能源需求的膨胀及中国能源赋存结构富煤贫油的特点,以及节能环保带来的生态压力引发了人们对于中国能源安全课题研究的兴趣,也引起了中国经济决策者的高度关注,能源安全和环境保护成为关系一个国家兴危的战略问题,能源结构改善和能源的高效清洁利用成为国家可持续发展面临的重要课题。目前我国能源结构和世界平均水平差异较大,目前世界平均能源消费结构大致为煤炭 29.1%、石油 35%、天然气 24.1%、非化石能源 11.8%,而我国 2016 年能源消费结构中煤炭占比仍然达到 61.8%,相比 1978年煤炭占比只减少了 9%左右,因此,国家能源结构的改善是一个长期而艰巨的任务,未来 30 年内煤炭为主体的能源结构仍然不会改变,煤炭的高效清洁开采利用仍然是关系国家能源的头等大事。尤其是 2000 年以后经济增长的周期性变化给煤炭行业带来过山车式的周期性调整,在中国煤炭行业发展历史上留下了值得浓墨重书的一笔。随着经济增长带来煤炭需求的大量增加,2000～2011 年煤炭价格总体处于上升通道,以秦皇岛港 5500 大卡动力煤平均市场价为例,2000 年左右平均价格在 200～250 元/吨,到 2005 年攀升至 400 元/吨以上,一直到 2008 年初受南方地区冰雪灾害影响,价格呈加快上涨,一度突破 1000 元/吨,8 月后,受世界金融危机影响,我国经济发展速度放缓,煤炭需求下降,价格出现大幅下滑局面,基本稳定在 600～800 元/吨。一直到 2012 年在国家发改委限定重点合同煤价及国内外经济增速放缓的影响下,煤炭价格步入下行通道,到 2016 年 1 月 20 日已经跌至 370 元/吨,行业盈利能力大幅下降,乃至巨额亏损。2016 年以后受益于供给侧改革,煤炭价格回升,全年秦皇岛港 5500 大卡动力煤均价在 468 元/吨左右,到2017 年上半年均价为 613 元/吨,行业盈利大幅改善。

　　近十年来,随着能源需求增加导致的能源价格的飞涨带来了能源生产供应企业业绩的急剧膨胀,使得社会各类资金纷纷涌入能源生产供应行业,导致能源行业境内外投资项目纷纷上马,产能迅速增加。据统计,2006 年至 2015 年年底,全国煤炭投资累计完成 3.6 万亿元,累计新增产能近 30 亿吨。其中,"十二五"期间累计投资 2.35 万亿元,年均投资近 5000 亿元。由此导致煤炭产能迅速增加,据统计,截至 2015 年年底,我国全国煤矿产能总规模为 57 亿吨,包括正常生产及改造的煤矿产能 39 亿吨,停产煤矿的产能 3.08 亿吨,新建、改扩建煤矿的产能 14.96 亿吨,全国煤矿数量 10000 家左右,从业人员 450 万人左右。但是随着绿色生态理念的逐步实施,全球经济增速放缓、我国经济结构中服务业比重上升与科技进步加快，促使我国经济发展的能源消耗强度不断降低，页岩气、可燃冰、风能等新型能源逐步产业化促使能源结构不断优化，使得煤炭在能源消费中的比重不断下降，煤炭消费需求明显放缓，2000~2013 年，煤炭消费量从 13.6 亿吨增至 42.4 亿吨，增长 212.8%。但 2013 年后煤炭需求大幅下降，2014 年全国煤炭消费同比下降 2.9%，2016 年煤炭消费量下降 4.7%，全国原煤产量完成 34.1 亿吨，同比减少 9%。由此可见，煤炭产能的过剩造成的浪费程度之严重，简单比较的话已经形成煤炭闲置产能多达 20 多亿吨，每年的闲置产能的损失巨大，由前期煤炭投资项目增加带来了煤炭融资需求的急剧膨胀，虽然随着中国资本市场的发展，能源企业融资呈现出多元化趋势，但是煤炭行业融资需求主要还是依靠债权融资来满足，由于盲目投资、产能过剩带来的煤炭行业能源金融状况恶化严重困扰着煤炭企业。2012~2015 年的行业困难景象无须多言，即使是 2016 年后煤炭企业账面利润得以改观，但在负债率高企、出清落后产能后的债务利息仍在，以及融资成本上升、银根收紧、融资绿色约束加强的背景下，煤炭企业仍面临着严重的金融风险，除去煤炭企业经营与矿区稳定压力不减，仅是负债率居高不下、还贷与倒贷压力与日俱增、企业资金期限错配严重、拖欠工资税费严重等问题就严重威胁着煤炭行业的金融安全形势。据中债资信评估有限责任公司等研究机构数据显示，截至 2017 年 6 月末已经披露的发行债券的 50 家煤炭样本企业全部债务达到了 2.8 万亿元，同比增长 5.94%，资产负债率达到 74.1%，而同样样本企业，2016 年年末的资产负债率为 74.81%，山西债务负担虽有小幅下降，但仍高于行业平均水平。截至 2017 年 6 月底，山西七大煤炭企业集团的平均资产负债率为 82.88%，利润总额虽有增加，但合计净利润仍然为亏损，且较一季度增亏 4 亿多元。

　　由此更加验证了注重煤炭行业金融安全运行管理的重要性。长期以来，能源安全的关注点主要在于能源供应和使用的安全上，对于能源行业的经济运行安全的关注较少。尤其是近十几年来，煤炭需求增加导致的煤炭价格的飞涨带来了煤炭生产供应企业业绩的急剧膨胀，使得社会各类资金纷纷涌入煤炭生产供应行业，导致煤炭行业境内外投资项目纷纷上马，产能迅速增加，投资项目增加带来了融资需求的急剧膨胀，能源企业融资呈现出多元化趋势。随着煤炭企业经营状况的好转，企业将注意力更多地放在了如何扩大经营规模上，而对于煤炭企业经营管理质量的提高并没有同步增长，煤炭投资决策草率，融资结构失衡，只顾眼前利益，不顾企业长远发展动能，使得煤炭企业在面对能源结构调整、经济形势震荡及环境保护和经济转型压力下暴露出了越来越多的投资和融资风险问题，煤炭企业的财务风险加大，财务安全形势不容乐观，金融市场的动荡更加带来了煤炭行业金融危机的进一步加大。

　　前车之辙，后车可鉴，由于不重视煤炭行业金融安全运营管理导致的煤炭行业产能过剩的恶果仍然在消化之中，迫使煤炭行业坚决贯彻供给侧结构性改革去产能的目标，2016 年至 2017 年上半年，共退出煤炭产能 4.01 亿吨，完成了"十三五"煤炭行业去产能目标任务的 50%，但是去产能后留下的债务和其他负担问题依然存在，金融安全形势仍然不容乐观。

更深层次的问题是负重前行的煤炭企业偿债能力仍然严重依赖经济景气度，能源消费下降、能源结构调整、节能减排、生态环保压力下的煤炭行业要想求生存、求发展，就必须在承受去产能阵痛的同时加大优质产能投资力度，推动煤炭安全、高效、绿色、智能化开采和清洁、高效、低碳、集约化利用，优化煤炭产业结构，推进企业兼并重组和转型升级，使煤炭产业结构更加合理，进一步提升发展质量和效益。而这一切也需要投资来支撑，也需要融资来完成投资运行目标。在新一轮产业调整过程中，如何不走弯路、不走回头路，做到投融资决策的科学合理，改善煤炭企业财务状况，切实保障煤炭行业能源金融安全目标的实现就显得尤为重要了。

有鉴于此，近年来，能源安全的研究领域得到了大大拓展，不仅关注能源供应与使用的安全，而且对于能源行业经济运行的安全也得到了足够的关注，以能源金融研究为核心的能源经济运行的安全研究得到了长足的发展，2007 年 5 月"能源金融论坛"和 2008 年 11 月"能源与金融世界论坛"的成功举行，标志着能源金融这一新型研究课题已经正式为学术界和官方所肯定与接受，2016 年 3 月和 6 月由中国能源研究会、中国开发性金融促进会联合主办的"中国能源金融高端论坛"连续两期促成能源与资本对接，场面火爆。国内相关院校和研究机构的能源安全研究学者如林伯强、刘传哲、何凌云、李凯风等经过广泛深入的探寻，在能源金融及能源金融安全领域的研究上做出了开创性的工作，构建了能源金融与能源金融安全研究的基本架构，对中国能源行业金融安全状况进行了持续跟踪分析和报告。国际能源署(IEA)自 2015 年开始每年发表一份《世界能源投资报告》，分析世界能源投资状况，2017 年 9 月，中央财经大学绿色金融国际研究院发布了《中国能源金融发展报告(2017)》。上述研究基本上是以能源行业整体作为研究对象的，对于我国能源生产和消费结构变化带来诸如煤炭、石油天然气、电力等分支行业金融安全的差异化研究尚未深入进行，而这几大能源分支行业的经济运行的差异还是很大的。尤其是对于在我国能源生产消费结构中占有 70%以上比重的煤炭行业来讲，更值得深入研究煤炭行业的经济运行安全，特别是近十五年来为保障我国能源供应的稳定，带来了煤炭企业的迅速扩张与发展，给煤炭行业带来了前所未有的发展机会，但是，同时也给煤炭企业的经营管理能力提出了新的挑战，瞬息万变的国际、国内政治经济环境的变化也给煤炭企业投融资活动带来了前所未遇的复杂情况，尤其是经历了 2002 年以前煤炭行业发展低潮期、2008 年金融危机影响和 2012 年经济增速下滑导致的煤炭价格下跌风潮所引起的煤炭企业普遍的效益下滑局面，以及 2016 年后供给侧结构性改革去产能和优化产能结构的矛盾更显示了煤炭企业自身经营管理能力低下、易受宏观经济变化影响、缺乏金融避险手段与意识的缺陷。因此,基于整个煤炭开采和洗选行业,以山西省为代表的重点产煤区域和以山西潞安环保能源开发股份有限公司为代表的重点煤炭企业三个视角,全面分析研究煤炭行业的金融安全运行的预警管理问题,以期能够对中国能源安全战略目标的实现提供更为细致的决策依据,确保在供给侧结构性改革战略部署下煤炭行业新一轮的产能结构优化和行业兼并重组过程中不至于再次出现盲目投融资的现象,能够在对中国煤炭行业投资安全和融资安全全面分析的基础上保证中国煤炭行业的经济安全。

煤炭生产行业投融资的大力发展既有赖于金融领域的支持,同时,也蕴含了较大的金融风险,从金融领域投入煤炭生产领域的资金安全角度讲,会形成金融机构的金融风险,从煤炭生产企业自身角度讲,会形成煤炭企业的财务风险,因此,本书把煤炭生产企业在投资与融资过程中遇到的风险统称为金融风险,研究的主题也是中国煤炭生产行业金融安全运行的预警管理。期望通过对中国煤炭行业金融安全运行的预警管理研究,综合运用风险管理学、能源经济学、财务管理学、制度经济学、信息经济学、计量经济学、投资学等多种学科的理论与方法,能够结合中国实际,对煤炭财务安全的风险生成机制和安全程度评价进行全面深入系统的研究,构建一个适合中国国情的煤炭金融安全预警体系,分析中国区域性和企业性煤炭财务安全状况,并提供预警管理。其目的是保障我国能源安全战略实现、制定有效的能源金融发展政策的决策依据;有利于增强煤炭行业各级从业人员的危机意识;煤炭财务运行安全预警管理是保障煤炭安全战略实现的关键环节;能够促进煤炭行业提升财务管理能力,重视财务素质提高;能够构建更为和谐的双赢互利的煤炭行业和金融行业战略合作关系。

煤炭行业金融安全预警管理就是以中国整个煤炭生产行业的煤炭财务运行过程为调控对象,以我国现实的煤炭行业投融资活动为调控内容,在一定的金融经济安全理论指导下,采用一系列科学的预警方法技术、指标体系、预警模型和信号系统,对中国煤炭行业财务金融安全态势进行动态监控与评估,对监控评估结果获得的煤炭行业财务金融安全的警情、警兆发布警示的决策支持系统。

基本研究脉络是:紧密结合中国煤炭能源投资和融资实践状况,首先对中国煤炭行业投融资规模与结构和煤炭行业发展之间的相关性进行实证检验,再综合运用专家调查法、回归分析法等方法筛选影响中国煤炭行业金融安全的风险因素,确定各个影响因素与煤炭金融安全之间的关系,探讨煤炭行业金融安全运行原理与生成机制,明确煤炭行业金融安全监测的衡量标准,深入系统地剖析我国煤炭行业金融安全运行面临的主要风险,研究设计中国煤炭行业金融安全预警管理体系的基本框架,从实证的角度来构建我国煤炭行业金融安全运行评价和预警管理体系。包括煤炭行业金融安全评价与预警管理组织机构体系、煤炭行业金融安全评价与预警管理信息系统、煤炭行业金融安全评价与预警防范技术体系和煤炭行业金融安全控制对策体系等。利用 MATLAB 工具包，应用遗传算法优化 BP 神经网络 (back-propagation neural network) 对煤炭行业金融安全监测预警模型进行验证，并计算出煤炭行业金融安全运行指数，通过指数的高低选择合适的预警限度，以中国煤炭行业金融安全运行状况来检验佐证研究成果的科学性和可行性。最后在实证研究结果的基础上探索适合我国国情的煤炭行业金融安全态势管理控制体系和煤炭行业金融危机管理办法。从煤炭行业、重点产煤区域和重点产煤企业三个层面来进行中国煤炭行业金融安全预警管理体系的构建。

按照以上研究内容，本书共划分为八章，第一章主要阐述煤炭行业金融安全面临的巨大挑战，煤炭行业能源金融安全预警管理研究的研究背景、研究意义、研究目的与方法、研究框架和主要内容及煤炭行业金融安全相关概念与研究范围界定。第二章进行煤炭财务安全研究的文献综述，并就构建中国煤炭行业金融安全预警管理研究的基本理论框架进行界定。第三章主要从煤炭行业财务状况实际运行情况的角度来进行中国煤炭行业金融安全运行评价。第四章主要完成基于分位数回归的中国煤炭行业金融风险计量和基于遗传算法修正 BP 神经网络的中国煤炭行业金融安全预警管理实证研究。第五章主要回顾和分析中国煤炭行业金融安全运行存在的主要问题。第六章主要完成山西省煤炭行业金融安全运行评价与预警管理研究的实证分析，建立区域性煤炭行业财务金融安全预警管理的工作框架。第七章主要完成山西潞安环保能源股份有限公司的企业金融安全运行评价与预警管理研究的实证分析，建立对单个煤炭企业的财务金融安全状况进行预警管理的工作框架。第八章主要就供给侧结构性改革背景下，如何保证我国煤炭行业财务金融安全目标的实现，从多个角度提出政策建议和具体对策。

经过大量的数据分析和调查研究，中国煤炭生产行业的金融安全状况不容乐观，投资的盲目性、融资结构的不合理、粗放型的经营管理方式、外部经济环境的复杂性和内部财务管理能力的低下都给煤炭行业的金融安全运行带来了极大的隐患。需要居安思危，着重从行业、区域和企业自身角度加强金融管理能力，确保煤炭行业的金融安全。从国家层面来看，要建立和健全中国煤炭金融安全预警管理体系，包括在国家能源安全预警管理委员会框架下建立、健全中国煤炭金融安全预警管理机构，在国家能源金融安全信息管理系统框架内完善中国煤炭金融安全预警管理信息系统，在国家能源安全预警管理委员会框架内建立国家煤炭金融安全预警和应急系统，创造条件扩大煤炭行业融资渠道和融资规模，优化煤炭行业融资结构，提高资金利用效率和从国家层面完善煤炭行业投资风险防范体系。从山西省等重点产煤区域层面来看，要完善中国煤炭金融安全预警管理体系，包括加强煤炭行业财务风险的协调防范工作，建立煤炭行业金融安全运行信息化实时监测处理传输系统，建立煤炭行业财务信息系统化、科学化的管理体系和建立科学的煤炭行业金融安全运行预警监控管理系统。从潞安环能等重要煤炭产销企业层面来看，要完善建立煤炭企业金融安全预警管理体系，通过全面加强煤炭企业财务管理综合能力提升与评估工作、强化煤炭企业财务综合管控能力和内部控制能力、重点提升煤炭企业资金管理能力、企业成本管理控制能力来提升金融安全管理工作。

目前，我国能源金融研究尚处在起步阶段，能源金融理论研究体系和框架尚未成熟和完善，虽然金融机构已经开始探索能源金融相关实践，参与能源产业投融资项目工作，更多地还是从实践上探讨金融机构如何满足能源产业的金融需求，以及金融产业对能源资源优化配置的需求，通过优质能源项目进行资产优化配置，实现资产的保值升值。能源产业的资本密集型特征决定了能源金融与金融系统的其他子系统相比具有规模较大、周期长、风险点多、创新引领性强的特点。尚缺乏从中观和微观的角度开展对中国能源金融发展相关的微观能源企业研究和微观金融机构研究，更谈不上对于煤炭等各个能源子领域金融安全运行预警方面的研究，相关参考文献较少，研究工作遇到了比较多的困难和挑战。在中国煤炭金融风险影响因素的确定方面、各影响因素权重的确定方面及合适的计量方法与模型选择应用方面还需要继续进行深入细致的研究。作为中国煤炭行业的财务工作者，谨希望以此为契机，唤起业内人士对于煤炭企业稳健经营的重视，实现煤炭企业的长治久安，为国家能源战略的实现添加正能量，在追求行业和企业规模扩张的同时提升经营管理水平，确保煤炭企业各类投融资行为的安全。

在课题研究和书稿撰写过程中，得到了国家财政部、国家能源局、国家安全生产监督管理总局、国家煤炭安全生产监督管理局、山西省煤炭工业厅和潞安矿业(集团)有限责任公司相关领导和专家的大力支持，同时，也得到了厦门大学、中央财经大学、北京理工大学、中国矿业大学、山西财经大学、太原理工大学等学校专家学者的鼎力指导，在此表示衷心感谢。同时，对相关参考文献的作者一并表示感谢，你们的研究成果奠定了本研究课题继续的基础。

由于理论水平和实践经历有限，书中观点谨代表一家之言，衷心希望得到各界人士的批评指正，共同讨论，以使得中国煤炭行业的运营更健康、更能够持续发展。

作　者

2017 年 9 月

目　录

第一章 中国煤炭经济安全面临巨大挑战

第一节 中国煤炭行业投融资大发展带来巨大的煤炭金融风险

一、能源金融研究发展的必要性

能源安全对于中国经济发展的重要性不言而喻，近十年来，关于能源安全方面的研究和政策上的调整安排已经非常频繁，各界对于能源安全关注的角度也越来越多，范围也越来越广。从能源生产供应和使用上的实体安全的研究逐渐发展到能源发展中的经济安全方面的研究与探索，特别是在能源行业巨大的国内外投资和融资活动背景下，能源领域的资金安全问题越来越受到各个方面的广泛关注，由此产生了新兴的能源金融研究领域。从能源企业角度看，能源发展需要巨额的资金支持、需要完善的金融市场体系的支持、需要金融创新的支持，能源企业可以通过金融资本支持和金融产品及服务创新实现可持续发展。从金融体系角度讲，相关金融机构可以通过优质能源项目进行资产优化配置、实现资产的保值和增值的目的，为各类资本进入能源投融资领域打开通道，为能源领域投融资提供诸如绿色信贷、绿色信贷资产证券化、绿色债券、绿色基金、绿色保险、能源期货、绿色担保、新能源产权交易、用能权和碳排放权交易，以及环境权益交易等创新金融产品、服务和市场，利用绿色金融手段推动中国能源结构调整和产业升级。自 2008 年开始，相继有相关研究学者分别就能源金融研究的范围、内涵、内容和方法等方面做出了初步的界定，能源产业的金融需求，以及金融产业对能源资源优化配置的需求催生了能源金融的产生和发展。能源金融是能源系统与金融系统的耦合体，是能源投资和融资问题的集中体现，是能源实体金融与能源虚拟金融的有机统一。更有人从能源金融安全的角度重点研究了中国能源金融安全预警的理论与实践问题，认为能源金融研究工作的基础是要对能源金融风险进行确认和计量，能够对能源金融安全运行的标准和安全运行预警管理进行准确的界定，提出了能源金融安全预警研究的基本框架，以遗传算法修正的 BP 神经网络等计量金融方法从实证方面开创了中国能源金融安全预警研究的新领域，认为能源金融安全就是能源领域的投资安全、融资安全和宏观经济环境安全的综合体。

各个国家也从保障国家能源安全的高度将能源金融的安全运行纳入国家经济和金融安全的领域。2005～2006 年，有关金融如何支持能源发展的相关论坛分别在太原和北京召开，2007 年 5 月和 2008 年 11 月，"能源金融论坛"和"能源与金融世界论坛"分别在西安和北京举行，标志着能源金融这一新型研究课题已经正式为学术界和官方所肯定与接受，在这两个盛会上，一大批专家学者围绕着能源金融创新与能源产业可持续发展探讨我国的能源金融问题。尤其是时任中国人民银行副行长的项俊波正式提出了中国能源金融的健康发展必须把建立能源金融风险监测预警体系、加强对能源金融安全状况进行监测评价的工作提上日程，并且提出了保障能源金融安全的具体对策建议，自此以后，关于能源金融领域的实践活动和理论研究如火如荼展开。2016 年 3 月和 6 月由中国能源研究会、中国开发性金融促进会联合主办的"中国能源金融高端论坛"连续两期促成能源与资本对接，场面火爆。国际能源署(IEA)自 2015 年开始每年发表一份《世界能源投资报告》，分析世界能源投资状况，2017 年 9 月，中央财经大学绿色金融国际研究院发布了《中国能源金融发展报告(2017)》，系统分析评价中国能源企业和金融机构的能源金融活动状况。

二、我国煤炭投融资发展总体状况及煤炭金融安全研究的必要性

由于中国"富煤贫油"的能源资源赋存条件及新能源技术开发和工业化应用的巨大风险程度决定了在今后相当长的时间内化石能源仍然是中国能源的主体品种，中国能源消费结构仍然以化石能源为主，化石能源的长期稳定供应特别是煤炭资源的长期稳定供应是保持我国经济持续稳定增长的重要制约条件，因此，能源安全目标的实现在很大程度上依赖于煤炭供应的安全。保证我国能源的长期稳定供给尤其是煤炭的稳定供给需要巨额的资金投入，这给能源融资带来了新的挑战，能源投资存在着庞大的资金缺口。联合国能源权威机构认为，截止到 2030 年，为满足中国能源需求而投资在能源领域的资金需求在 2.3 万亿美元以上；按照中央财经大学《中国能源金融发展报告(2017)》的研究数据显示，"十三五"期间中国能源行业累计投资规模将达到 6 万亿元左右，其中清洁能源投资占比超过了 50%，大约只有 2.9 万亿元投资于传统化石能源领域。据统计，从 2003 年至 2015 年年底的 13 年间，煤炭开采和洗选行业累计固定资产投资额为 38165.3 亿元，占到同期我国能源行业固定资产投资额 247825.6 亿元的 15.4%，按照这个比例统计，"十三五"期间我国煤炭行业投资额将达到 9000 亿元以上，投融资需求仍然巨大，在蕴含着较多投资机会的同时也会蕴含着较大的金融风险。

近年来，煤炭企业的对外投资猛增，产业资本运营日益增多，加快了推进战略性调整和资产经营与资本运营的步伐，通过联合重组和收购兼并战略，培植具有国际竞争力的大型企业集团，提升行业整体竞争力及国际竞争力，特别是山西省各个大型煤炭集团基于整合行业竞争秩序、清理小煤矿、去产能过程中进行了大量的产业资本营运，形成了目前主要的七大煤炭企业集团。尤其是 2017 年 7

月注册资本高达 500 亿元的山西省国有资本投资运营有限公司挂牌成立，22 家省属国企已经全部划转至该公司，以及神华集团与国电集团合并重组为国家能源投资集团，中煤能源兼并重组国投、保利和中铁等企业的煤矿板块，山西阳煤集团、天津港集团、北京铁路局、百度公司组建山西(阳泉)国际陆港集团等行为，预示着煤炭上下游产业有机融合、互利共赢、协调发展的格局逐渐形成，行业间产业重组也会带来大量的金融需求和金融机会。

由于环境保护、碳排放限制等方面的要求，国内环境金融、碳金融的发展，对于能源生产企业的节能减排、环境保护方面的投资需求也日益膨胀。众所周知，这些地区的基础设施、民俗民情、地理位置、政府管理水平、人员素质等方面都存在着较多的问题，从而给能源企业在当地的产业开发带来了相当大的难度，增大了很多投资风险。煤炭企业的国际化能源项目投资更面临着复杂的风险环境。同时，中国煤炭行业的投资融资还面临着渠道狭窄、融资选择面不宽、行业资产负债率偏高、融资成本高、能源投融资规模增长与能源投资效益间相关性并不显著、能源投资效率偏低、煤炭企业资金运用期限错配问题严重、还贷与倒贷压力大等诸多问题。这些问题都引起了各界的高度关注，煤炭行业的财务安全问题得到了学者的广泛研究和煤炭行业政策层面的关注。特别是从 2007 年起，国家能源领导小组办公室主持了中国能源预测预警系统课题的攻关研究工作，从石油、煤炭、电力等几个子系统进行研究，2008 年，国务院办公厅发布了《国务院办公厅关于加强能源预测预警工作的意见》(国办发〔2008〕2 号)，要求各地做好能源预测预警工作，我国理论界与实务界对于能源安全预警研究进入到了一个蓬勃发展的阶段。对于国家能源整体安全的预警及石油、煤炭、电力等各个能源子系统的安全预警，从预警理论的探讨上、预警指标的选取上、预警模型的建立上、预警计量方法的使用上进行了广泛深入的探讨，形成了很多卓有成效的研究成果，为国家能源政策的制定提供了坚实的依据。

从目前的文献来看，尚看不到以整个煤炭系统的金融安全或者财务风险预警为研究内容的研究成果，从煤炭系统金融安全预警的实践工作来看，只有极少数以煤炭行业的上市公司为分析对象的行业财务风险预警研究。如何谐(2008)选择因子分析方法与主成分分析方法，以我国 25 家煤炭行业上市公司 2006 年度财务信息为对象进行的研究成果；刘平元(2010)的研究成果等。但是，目前针对煤炭行业的财务危机预警研究或者煤炭金融安全预警研究还是局限于企业的微观层面，以极其有限的上市公司为对象，对处于危机组的 ST 公司和非危机组的正常公司进行对比分析。从研究样本量上看，行业的代表性不足，上市公司的财务状况总体上会好于煤炭行业中的中小企业，而煤炭生产领域，尤其是煤炭领域的中小企业还是很多的，其财务状况千差万别。其次，从方法上看，主要应用 Logistic 等多元回归分析模型，指标选取受到限制，而且指标变量只是公司财务变量和一部分非财务变量，并没有充分考虑到宏观经济因素的波动和行业因素的变化，而且从实用的分析方法和计量模型上也有较大的缺陷。因此，作者力图在煤炭行业财务金融安全预警研究上立足全国煤炭行业整体分别就全国煤炭行业财务金融安全运行预警、以山西省为代表的地区性煤炭财务安全运行预警和以山西潞安环保能源开发股份有限公司为代表的典型煤炭企业的财务安全运行预警研究做出突破，在煤炭行业财务金融安全运行预警研究的样本量、研究方法上有所创新，对制定中国煤炭行业良性发展运行的政策上能够有所帮助。由于能源金融安全实现的标志信号仍然需要依靠各类财务指标的评价，因此，为便于煤炭实务界人员更易于接受和理解，作者仍然采用传统的财务安全再加上金融安全（以下称"金融安全"）的说法来进行表述。

三、中国煤炭行业的巨大投资需求引发了对煤炭金融安全问题的讨论

伴随着经济的增长，中国能源消费需求不可避免地呈现飞速增长的态势，即使是在优先发展低碳经济、强调经济结构转型的大背景下，由于经济发展的巨大惯性和转型所要经历的时间跨越之长，都使得能源仍然是驱动中国经济发展的重要力量之一，中国能源需求量大而且增长速度较快，1979~2010 年，我国能源消费平均增长速度为 5.6%，2001~2010 年，平均增速达到了 9.4%，而 2011~2014 年能源消费增速逐渐下降，年均增长 4.3%。2015 年能源消费增速为 1.5%，2016 年为 1%，随着国家能源政策的调整，能源消费换挡减速趋势明显。按照国家能源局发布的《能源发展"十三五"规划》及《可再生能源发展"十三五"规划》，预计"十三五"期间我国能源消费增速年均约 2.5%，比"十二五"低了 1.1 个百分点，煤炭的消费比重将从 2015 年的 64%降到 2020 年的 58%。预计 2017 年年底非化石能源消费比重将达到 6.7%，天然气消费比重将上升至 14.8%。因此考虑到非化石能源投资周期问题，在可预计的未来时间内我国煤炭占主体的能源结构不会改变，环境保护目标的实现更有赖于煤炭的绿色开采与清洁利用，煤炭供应使用安全目标的实现依旧是中国能源安全和经济安全目标实现的重要保证。因此，中国对于能源产业，尤其是煤炭产业的发展相当重视，斥巨资建立了庞大的能源产业，并且每年新增能源投资巨大。据统计，截至 2010 年 11 月末，中国煤炭行业规模以上企业数量达到 9374 家，同期中国煤炭行业资产规模达到 2.994 万亿元人民币，行业负债总计 1.765 万亿元人民币，其中，主要金融机构对煤炭开采和洗选业的贷款余额达到 4281.21 亿元人民币（本外币合计数），资产负债率为58.96%，煤炭行业从业人数达到 510.989 万余人。同期中国煤炭行业实现利润总额 2930.15 亿元，完成销售收入 21154.96 亿元，提供了中国能源生产总量的 75%以上。截至 2016 年 12 月末，经过几年的行业整顿和一年的去产能后中国煤炭行业规模以上企业数量下降到约 4424 家，同期中国煤炭行业资产规模达到

54039.4 万亿元人民币，行业负债总计 37578.0 万亿元人民币，其中，主要金融机构对煤炭开采和洗选业的贷款余额超过 10000 亿元人民币(本外币合计数)，资产负债率为 69.54%，煤炭行业从业人数下降到 320 万余人。同期中国煤炭行业实现利润总额 1090.9 亿元，完成销售收入 23178.5 亿元，提供了中国能源生产总量的 70%以上。

2003～2016 年，全国城镇煤炭与能源工业投资情况对比如表 1-1 所示，从表中可以看出，煤炭开采和洗选业的城镇工业投资增速自 2003 年起在大部分年份中超过了全社会固定资产投资增速和能源工业投资增速，煤炭开采和洗选业的城镇工业投资占城镇能源工业投资总额的比重在逐年增加，2012 年增速最快，达到了30%以上，然后逐步下降，2013 年起受制于环境保护、绿色发展等生态要求，煤炭行业投资增速出现负增长，同时整个能源领域的投资增速也下降到个位数。2016年，全年煤炭开采和洗选行业累计完成投资 3038 亿元，同比下降 24.2%，为中国能源供应的稳定做出了巨大贡献。

表 1-1　2003～2016 年全国城镇煤炭与能源工业投资情况对比表　(单位：亿元人民币)

年份	全社会固定资产投资		煤炭开采和洗选业			能源工业投资	
	投资额	增速/%	投资额	增速/%	占能源工业投资比重/%	总计	增速/%
2003	55566.6	27.7	436.4		7.92	5508.4	
2004	70477.4	26.8	690.4	58.20	9.20	7504.8	36.24
2005	88773.6	26	1162.9	68.44	11.39	10205.6	35.99
2006	10998.2	23.9	1459	25.46	12.34	11826.3	15.88
2007	137323.9	24.8	1804.6	23.69	13.17	13698.6	15.83
2008	172828.4	25.85	2399.2	32.95	14.68	16345.5	19.32
2009	224598.77	29.95	3056.9	27.41	15.69	19477.9	19.16
2010	251683.77	23.8	3784.7	23.81	17.50	21627.1	11.03
2011	311485.1	23.76	4097.26	8.26	17.78	23045.59	6.56
2012	374694.7	20.29	5370.24	31.07	21.06	25499.8	10.65
2013	446294.1	19.11	5212.57	−2.94	17.97	29009	13.76
2014	512020.7	14.73	4684.47	−10.13	14.86	31514.89	8.64
2015	561999.8	9.76	4006.66	−14.47	12.30	32562.13	3.32
2016	606466	7.9	3038	−24.2	9.34	32500	−0.21

资料来源：《中国统计年鉴 2011》和《中国统计年鉴 2012》等，笔者整理制表。

近年来，煤炭行业为增加储备产能、应对能源需求发展而对煤炭开采和洗选业本身增加投资以外，同时，为保证行业的长远健康发展，适应绿色发展、低碳环保及经济转型的需要，也逐渐加大了对煤气化、煤制油等新能源领域的投资力度，并且逐渐加大了对于煤电项目、煤化工项目的投资力度，形成了多元化的投资格局，各大煤炭企业的投资项目遍及全国各地，尤其是像新疆、内蒙古自治区、贵州等新型煤炭产区，以及国外如澳大利亚、印度、南非等煤炭大国，如 2011 年，兖州煤业先后收购了澳大利亚新泰克控股公司、新泰克 II 控股公司及普力马煤矿公司、西农木炭公司 100%股权。2011 年 12 月 22 日，经兖州煤业第五届董事会第六次会议批准，兖州煤业、兖煤澳洲与格罗斯特签署了《合并提案协议》，交易后，兖煤澳洲取代格罗斯特在澳交所上市交易。目前，兖州煤业公司在海外并购的煤炭总储量已经超过了 30 亿吨。煤炭行业投资的迅速增长在很大程度上保障了我国能源供应的稳定，也带来了煤炭企业的迅速扩张与发展，给煤炭行业带来了前所未有的发展机会，但同时，煤炭行业的发展也对煤炭企业的经营管理能力提出了新的挑战，瞬息万变的国际国内经济政治环境的变化也给煤炭企业投融资活动带来了前所未遇的复杂情况，尤其是经历了 2002 年以前煤炭行业发展低潮期、2008 年金融危机影响和 2012 年经济增速下滑导致的煤炭价格下跌风潮所引起的煤炭企业普遍的效益下滑局面，更显示了煤炭企业自身经营管理能力低下、易受宏观经济变化影响、缺乏避险手段与意识的缺陷。尤其是 2015 年全行业陷入发展低谷，亏损剧增，主要煤炭企业资产负债率普遍超过 70%，山西七大煤炭企业集团的平均资产负债率超过了 80%，进入 2017 年以来，随着煤价上涨，煤炭企业利润盈利略有增加，但是弥补以前年度亏损后的总净利润依然为负数，煤炭企业发行债券和债转股工作依然举步维艰，面临着较大的金融风险。

随着经济发展对能源需求的膨胀，加上能源资源的稀缺性特点，进入 21 世纪后，煤炭价格涨势凶猛，虽然直接带来了煤炭行业的效益显著增加，行业发展形势一片大好。但是，在行业光鲜发展的背后，必须清醒地看到由于我国能源企业对外投资既面临着恶劣的外部环境问题，又面临着内部体制和经营管理能力的制约，导致能源海外投资的综合风险评估能力及跨国管理能力落后于其实际扩张能力，造成企业对风险评估不足。在缺乏法律约束、缺少投资经验、投资责任模糊的情况下，我国煤炭企业在各类投资项目上频频失手，亏损严重，尤其是海外投资项目和诸如煤化工之类的重点投资项目。如 2011 年以来备受关注的中国某大型能源集团参股蒙古最大煤矿塔本陶勒盖煤矿的投资事项，因各种原因至今仍悬而未决。由于过于注重企业规模扩张与发展，企业财务能力的健康发展被或多或少地忽视了，从表 1-2 中可以看出，煤炭行业整体的资产负债率和债务股权倍数都偏高，利息负担比较重，相对于中国石油天然气开采行业而言，煤炭行业金融安全的压力是比较大的，而且从 2004 年至 2016 年，煤炭企业的资产负债率逐年上升、债务股权倍数逐年增加、利息支出逐年增多、利息保障倍数逐年下降，到 2016 年只有 1.5 倍左右，煤炭行业财务状况恶化的情景可见一斑，尤其面临着若经济周期的影响形势不容乐观。

表 1-2　煤炭行业和石油开采行业偿债能力指标情况

报告期	资产负债率/%		债务股权倍数/倍	
	煤炭行业	石油开采	煤炭行业	石油开采
2004 年 1~12 月	60.23	33.33	151.42	49.99
2005 年 1~12 月	62.11	31.82	163.95	46.67
2006 年 1~12 月	60.42	36.16	152.66	56.65
2007 年 1~11 月	62.04	41.32	163.43	70.41
2008 年 1~11 月	60.44	41.11	152.81	69.82
2009 年 1~11 月	59.96	45.68	149.75	84.1
2010 年 1~12 月	60.45	46.34	153.45	86.42
2011 年 1~12 月	58.9	47.21	143.3	88.34
2012 年 1~12 月	60.29	45.48	152.37	86.20
2013 年 1~12 月	64.03	45.51	179.86	85.70
2014 年 1~12 月	65.64	45.66	192.88	85.88
2015 年 1~12 月	67.90	46.27	219.47	87.56
2016 年 1~12 月	71.56	46.87	223.45	89.65

报告期	利息支出/万元		利息保障倍数/倍	
	煤炭行业	石油开采	煤炭行业	石油开采
2004 年 1~12 月	1287300	607600	5.92	69.03
2005 年 1~12 月	1624000	607000	7.98	114.40
2006 年 1~12 月	1895000	748000	7.98	122.19
2007 年 1~11 月	2544000	1004000	8.56	89.31
2008 年 1~11 月	1885709.7	494616	11.61	90.44
2009 年 1~11 月	2081456.2	550107.3	9.78	29.53
2010 年 1~12 月	2335672.5	585671.5	10.94	28.16
2011 年 1~12 月	2236451.3	550107.3	9.87	29.87
2012 年 1~12 月	6133000.0	151300.0	6.80	28.08
2013 年 1~12 月	7295600.0	163620.0	4.25	23.36
2014 年 1~12 月	8128000.0	178700.0	2.56	18.69
2015 年 1~12 月	8459000.0	184200.0	1.52	5.37
2016 年 1~12 月	8789000.0	189700.0	1.69	5.49

数据来源：国家统计局，北京银联信投资顾问咨询有限公司的煤炭及石油天然气行业金融安全研究报告；利息保障倍数为每年年末数据。

由于环境保护、碳排放限制等方面的要求，国内环境金融、碳金融的发展，对于能源生产企业的节能减排、环境保护方面的投资需求也日益膨胀。众所周知，这些地区的基础设施、民俗民情、地理位置、政府管理水平、人员素质等多方面都存在着较多的问题，从而给能源企业在当地的产业开发带来了相当大的难度，增大了投资风险。虽然煤炭行业的对外投资还没有像石油天然气行业那样由于石油对外依存度高和国际政治经济形势的变化遭遇较大的国际投资风险，但是，由于近几年我国每年净进口煤炭数量激增，2009 年以后我国煤炭净进口量每年均超过一亿吨，不可避免地使得煤炭行业也更多地受到国际政治经济环境变化的影响，未雨绸缪，加强煤炭行业的投融资管理能力，提高行业金融安全水平，对于煤炭行业更好地参与国际竞争、保障国家的能源安全具有现实意义。

四、中国能源对煤炭的依赖更增加了煤炭行业金融安全重要性

众所周知，工业化进程中能源消耗量巨大，而且单位能耗也比较高，因此，在今后相当长的时间内虽然新能源、清洁能源技术会不断发展，但是，总体来看，一次能源中化石能源的主体地位是改变不了的。未来 20 年内，我国经济发展对能源的需求仍然是相当巨大的，而且主要以煤炭为主，至少占到 60%～70%的比例。从表 1-3～表 1-5 中可以清楚地看到这一点，2015 年，中国消费的煤炭在能源总消费中占到了 63.7%的比重，1990～2016 年，煤炭消费量占能源消费总量的比重始终在 60%以上，2000～2016 年煤炭生产量占能源生产总量的比重基本都在 70%以上，到 2017 年我国预计煤炭消费量在能源消费结构中的比重降到 60%以内，到 2020 年达到 58%的目标，仍然是第一大能源来源，重要性不容忽视。由于我国国内石油储量的缺乏及进口石油和在境外寻找石油资源储量面临的巨大风险，使得我国能源结构在很大程度上还要依赖于煤炭，这也造就了煤炭行业金融安全在中国能源金融安全整体形势中的重要地位。

据 BP 世界能源统计数据显示，全世界的煤炭可采储量、石油可采储量和天然气可采储量分别为 130.25 吨/人、35.45 吨/人和 31527.99 立方米/人，而中国相应数字为 86.74 吨/人、1.52 吨/人和 2348.48 立方米/人，总量上看，我国煤炭资源总量 5.9 万亿吨，占一次能源资源总量的 94%，而石油、天然气资源仅占 6%，且其增产难度大，对外依存度高。比较来看，中国煤炭资源的可采储量相对于石油和天然气来看，与世界平均水平的差距是最小的，这也决定了中国能源结构中的主体部分只能是煤炭，煤炭行业的安全运行将在很大程度上决定着整个能源行业的安全，煤炭行业的财务状况将在很大程度上决定着整个能源行业财务安全运行目标的实现。

表 1-3　2016 年世界主要国家能源消费　　（单位：百万吨标准煤）

国家	石油	煤炭	天然气	水力	核能	合计	GDP/万亿美元
美国	863.1	358.4	716.3	59.2	191.8	2188.8	18.03
中国	578.7	1887.6	189.3	263.1	48.2	2966.9	11.00
俄罗斯	148	87.3	351.8	42.2	44.5	673.8	1.18
日本	184.3	119.9	100.1	18.1	4	426.4	4.38
印度	212.7	411.9	45.1	29.1	8.6	707.4	2.09
德国	113	75.3	72.4	4.8	19.1	284.6	3.36
英国	73.1	11	69	1.2	16.2	170.5	2.86

资料来源：BP Statistical Review of World Energy June2017 and The World Fact Book，笔者计算整理，原文按照百万吨油当量统计，表中按照 1 吨油当量=1.454285 吨标准煤折算，实际 GDP 按照实际汇率折算。

表 1-4　中国能源消费总量及其品种构成　　（单位：百万吨标准煤）

年份	能源消费总量	品种构成（能源消费总量=100%）			
		煤炭	原油	天然气	其他能源
1990	987.03	76.2	16.6	2.1	5.1
1995	1311.76	74.6	17.5	1.8	6.1
2000	1469.64	68.5	22	2.2	7.3
2001	1555.47	68	21.2	2.4	8.4
2002	1695.77	68.5	21	2.3	8.2
2003	1970.83	70.2	20.1	2.3	7.4
2004	2302.81	70.2	19.9	2.3	7.6
2005	2613.69	72.4	17.8	2.4	7.4
2006	2864.67	72.4	17.5	2.7	7.4
2007	3114.42	72.5	17	3	7.5
2008	3206.11	71.5	16.7	3.4	8.4
2009	3361.26	71.6	16.4	3.5	8.5
2010	3606.48	69.2	17.4	4	9.4
2011	3870.43	70.2	16.8	4.6	8.4
2012	4021.38	68.5	17	4.8	9.7
2013	4169.13	67.4	17.1	5.3	10.2
2014	4258.06	65.6	17.4	5.7	11.3
2015	4299.05	63.7	18.3	5.9	12.1
2016	4340.00	61.80	19.0	6.2	13.0

资料来源：《中国能源统计年鉴 2016》和中经网统计数据库，笔者计算整理。

表 1-5 中国能源生产总量及其品种构成　　（单位：百万吨标准煤）

年份	能源生产总量	品种构成（能源生产总量=100%）			
		煤炭	原油	天然气	其他能源
2000	1385.70	72.9	16.8	2.6	7.7
2001	1474.25	72.6	15.9	2.7	8.8
2002	1562.77	73.1	15.3	2.8	8.8
2003	1782.99	75.7	13.6	2.6	8.1
2004	2061.08	76.7	12.2	2.7	8.4
2005	2290.37	77.4	11.3	2.9	8.4
2006	2447.63	77.5	10.8	3.2	8.5
2007	2641.73	77.8	10.1	3.5	8.6
2008	2774.19	76.8	9.8	3.9	9.5
2009	2860.92	76.8	9.4	4.0	9.8
2010	3121.25	76.2	9.3	4.1	10.4
2011	3401.78	77.8	8.5	4.1	9.6
2012	3510.41	76.2	8.5	4.1	11.2
2013	3587.84	75.4	8.4	4.4	11.8
2014	3618.66	73.6	8.4	4.7	13.3
2015	3614.76	72.2	8.5	4.8	14.5
2016	3460.00	71.2	8.9	4.9	15.0

资料来源：《中国能源统计年鉴 2016》和中经网统计数据库，笔者计算整理。

　　近年来，随着能源消费量的激增，不仅是石油净进口量大幅度攀升，由 2001 年的 5244.9 万吨上升到 2015 年的 34450 万吨，煤炭也由原来的净出口转变为净进口，2001 年煤炭净出口量为 8747 万吨，2008 年缩小为 519 万吨，2009 年转变为净进口量 10760 万吨，2013 年更是达到净进口量 31951 万吨，2016 年还有 25122 万吨。从表 1-6 中可以看出，中国能源的对外依存度越来越高，煤炭净进口量的增加意味着煤炭企业的发展更多地与国际政治经济环境联系更为紧密了，也预示着煤炭企业要参与更为复杂的国际竞争，对于煤炭企业的经营管理能力提出了更高的要求。煤炭行业只有保证行业投融资决策的科学性，保持良好的财务运行态势，准确确认和计量财务风险，做好金融风险防范措施，保持良好的金融业存在，才能在错综复杂的国内外政治经济环境中求生存、求发展，保证煤炭行业的健康发展，进而保证国家能源安全目标的实现。

表 1-6 中国煤炭和原油进出口统计

年份	煤炭/万吨			石油/万吨		
	出口量	进口量	净进口量	出口量	进口量	净进口量
2001	9013	266	-8747	755.1	6000	5244.9
2002	8390	1126	-7264	720.8	7000	6279.2
2003	9403	1110	-8293	813.3	9000	8186.7
2004	8666	1861	-6805	519.2	12000	11480.8
2005	7172	2617	-4555	807.0	13000	12193.0
2006	6329	3811	-2518	633.0	15000	14367.0
2007	5317	5102	-215	389.0	16000	15611.0
2008	4559	4040	-519	2385	22451	20066
2009	2240	13000	10760	3310	25148	21838
2010	1903	16505	14600	3348.21	28715.54	25367
2011	1466	18240	16774	3304.13	30466.97	27162.84
2012	927.48	28841.82	27914.3	3884.29	33088.31	29204
2013	750.78	32701.77	31951	4176.66	34264.81	30088.2
2014	574.15	29121.99	28547.8	4213.92	36179.64	31965.7
2015	533.8	20406.48	19872.7	4373.46	38824.29	34450.8
2016	878.00	26000.00	25122.00	271.00	38101.00	37830.0

资料来源: 根据各年度中国能源发展报告及国际海关等部门统计数据, 2008 年后统计口径包括所有油品。前瞻数据库: http://d.qianzhan.com。

五、中国能源安全研究必须注重对煤炭金融安全的研究

在目前国内外的研究中, 关于财务安全与能源安全的研究颇多, 但是, 在现有的文献研究中, 能源安全的研究侧重于能源供给保证程度的研究, 更多的是从实体经济的角度研究我国能源供给与消费的关系问题, 而对保证能源供给、促进能源可持续发展中的资金运行安全问题关注的不多, 特别是对于煤炭、石油、天然气、电力生产等能源生产分行业的安全研究不够深入, 无法体现各个能源生产分行业的安全状况, 忽略了能源行业内部的不同运行特性。现有研究文献对于财务安全的研究更多的是站在微观企业的层面上研究一个企业或者一类企业的财务安全如何实现, 或者对处于财务危机组的 ST 公司和非财务危机组的正常公司进行对比分析, 从样本对象选定的财务指标和非财务指标数值的变动上来判定某个企业是否发生了财务风险, 据此判定企业财务安全状况, 对于某一行业或者某一重大问题的整体财务安全的研究尚未见到比较成形的成果, 对于金融界投放在某一行业中的资金如何保证安全回收, 对于某个能源行业内企业如何保证融资的满足和投资的安全的研究甚少。在经济风险越来越复杂的背景下, 某一行业或者某一重大问题的财务安全的研究可能对于保障国家经济安全目标的实现更具有现实意义。因此, 中国能源安全的研究必须从研究领域上进行扩展, 由单纯的关注能源生产供应安全研究转向全面的能源经济安全的研究, 在能源行业巨大的投资和

融资需求背景下，如何保障煤炭行业能够准确预判宏观政治经济形势变化，防范和化解宏观经济政治风险，能够广开融资渠道、利用多种融资平台、创新融资工具，确保煤炭企业融资要求的实现，能够建立有效的煤炭行业投资风险管理信息系统，准确确认和计量各种煤炭行业投资风险，准备充足的投资风险防范预案，利用各种有效的风险管理工具，培养高水平的投资风险管理人才，创新投资风险防范体系，有效防范和化解煤炭行业投资风险，最终实现煤炭行业整体资金运行的安全性，为国家能源供应的安全提供坚实的经济性保障，由此可见，注重能源经济安全研究的重要性。鉴于煤炭行业经济性安全的判断标准更多的是通过评判煤炭行业的各类财务指标来实现，无论是所有者权益资金安全标准的评判，还是债权资金安全标准的评判，最终都是要通过煤炭行业内各类企业的财务状况来评判，因此，煤炭行业经济安全程度的判断就可以通过煤炭行业财务金融安全程度的评判来实现，煤炭行业财务金融安全评价和财务运行状况的预警管理就显得尤为重要。

要想保障煤炭行业财务金融安全，首先必须解决煤炭行业财务金融方面的风险因素的识别与计量、煤炭行业财务金融安全状况的评价指标和评价标准、煤炭行业财务金融风险影响因素与煤炭行业财务金融安全的相关关系、用于评价煤炭行业财务金融安全状况的评价指标达到什么状态时会引发财务金融风险等重大问题，因此，煤炭行业财务金融安全目标的实现首先就依赖于对煤炭行业财务金融安全运行状态的预警管理。

由于在煤炭行业的资金运营过程中，必然会对各种不同类型的相关利益主体产生信用风险、流动性风险和收益性风险等各类风险，尤其是我国经济飞速发展形成对煤炭巨大的需求量的情况下，煤炭行业的投资扩张需求非常旺盛，进而引发非常大的融资需求，面临着经济增速的变化、经济结构的调整、我国煤炭储备稀缺导致对国际煤炭市场的逐步依赖性、国际经济政治形势的剧烈波动所带来的国际能源投资风险，都使得中国煤炭行业的财务安全状况潜伏着比较大的风险。一旦内外部环境发生变化，我国煤炭行业财务金融风险有可能瞬间爆发，煤炭行业一旦疏于防范，就可能陷入巨大的财务风险漩涡，严重的甚至可以危及一国的金融安全和经济安全。因此，运用现代化风险管理手段，对我国煤炭行业财务金融运行过程中可能发生的能源金融资产损失和能源金融体系遭受破坏的可能性进行分析、预测、评估和警示，以便对其加以有效控制，可以使我们从事后发现和化解风险，转向事前的预防风险。因此，作者努力尝试建立对煤炭财务金融安全预警管理基础理论的基本框架，引起人们对煤炭行业财务金融安全管理的高度关注。

第二节　中国煤炭行业金融安全预警管理的相关概念界定

目前，关于某个行业层面经济安全方面的研究并不多，特别是对于能源行业而言，近年来出现较多的能源研究领域，主要有能源金融研究和能源行业某些样本企业的财务危机预警研究，因此，无论是能源金融方面的概念界定还是能源财务危机方面的界定都有着不同的见解和主张，一般实践中财务安全管理往往认为是从企业角度出发考虑问题，而金融安全管理一般认为是从金融机构提供投融资服务的角度出发，在西方研究中两者是同一个问题。从国内理解来看两者也有着很大的共同之处，其出发点都是力求通过一定的措施和方法保障能源行业的资金运作安全，实现各类投资者投资资金的安全和投资目标的实现，进而实现整个国家的能源安全战略，由于我国煤炭行业企业面临的主要财务风险一直是负债率过高、财务负担沉重的风险，相伴而来的就是提供资金，特别是债权资金的金融机构的信用风险。因此，作者在界定中国煤炭行业财务金融安全预警管理的相关概念时主要参考能源金融和能源金融危机方面的研究结论，为便于广大从业者理解，采用了更为广泛的能源金融安全和煤炭金融安全的提法。

一、能源金融安全预警及其相关概念

(一)能源金融

能源金融是近几年出现的专业术语，目前，学术界对于能源金融内涵界定尚无统一意见。

首先，从官方的表述上看，2007年年底，由中国国务院新闻办公布的《中国能源状况与政策》白皮书中就已经明确指出了中国目前迫切需要建立由金融体系与能源系统相互渗透和融合而组成的新的金融系统和能源工业发展战略。

其次，从专家学者的研究来看，有人认为，能源金融是金融体系与能源体系相互耦合的系统，其本质是金融系统，但最终的归宿是能源系统。如刘传哲等(2008)，认为中国能源金融的主要工作应该包括我国能源金融安全及风险防范机制与管理方法、专业化的能源金融发展机构的经营管理模式和自主创新能源金融市场及政策保障措施等方面；也有的专家学者从系统学的角度出发，认为能源金融是传统金融体系与能源系统的相互渗透与融合所形成的新的金融系统，包含能源虚拟金融与能源实体金融两个层面，如佘升翔等(2007)的观点，认为能源虚拟金融是指各类能源市场交易主体在石油、煤炭、电力等各类能源商品期货、能源期权市场、能源货币市场及与能源相关的资本市场上进行能源现货、能源远期、能源期货、能源期权、能源债券、能源外汇、能源股票及相关能源衍生品的金融资产的套期保值交易行为、组合投资行为或投机交易行为及与之相关的一系列组织制度。而能源实体金融是指能源市场各类产权主体、能源能效市场和金融市场通过产业融合纽带互相维系，利用金融市场的融资便利、投资监控、行为约束、价格决定和调控、进入退出机制等功能，培育、发展和壮大一国能源产业的产业融合体系。其基本表现就是能源市场主体在能源生产供应领域的投资和融资行为最终能不能保证国家能源生产供应和使用的安全，以及投放在能源领域的各类资金的安全回收。中央财经大学绿色金融国际研究院(2017年)的观点是能源产业的金融需求及金融产业对能源资源优化配置的需求催生了能源金融的产生和发展。与金融系统的其他子系统相比，能源金融系统有其特殊的自身特点：能源产业的资本密集型特征决定了能源金融与其他金融形态相比规模较大、周期较长；能源金融是能源实体金融与能源虚拟金融的有机统一；清洁能源的发展，以及化石能源的清洁化利用等能源产业的新发展决定了能源金融的创新空间巨大。中国的能源金融研究较为欠缺，并且缺乏对中国能源金融发展相关的微观能源企业研究和金融机构研究。

从能源安全保障的实际工作来看，能源行业资金运行的经济安全是其中的重要方面，必须能够全面分析我国能源行业的金融安全影响因素，确认和计量能源金融风险，摸清能源金融安全运行评价标准，构建能源金融安全监测预警体系。因此，作者对能源金融的定义博采以上学者研究众长，认为能源金融的首要任务就是培育、发展和壮大能源产业，保证社会各界人士投放在能源领域的资金安全。文献中将能源金融的研究范围主要界定为能源实体金融的组成部分，即能源行业的投资和融资活动的顺利进行，保证投资安全，满足能源行业融资需求，保证能源行业投资资金的顺利回收。其具体工作内容比较广泛，包括中国能源产业与金融产业耦合机制研究、能源金融指数群编制、能源产业与金融产业信息传递机制、能源产业融资问题、能源产业走出去战略、能源虚拟金融市场与能源金融产品发展、能源计价货币问题、能源金融安全与风险管理问题等。

(二)能源金融安全

能源金融安全的提出很容易让人联想到所谓金融安全也就是信贷资金的安全，进一步讲，就是金融业投放在能源领域资金的本金和收益能否如约收回。把能源金融安全归结为整个国家金融安全，尤其是银行安全的一个组成部分，主要是保证银行业能源信贷本息的如约回收，是从金融机构角度出发来考虑问题的，如中国社会科学院经济研究所教授徐逢贤、中国能源战略研究中心主任王震的观点。但是，从金融机构角度出发来考虑能源金融安全问题的缺陷在于无法站在国家经济安全的战略高度，从能源行业的角度来保证能源行业的融资需求和投资安全，无法保证国家能源供应目标的顺利实现。由于能源金融安全的概念是近两年刚刚出现的，各界对于能源金融安全的内涵有着各种各样的认识。由于能源领域资金来源既有金融体系内的，也有金融体系外的，其投资方向既有实体经济领域的，也有金融虚拟经济领域的，因此，能源金融安全的理解不简简单单是传统金融体系内的安全。对能源金融安全的定义应该从能源行业出发考虑广义的金融安全，既包括能源行业本身投资和融资目标的顺利实现，也涵盖对于能源投资资金本利顺利回收的实现。

从这个角度出发，可以借鉴国内相关学者近期对于能源金融相关概念的研究成果，对能源金融安全的内涵进行如下界定：认为能源金融安全的最终归宿应该是能源安全，包括能源供应安全和能源使用安全两个层次。既然把能源金融界定为主要从能源实体金融层面来分析，能源金融安全也主要体现为能源市场主体投融资的活动安全，包括实体投资活动和金融投资活动的安全，以及通过完善的融资系统能够保障能源行业主体自身发展壮大的问题。因此，能源金融安全主要体现为能源市场主体投资和融资的活动安全，保障能源生产与供应目标的实现。能源金融安全又可以概括国家宏观经济环境安全、能源融资安全和能源投资安全三个方面。

能源行业宏观经济环境安全是指国家经济稳定与增长目标能够实现，宏观经济处于平稳增长状态，能够为能源金融安全提供良好的外部环境。

能源融资安全是指能源行业的企业能够以合适的融资方式、融资结构、融资成本和融资渠道满足融资需求，取得较高的融资效益。

能源投资安全是指在特定环境和特定时期内能源企业的大型项目投资、其他对外投资和金融资产投资能够顺利实现投资目标，保证对能源行业投入资金主体的金融安全。

(三)能源金融安全预警管理

能源金融安全命题的提出，带来一个很现实的问题，即如何评价能源金融安全的程度，什么程度的能源金融状况是安全的，什么程度的能源金融安全状况是不安全的，不同状况下的能源金融运行政策如何制定，能源金融安全状况受哪些因素的影响，这些因素是如何影响能源金融安全状况的，影响程度有多大，衡量能源金融安全状态指标体系的计算方法、计算口径、各项指标数值变化的评价标准、安全状态区间的划分、安全状况的评价标准等。这些工作的开展需要对中国能源金融安全运行进行持续的评价和预警管理。

一般认为，能源金融安全预警管理是一个包括能源金融安全运行评价和预警管理目标、能源金融安全预警管理模型、能源金融安全预警信息反馈系统、能源金融安全预警效果评价、能源金融安全预警信号系统及能源金融安全控制对策措施等在内的复杂体。在实际工作中，应该通过分析所选择的特定指标体系来解释和评价中国能源金融的安全状态、能源金融的风险与突变现象，从而揭示中国能源金融安全的运行机理、形成原因、表现形式、演变过程及控制措施。由于中国经济发展对能源的高度依赖性和中国能源生产供应的复杂性，如果能够构建一个完善的能源金融安全运行评价和预警管理模型，以整个能源金融运行过程为监测评价管理对象，以我国能源投资和融资活动为管理监测评价和内容，采用一系列科学的预警方法技术、预警指标体系、预警模型，对我国能源金融安全态势进行监测评价和预警，把监测评价结果和确定的预警限度进行对比，对可能发生的警情、警兆发布警示信号，进而对中国能源金融安全态势进行有效控制和防范，对于保障中国能源安全总体目标的实现将具有重要的现实意义。其主要工作内容在逻辑上应该包括揭示中国能源金融安全预警源、分析影响能源金融安全的风险因素、研究能源金融安全预警限度、确定能源金融安全预警界限、探讨能源金融安全预警级别、制定能源金融安全管理措施。

二、煤炭行业金融安全预警及其相关概念

财务金融安全的研究是和财务金融危机的研究相伴而生的。在国内外研究文献中，财务危机一词出现的频率高于财务安全一词出现的频率，但是目前，财务金融危机的定义总是和企业失败、破产、上市公司被 ST 联系起来，而且研究中更多的是拿已经发生一定危机状况的样本公司和尚未发生特定危机状况的样本公司去比较，因此，从样本组公司对比的角度研究行业财务金融状况是一种事后的静态管理，很难做到事前预防、事中控制，不是一个动态系统，对于煤炭行业金融财务安全的研究主要参考了能源金融安全预警研究的思路，对于煤炭行业金融安全预警进行重新界定和研究，其主要相关概念阐述如下。

(一)煤炭行业金融安全

金融安全是和财务危机、财务失败、财务困境相对的概念，一般把财务失败定义为企业偿付能力的丧失，即指企业不能按时偿还到期债务的困难和危机。财务困境也被认为主要是违约或者无力偿还到期债务。而财务危机在国外普遍被认为是技术失败、会计失败、企业失败和法定破产，而国内普遍认为财务危机是指企业经营管理不善，不能适应外部环境发生变化而导致企业生产经营活动陷入一种危及企业生存和发展的严重困境，反映在财务报表上是呈现长时间的亏损状态且无扭转趋势，出现资不抵债甚至面临破产倒闭的危险，是企业一定时期在资金筹集、投资、占用、耗费、回收、分配等各个财务管理环节上所出现的失误，是各种财务活动行为失误的综合反映，具有积累性、突发性、复杂性和灾难性的特点。因此，财务失败和财务困境进一步发展的结果就是财务危机，财务危机的研究在近几年以上市公司为主要对象的研究活动中频繁出现，也产生了一批较具有影响力的研究成果，对于指导上市公司防范财务风险起到了一定的作用。但是，传统财务危机的研究有其局限性，体现在其研究对象、研究方法、对比思路的局限性上，更关键的是以危机组和正常组为研究对象区分标准导致财务危机的研究更像一个静态过程，难以揭示企业财务风险积聚、演变，最终导致财务危机发生的动态过程，因此，作者主张以财务金融安全来替代财务危机，借鉴中国能源金融安全研究的体系与思路，重新梳理煤炭行业金融安全的演变机理。

煤炭行业金融安全的最终归宿应该是煤炭安全，包括煤炭供应安全和煤炭使用安全两个层次。煤炭行业金融安全主要体现为煤炭市场主体投融资的活动安全，包括煤炭实体投资活动和煤炭金融投资活动的安全，以及通过完善的融资系统能够保障煤炭行业主体自身发展壮大的问题。煤炭行业财务金融安全主要体现为煤炭市场主体投资和融资的活动安全，保障煤炭生产与供应目标的实现。煤炭行业财务金融安全又可以概括为国家宏观经济环境安全、煤炭融资安全和煤炭投资安全三个方面。

煤炭行业宏观经济环境安全是指国家经济稳定与增长目标能够实现，宏观经济处于平稳增长状态，能够为煤炭行业财务金融安全提供良好的外部环境。

煤炭融资安全是指煤炭行业的企业能够以合适的融资方式、融资结构、融资成本和融资渠道满足融资需求，取得较高的融资效益。

煤炭投资安全是指在特定环境和特定时期内煤炭企业的大型项目投资、其他对外投资和金融资产投资能够顺利实现投资目标，保证对煤炭行业投入资金主体的资金安全。

(二)煤炭行业财务金融风险

煤炭行业金融安全目标的实现，首先要求能够对煤炭行业财务金融风险加以准确识别、计量和施加有效管理。煤炭行业财务金融风险是一个外延非常大的概念，借鉴能源金融风险的定义可以对煤炭行业财务金融风险概念进行相应的界定：煤炭行业财务金融风险是指煤炭行业在进行投资、融资过程中遭受损失，使得煤炭行业投资资金不能顺利回收的可能性或者不确定性。

煤炭金融从定义上看包括煤炭行业的融资与投资，所以煤炭行业金融风险主要来源于煤炭行业的融资过程与投资过程，另一方面，每一个行业的发展都受到宏观经济环境的影响，尤其是煤炭行业具有明显的顺经济周期规律，所以宏观经济发展对于煤炭行业财务金融风险也有巨大的影响。煤炭产业发展涉及国家经济动力的持续支持，涉及国家经济命脉，因此，煤炭行业的投资和融资一直是各国政府高度关注的大事。煤炭开发从勘探、开采、筛选、运输、使用各个环节均需要大量的资金投入，煤炭行业开发领域的特有技术特点也决定了煤炭投资项目具有勘探风险大、耗资高、项目开发时间长、建设经营周期长、受自然灾害和政治风险等外部因素影响极大等特点，由此也造就了煤炭投资项目多数具有高风险、高回报的特征。因此，煤炭投资项目对于融资的需求也比较复杂，在融资结构、融资成本之间的协调比较困难，煤炭行业融资更多地受到国家能源经济管理体制和国家金融市场的影响。我国煤炭行业的融资也正由传统的以国家预算内资金和银行信贷支持逐渐转为以企业自筹为主，更多的是股东投入、股票发行和债权融资。但是，相对于西方发达国家煤炭行业融资结构的多元化，我国煤炭行业融资渠道还甚少，融资决策受到金融市场发展上的限制比较明显，煤炭项目融资、煤炭产业发展基金、各类风险投资基金、能源信托、吸收战略投资者方面与发达国家的差距还比较明显。

从我国煤炭产业发展趋向来看，受到经济增长速度和经济增长方式惯性发展作用的影响，今后20～30年内，我国化石能源需求量仍然很大，煤炭产业投资需求仍然很旺盛，煤炭工业融资存在着巨大的资金缺口，而煤炭行业蕴藏的巨大机遇也吸引了金融机构的进入。国际大型能源企业集团和能源类金融机构的投资领域既包括煤炭产权市场，也包括煤炭金融衍生品市场。由于投资煤炭产品市场有较高的门槛，煤炭实物资源有限，因而大量资金投向煤炭虚拟资产，而且煤炭市场因其易受突发事件影响导致价格暴涨暴跌而形成的获利机会使其备受各类国际投机资金的瞩目。

综上所述，煤炭行业融资方式和投资方式随着能源金融市场的发展逐步多元化，这样一方面对冲了金融风险，但是，多元化的投融资方式也在另一方面加大了金融风险。因此，作者界定的煤炭行业财务风险主要是指煤炭行业融资风险、煤炭行业投资风险和煤炭行业遭受的宏观环境风险。

煤炭行业融资风险是指由于煤炭行业企业融资决策实施的不确定性而给煤炭行业投资者带来损失，致使煤炭企业丧失偿债能力，甚至被迫宣布破产的可能性。它的主要影响因素包括所选择的融资方式、融资结构、融资成本、融资渠道等。近年来，相关研究成果表明，煤炭行业融资规模扩大有利于煤炭工业的产值增长，但融资的开放程度和利用效率不断降低；不同的融资结构对产值增长的贡献率和煤炭消耗存在明显差异；国内贷款不仅对煤炭产业产值增长的贡献相对较低，还提高了单位增加值的能耗；相反，单纯从经济方面考虑，在能源领域，外资的利用对于产值增加和单位能耗减少都有一定促进作用，但是，从国家能源安全角度来看可能又是另一个结论；此外，增加煤炭股票和煤炭债券融资有助于促进自筹资金对煤炭产业产值增长的拉动作用，目前我国煤炭行业融资决策的实施对于煤炭产业发展有着显著的影响，存在着较大的风险，并没有更好地促进煤炭产业的发展，特别是对煤炭产业利润作用的显著性更差。

煤炭行业投资风险是指在特定环境和特定时期内客观存在的导致煤炭投资经济损失的可能性。煤炭行业的投资活动主要是集中于大型的项目投资、对外投资和金融资产投资，所以投资风险主要也存在于煤炭企业本身的项目投资管理方面、对外多元化实业投资目标实现的控制方面和金融投资的风险方面，显然，煤炭企业的投资风险是客观存在的，前述案例也显示其影响是深远的。

煤炭行业宏观经济环境风险是指国家经济稳定与增长状况变化给煤炭行业带来的融资与投资目标实现不了的风险，包括国家风险、经济周期风险、经济政策风险、物价风险等。煤炭行业发展与宏观经济发展存在顺周期现象,国内的煤炭投融资显然会受到本国经济增长速度、物价水平、国家经济政策的影响。对外煤炭项目投资会更多地受到国家政治风险和国际政治经济形势变化的影响,前述蒙古国煤炭资源储量事件就是很好的例证。

从结果上看,宏观经济环境风险最终会作用在煤炭行业的融资风险和投资风险上,即宏观经济环境的变化最终会带来煤炭行业投资和融资目标实现的不确定性,而另一方面,煤炭行业投融资目标的实现取决于煤炭行业本身的经济管理水平,从煤炭行业发展改革体制的变化和各项研究成果来看,煤炭行业的发展更深层次地受到国家宏观经济环境的影响,因此,本书中把宏观经济风险单列为煤炭行业财务金融风险的一个方面加以研究探讨。

(三)煤炭行业金融安全预警管理

由前文可以看出,我国煤炭行业的资产负债率和债务股权倍数都偏高,利息负担比较重,行业金融安全的压力还是比较大的。因此,关注煤炭行业投融资风险管理,加强煤炭行业金融安全预警管理,防范投融资资金危机的出现就显得十分迫切了。同样的,煤炭金融财务安全命题的提出,也必须要解决如何评价煤炭行业财务金融安全的程度,什么程度的煤炭行业财务状况是安全的、什么程度的煤炭行业财务金融安全状况是不安全的,不同状况下的煤炭行业财务运行政策如何制定,煤炭行业财务金融安全状况受哪些因素的影响,这些因素是如何影响煤炭行业财务金融安全状况的,影响程度有多大,衡量煤炭行业财务金融安全状态指标体系的计算方法、计算口径、各项指标数值变化的评价标准、安全状态区间的划分、安全状况的评价标准等。这些工作的开展需要对中国煤炭行业财务金融安全运行进行持续的评价和预警管理。

因为能源金融安全预警管理体系的建立必须要从煤炭、石油与天然气、电力及其他新能源金融安全预警管理体系着手逐步建立,更由于中国特有的能源资源赋存特点决定了煤炭行业资金运行的安全检测预警情况在很大程度上决定着中国能源金融安全状况,所以有必要首先构建一个完善的煤炭行业财务金融安全运行评价和预警管理模型,以整个煤炭行业财务运行过程为监测评价管理对象,以中国煤炭行业投资和融资活动为管理监测评价内容,采用一系列科学的经济预警方法,选择合适的财务安全运行预警指标体系,筛选适当的财务安全运行预警模型,对中国煤炭行业财务金融安全态势进行监测评价和预警,把监测评价结果和确定的预警限度进行对比,对可能发生的警情、警兆发布警示信号,进而对中国煤炭行业财务金融安全态势进行有效控制和防范。其主要工作内容在逻辑上应该包括揭示影响中国煤炭行业财务金融安全的风险源、研究中国煤炭行业财务金融安全预警限度、确定中国煤炭行业财务金融安全预警界限、探讨中国煤炭行业财务金融安全预警级别、制定中国煤炭行业财务金融安全管理措施。其基本工作步骤主要包括中国煤炭行业财务金融安全预警管理实证研究样本数据的选取、煤炭行业金融安全预警指标数据的标准化处理、煤炭行业金融安全预警研究指标权重的确定、确定煤炭行业金融安全预警的研究指标的权重和阈值、煤炭行业金融安全预警方法的训练与学习、煤炭行业金融安全预警研究网络节点选择、煤炭行业金融安全预警网络模型的检验、煤炭行业金融安全预警指数计算评价及中国煤炭行业财务金融安全运行保障的政策与策略分析部署。

第三节　中国煤炭行业金融安全预警管理课题的研究意义

一、能够保障我国能源安全战略实现、制定有效的能源金融发展政策的决策依据

煤炭业的对外投资与融资要面临复杂的投资环境，这其中会蕴含着许多的金融风险，对其做出准确的计量和评估有助于国家能源安全战略目标的实现。基于煤炭开采和洗选行业全行业为样本的研究能够更全面了解煤炭行业资金运行安全状况，通过煤炭金融安全预警系统的建立和完善，为煤炭行业及能源行业发展政策层制定有效的能源金融发展政策提供有力的信息系统和决策依据，为相关企业的能源资本运作提供帮助。

二、有利于增强煤炭行业各级从业人员的危机意识

近年来，随着我国经济增长对煤炭需求的日益膨胀，使得煤炭行业经历了前所未有的发展契机，不仅带来了行业大发展，而且也带来了行业盈利程度的大幅飙升。能源安全已经成为所有国家的重要战略性问题，作为我国能源消费主体的煤炭消费量和生产量的急剧增长引发了煤炭投资热潮，引发了对煤炭融资的巨大需求。煤炭行业形势的巨大变化使得煤炭行业从业者居安思危的意识在逐渐丧失，多数人认为只要经济增长的红利存在，对煤炭的需求持续增长，只要把能源开采出来就会带来巨大的利润。因此，盲目上马新的能源投资项目，跑马圈地式地扩张能源资源储量，很多投资项目缺乏科学合理的论证，资金结构不合理，资金安排不得当，投资风险管控能力低下，企业经营管理水平徘徊不前，对于国际、国内的宏观政治经济形势的变化缺乏清醒认识，特别是对于由于低碳经济的发展、碳减排对我国主要以煤炭为主的能源消费结构带来的节能减排压力的认识不足，对于环境金融、碳金融的发展对于金融业对能源领域的金融支持政策发生的重大改变从而加大了能源领域融资的难度也认识不足。

煤炭行业发展离不开我国金融体系的大力支持，但是，随着金融业的日益开放，国际经济金融领域的风险因素会迅速地传导到中国经济体上，我国金融体系由于长期以来的体制和制度缺陷、金融体系的脆弱性、监管与法治的滞后性及创

新机制的不健全，金融业发展的基础并不稳定，金融风险日益显现，国内外的融资环境和投资环境都在发生重大变化，尤其是 2008 年以来金融危机的影响，这一切都使得新型的能源金融面临着巨大的风险问题。金融领域对于煤炭行业的融资政策和投资政策都发生了比较明显的变化，煤炭行业的融资风险和投资风险日益突出，金融危机带来的经济衰退所引发的负面影响直接体现在 2012 年以来煤炭价格的下跌和煤炭需求量下降之中，给中国煤炭行业敲响了警钟，特别是最近几年煤炭行业各个领域的投资扩张也在经历着阵痛期，同样凸显了煤炭行业在融资和投资经营管理能力上的缺陷。

　　因此，有必要综合运用金融危机理论、金融脆弱性理论、金融预警理论、金融风险管理理论、能源经济学理论、能源可持续发展理论等相关理论和方法对影响中国煤炭财务安全的风险源进行全方位、多视角的研究探索。从能源经济学的角度系统研究煤炭行业的经济安全问题，深入分析煤炭行业金融风险的来源，定量评价煤炭行业的投融资规模与结构的变化和煤炭行业发展之间的关系，监测衡量煤炭投融资效益。运用金融风险管理中的 VaR（value at risk）风险值理论把我国煤炭行业的财务安全影响因素进行量化，将量化得出的风险值与各个影响指标进行最小二乘法和分位数回归分析，能够分析各个指标对煤炭行业风险的影响程度，最终能够通过对所选定指标数值变化的分析，评价我国煤炭行业投融资安全实现的程度，期望找到影响煤炭行业财务金融安全的各个指标的重要临界点，确定出各个指标安全程度的警戒区间，当指标数值运行到设定数值时发出预警警报，达到监测中国煤炭行业投融资安全状况的目的。能够时刻警示中国煤炭行业各级从业者高度关注中国煤炭行业财务金融安全运行的风险因素，居安思危，正确认识国际政治经济形势的发展、能源领域技术的进步、和谐社会发展对于低碳环保的要求、金融危机带来的投融资领域的巨大变化给煤炭行业发展带来的巨大挑战，能够直面风险，适时调整煤炭行业发展战略，提高经营管理水平，防范和化解煤炭行业财务风险，对于保证煤炭行业的健康发展起到把好第一道关口的作用。

三、煤炭财务运行安全预警管理是保障煤炭安全战略实现的关键环节

　　煤炭供应需要巨额的资金支持，煤炭业的对外投资要面临复杂的投资环境，在其中会蕴含着许多的金融风险，对其做出准确的计量和评估有助于国家能源安全战略目标的实现。合理的煤炭价格和稳定的煤炭供应是煤炭安全的核心问题。煤炭安全的根本内涵是在一定的价格水平范围内煤炭资源可靠的、安全的和稳定的供应及满足国民经济的需求。因此，在煤炭安全保障体系中，金融在煤炭价格决定和供给的保障程度上始终发挥着最大的作用，随着煤炭企业实力的增强，煤炭行业实业投资和金融投资的安全保障程度也越来越引人关注了。通过研究各类煤炭企业融资和投资过程中的风险管理工作，能够准确地揭示我国煤炭行业财务

金融安全运行的规律，为我国煤炭行业财务金融安全的预警和风险控制提供一套科学、有效的理论方法和分析评价体系，从而提高控制煤炭行业财务风险的能力。达到保障煤炭行业财务金融安全、稳定煤炭行业金融体系、营造和谐煤炭能源安全环境、促进经济社会和谐发展的目的。

因此，有必要结合中国经济社会发展实际对我国煤炭行业金融安全的运行原理与风险生成机制进行深入系统的研究，能够从日益错综复杂的国内外政治经济社会及技术环境变化中梳理出对煤炭财务安全运行有着重要影响的风险因素及其影响机理和脉络，为煤炭行业财务金融安全的研究提供较系统的理论基础；通过对各类经济运行预警管理方法与模型的比较分析，期望能够提出一个适合中国国情的煤炭行业财务金融安全状况进行准确评价和动态实时预警管理体系，为煤炭行业发展政策宏观决策者和各类煤炭市场主体制定科学的煤炭发展政策和经营管理方案提供科学的量化支持，建立国家主导的煤炭等在内的能源系统，实现能源金融安全预警管理的信息化，实时监控煤炭行业财务风险影响因素的变化状况，实时发布相关信息，使得煤炭行业从业管理者能够实施监控煤炭行业各类敏感风险因素的变化情况，了解煤炭行业融资环境和投资环境的变化，适时调整企业经营管理策略，提升企业的财务管理能力，做到严密的内部控制体系网络的建立和有效运行，最大程度上减少融资风险和管理投资风险；最后在准确评价监控中国煤炭行业财务风险、构建合适的煤炭行业财务金融安全动态实时预警管理体系基础上，探索适合中国国情的煤炭行业财务金融安全态势预控对策及煤炭行业财务危机管理办法，有助于实现我国煤炭安全运行和金融安全运行的目标，有效防范和控制行业金融风险。

四、能够促进煤炭行业提升财务管理能力，重视财务素质提高

随着煤炭行业的发展，行业经营管理水平有了显著提高。但是不可否认的是，煤炭行业企业在经济增长红利的驱使下普遍存在着单纯追求销量和市场份额、盲目上马新项目、不计后果的融资和投资、忽视企业财务的风险、缺乏完善的内控制度、缺乏合理的股权结构带来的制衡的现代企业治理结构，财务工作方式与组织机构不能适应形势的变化，财务机构的设置成金字塔形，中间层次多，缺乏创新和灵活性，效率低下；行业从业的财务人员管理水平有限，职责混乱，权限较少，理财观念滞后，缺乏掌握科学、技术能力、管理等知识的主动性，更缺乏创新精神和创新能力。使财务该发挥的监督职能未发挥，当经济不景气的时候，企业应对系统性风险的能力不强。

因此，在煤炭行业范围内，必须借助此次金融危机带来的经济衰退的影响契机，树立全方位财务管理能力提升的理念和信念，重视财务风险的确认、识别与防范管理，进一步提升公司首席财务官和总会计师等财务负责人在企业高管中的地位，进入公司战略决策层，代表出资人履行监督义务，通过构建多元化的合理股权结构和建立良性制衡的现代企业公司治理结构来保障公司投融资决策机制的有效性，在会计电算化的基础上尽快实现财务管理信息化，提高煤炭企业利用金融市场资源的产融结合水平，在完善财务预算的基础上真正落实全面预算管理，提高财务报表的质量，完善财务管理输出的成果，通过补充完善一些信息指标增加对公司财务状况评价的信息输出，把公司财务能力评价结果与公司各项战略决策进行挂钩，督促煤炭企业真正重视财务管理水平的提高。正确认识现代企业财务管理面临的创新趋势，做好现代企业财务管理从利润管理目标演进到价值管理目标、从日常财务管理为主要业务内容发展到以战略财务管理为主要管理内容、从经营者财务角度发展到投资者财务角度、从以部门财务为主线发展到以流程财务为主线、从以事后财务监督为管理手段发展到以全过程风险控制为管理手段、从财务分析为主发展到业绩管理为主的转变。以 2010 年财政部、证监会、审计署、银监会和保监会联合发布的《企业内部控制应用指引》及其组织架构、发展战略、人力资源、企业文化、资金活动、采购业务、资产管理、销售业务、研究与开发、工程项目、担保业务、业务外包、财务报告、全面预算、合同管理、内部信息传递、信息系统等 18 个具体指引为依据，以企业资金流控制为核心，整合煤矿业务流程内部控制管理系统，主要包括组织架构、发展战略、人力资源、企业文化、资金活动、采购业务、资产管理、销售业务、研究与开发、工程项目、担保业务、业务外包、财务报告、全面预算、合同管理、内部信息传递、信息系统等方面内部控制的目标、相应的业务风险识别及业务内部控制流程，还包括各个相关业务内部控制的相关办法、规范、制度。

随着煤炭行业投资规模越来越大、融资需求越来越频繁，越来越多的煤炭企业进入到上市公司行列，成为国际化的公众公司，参与全球并购经营，在全球市场投资与融资，需要处理越来越多、也越来越复杂的财务事项。同时，伴随着金融市场越来越复杂，财务风险也越来越大、越来越复杂。2008 年以来的国际金融风暴给成长中的中国煤炭企业上了生动的一课。因此，中国煤炭行业的安全健康发展依赖于金融参与煤炭行业资本运作的持续性与安全性，需要煤炭企业拥有一批能够处理国际化财务事项、能够应付复杂金融局面的高水平财务人才队伍，必须从本质上提升煤炭行业财务工作地位，提高财务人员综合素质与能力，重视煤炭行业全面财务素质的提升。

五、能够构建更为和谐的双赢互利的煤炭行业和金融行业战略合作关系

由表 1-1 数据可知，我国煤炭开采和洗选业的投资增速很快，对资金需求巨大，由于近十年煤炭行业景气度增加，金融业对煤炭行业的直接与间接投资增速也较快，煤炭行业已经成为国内金融业的主要优质客户。截止到 2016 年 12 月底，煤炭行业 3.7578 万亿元人民币的总负债中，其中主要金融机构对煤炭开采和洗选业的贷款余额超过 1 万亿元人民币(本外币合计数)，占煤炭行业总负债比重的近三分之一。煤炭行业的健康发展直接关系到金融行业的安全稳定。按照我国"十二五"煤炭工业发展规划目标要求，到 2015 年，我国煤炭产量的上限是 37 亿标准吨，全国将形成 10 个亿吨级、10 个 5000 万吨级规模的特大型煤矿企业。煤炭行业要在"十二五"期间构建起新型的煤炭工业体系，生产将以大煤业、大基地和大型现代化煤矿为主，基本形成稳定供应格局，加快推进煤矿企业兼并重组，稳步推进矿业权整合，建设大型煤炭基地。到 2017 年初，国家发展改革委发布《煤炭工业发展"十三五"规划》时统计数据，截止到 2015 年，煤炭工业"十二五"发展规划目标已经实现，2015 年煤炭产量 37.5 亿吨，煤炭消费量 39.6 亿吨，亿吨级煤炭企业 9 家，千万吨级煤矿 53 处；加快关闭、淘汰和整合改造，"十二五"共淘汰落后煤矿 7100 处、产能 5.5 亿吨/年，煤炭生产集约化、规模化水平明显提升。积极推进煤矿企业兼并重组，产业集中度进一步提高。煤炭上下游产业融合发展加快，建成一批煤、电、化一体化项目。

但是，我国煤炭行业发展仍然存在着煤炭产能过剩、结构性矛盾突出、清洁发展水平亟待提高、安全生产形势依然严峻、科技创新能力不强、煤炭科技研发投入不足、体制机制有待完善等问题。因此"十三五"规划目标是到 2020 年要基本建成集约、安全、高效、绿色的现代煤炭工业体系，煤炭产量预计 30 亿吨，消费量预计 41 亿吨，煤矿数量由 9700 处减少到 6000 处以内，煤炭企业由 6000 家减少到 3000 家以内，大型煤矿产量占比要达到 80%，化解淘汰过剩落后产能 8 亿吨/年左右，通过减量置换和优化布局增加先进产能 5 亿吨/年左右，煤矿安全生产长效机制，采煤机械化程度，煤矿信息化、智能化建设，企业生产效率，生态文明矿区建设，资源综合利用水平、煤炭清洁利用水平得到显著提升。

在整个煤炭"十三五"规划实施过程中、优化产能结构和行业兼并重组过程中，煤炭企业将会有大量资金需求。因此，煤炭行业的财务安全为金融业安全目标的实现提供了重要保障，而金融业对煤炭行业的金融支持与服务更是煤炭行业实现发展规划目标要求的必要条件，对于煤炭行业财务金融安全状况的研究能够更有助于金融行业信贷政策的调整与制定，煤炭财务金融安全研究是构建和完善我国金融安全体系的必然要求。通过本研究能达到以金融安全理论做指导，制定中国煤炭财务安全目标，实现对煤炭财务安全进行实时监测预警，有效提高煤炭财务安全控制和监管的效率，确保各界投放在煤炭行业的资金安全的目标。

随着我国经济实力的增强，我国越来越成为世界能源消费的大国。我国金融行业在面对金融服务业日益加快的对外开放步伐、日益加强的金融深化程度和金融市场迅猛发展的大环境下，对于如何深化金融业对煤炭安全目标实现的支持与保障程度的重视程度还不够。解决由于我国金融基础的脆弱性、金融监管体系的不健全、金融高级人才的短缺等因素使得我国煤炭财务安全得不到关注的问题，急需煤炭财务安全理论的指导，借助于金融安全理论与实践来构建中国煤炭财务安全管理预警模型，对中国煤炭财务安全进行全面的管理。

因此，关注中国煤炭行业财务金融安全的研究，既能够使金融业得到及时的煤炭行业财务金融安全信息，及时准确地评估金融业投资资金安全状况和煤炭业还本付息能力的变化，借以调整金融业的资金投出政策，保证金融安全目标的实现，又能够满足煤炭行业日益增长对金融服务深化的要求，进而构建更为和谐的双赢互利的煤炭行业和金融行业战略合作关系。

第四节　中国煤炭行业金融安全预警管理课题的研究架构

一、煤炭财务金融安全预警研究目标

从现有的研究成果看，煤炭金融安全运行评价与预警研究仅仅集中在以上市公司为样本的财务风险预警研究范畴内，在样本选择、指标选择、相关关系确定、指标影响权重确定、安全警度评价、行业金融安全程度评价标准等方面都存在较大缺陷，无法解释整个煤炭开采和洗选行业的全部资金运行安全状况。因此作者的主要研究目标如下。

(一)结合中国实际对煤炭财务安全的风险生成机制和安全程度评价进行全面深入系统研究

从错综复杂的煤炭金融环境中梳理出对煤炭金融安全运行有决定性影响的因素及其脉络，为煤炭金融安全评价提供较系统的评价指标体系和评价标准体系及相关的信息系统。

(二)构建一个适合中国国情的煤炭金融安全预警体系

包括煤炭金融安全预警管理指标选择、煤炭金融安全预警指标相关关系评价、煤炭财务安全预警模型构建、煤炭财务安全预警指标权重确定、煤炭财务安全预警管理指数计算、煤炭财务安全预警警度划分、煤炭财务安全预警管理对策在内的一系列工作。为煤炭能源政策决策者和各类能源市场主体制定科学的煤炭财务发展政策和经营管理方案提供科学的量化支持。

(三)分析中国区域性和企业性煤炭金融安全状况并提供预警管理

中国煤炭资源的分布具有典型的地域特征，多集中在山西省、山东省、河南省、内蒙古自治区、陕西省。预计到 2020 年，全国煤炭产量 39 亿吨，其中鲁西基地产量 1 亿吨以内、河南基地 1.35 亿吨、蒙东(东北)基地产量 4 亿吨、晋北基地产量 3.5 亿吨、晋中基地 3.1 亿吨、晋东基地 3.4 亿吨、陕北基地产量 2.6 亿吨、神东基地 9 亿吨、黄陇基地产量 1.6 亿吨，来自山西省、山东省、河南省、内蒙古自治区、陕西省的煤炭产量预计要占到全国煤炭产量的 78%左右，煤炭生产开发进一步向大型煤炭基地集中，今山西省煤炭基地产量就达到全国的 25%以上。山西省、山东省、内蒙古自治区、河南省、河北省五区域企业数量合计占中国煤炭企业总数的 30%以上，同时，这五省区实现煤炭行业销售收入合计占中国煤炭行业销售收入比重的 60%以上，实现的煤炭行业利润总额合计占中国煤炭行业利润总额的比重达 75%以上。尤其是山西省，截止到 2016 年年初，全省煤炭企业数量在全国占比达到 12.73%，煤炭企业总资产占比达到 27.37%，销售收入占比达到 21.05%，利润总额占比达到 23.28%。但是，从 2016 年的综合经营能力数据上看，山西省煤炭行业的综合经营能力弱于陕西省和内蒙古自治区煤炭行业，居于全国省市区的第三位，由表 1-7 显示数据可以看出，山西省煤炭行业的资产负债率、债务股权倍数高于全国平均水平，也高于陕西、内蒙古自治区、河南等省、区，利息保证倍数低于全国平均水平，仅比山东省高一些；营运能力更差，总资产周转天数、流动资产周转天数、产成品周转天数和应收账款周转天数均高于全国平均水平，总资产周转天数、流动资产周转天数也低于内蒙古自治区、陕西、河南和山东的水平；而盈利能力指标(除资产报酬率外)和成长能力指标高于全国平均水平，显示山西省煤炭行业处于快速发展进程中，同时蕴含着一定的财务风险，应该引起高度关注。

表 1-7　2016 年 1～11 月中国煤炭行业五大区域经营水平对比分析

	指标	中国	山西省	内蒙古自治区	山东省	河南省	陕西省
偿债能力	资产负债率/%	58.96	60.26	47.09	63.2	58.51	40.65
	债务股权倍数/倍	143.64	151.63	89.01	171.74	141.02	68.48
	利息保障倍数/倍	11.7	9.58	22.97	9.57	10.43	44.78
盈利能力	销售毛利率/%	28.79	33.13	40	29.12	21.69	52.9
	销售利润率/%	13.85	15.32	23.67	14.45	12.77	34.25
	资产报酬率/%	9.79	8.32	16.7	10.57	9.92	22.43
营运能力	总资产周转天数/天	418.53	549.95	413.61	406.32	388.92	445.46
	流动资产周转天数/天	176.09	248.35	173.13	164.43	155.86	229.08
	产成品周转天数/天	11.33	15.5	11.39	16.34	6.79	10.62
	应收账款周转天数/天	26.18	26.38	37.11	13.2	14.63	51.99
成长能力	销售收入同比增长率/%	37.19	50.18	42.41	38.28	-3.47	40.2
	利润总额同比增长率/%	60.37	69.05	63.15	65.47	15.83	60.78
	资本累积率/%	31.85	33.22	31.4	20.21	14.6	36.69

数据来源：国家统计局、银联信。

因此，有必要发展一种合适的区域性煤炭行业财务金融安全评价预警系统，将其融合于全国性煤炭金融安全预警体系中，能够评价全国主要煤炭生产区域内煤炭企业的安全运行状况，做出比较分析，为地方经济发展做出正确决策提供行业性发展依据，同时，也能够对某些重要的煤炭企业财务安全状况的评价与预警管理提供基本工具方法，有助于煤炭企业内部控制体系的完善与加强。

二、中国煤炭行业金融安全预警研究内容

(一)对煤炭金融安全运行评价与预警研究范围和相关概念进行界定

对煤炭财务、煤炭财务风险、煤炭财务安全、煤炭金融安全运行评价、煤炭金融安全预警系统等概念进行界定，并论述各个概念之间的逻辑关系，同时界定研究煤炭金融安全的研究角度。

(二)对中国煤炭金融安全运行进行评价

能够从实践的角度对中国煤炭金融安全运行状况做出评价分析，包括宏观经济环境安全运行评价、融资安全运行评价、投资安全运行评价，从评价指标体系、评价标准和评价方法等方面深入研究。能够从全国、区域和企业角度分别对不同范围的煤炭行业财务金融安全运行状况进行评价，从而为煤炭行业金融安全预警管理提供基本的决策信息。

(三)完成中国煤炭金融安全预警管理工作基本构架的建立

借鉴中国金融安全预警管理的基本结构,建立一个由煤炭财务安全预警管理组织机构体系、煤炭财务安全预警管理信息系统、煤炭金融财务安全预警防范技术体系和煤炭财务安全控制对策体系等多个基本要素在内的有机联系与统一的系统体系，能够为全国范围内、特定区域范围内、特定企业的煤炭财务安全预警管理工作提供基本工具与方法，以及提供相应的指导思想和标准，其基本框架结构如图 1-1 所示。

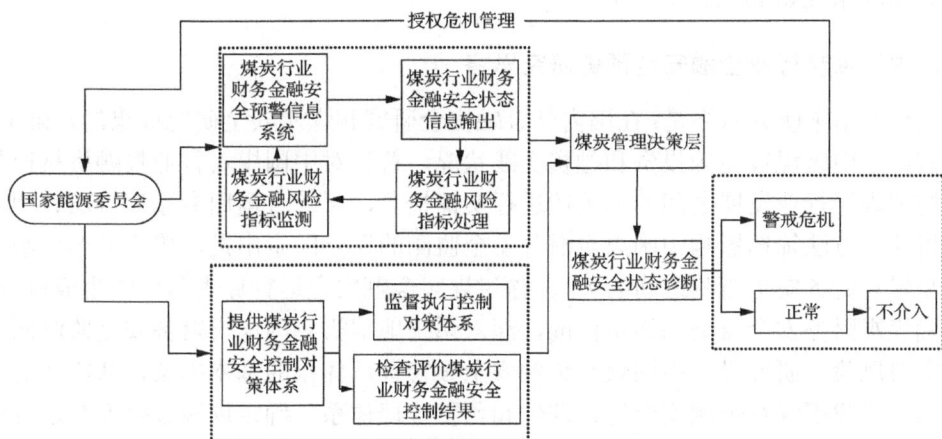

图 1-1 中国煤炭行业金融安全预警管理工作基本构架

（四）完成我国煤炭行业金融安全预警系统构建的实证研究和检验

能够从宏观经济环境、融资现状、投资条件三个方面选取相关的能够反映煤炭财务风险的指标，运用金融安全管理中的 VaR 方法将煤炭行业的财务安全因素进行量化，将量化得出的风险值与指标进行分位数回归分析，深入分析各个指标对煤炭行业风险的影响程度，在有关预警指标体系的选取及权重的确定上，综合采用层次分析法、专家调查法等方法，选择煤炭财务安全预警的因变量和自变量，对煤炭财务安全监测预警管理进行实证研究，对实证研究应用平台、网络配置、样本数据的选取、指标数据标准化处理、权重的确定、网络节点选择进行确定，利用 MATLAB 工具包，应用遗传算法优化 BP 神经网络对煤炭财务安全监测预警模型进行验证，并完成预警结果的分析与评价。

按照以上研究内容，作者划分为八章，第一章主要阐述作者的研究背景、研究意义、研究目的与方法、研究框架和主要内容及煤炭行业财务金融安全相关概念与研究范围界定。第二章进行煤炭财务安全研究的文献综述并就构建中国煤炭行业金融安全预警管理研究的基本理论框架进行界定。第三章主要从煤炭行业财务状况实际运行情况的角度来对中国煤炭行业金融安全运行进行评价。第四章主要完成基于分位数回归的中国煤炭行业金融风险计量实证研究。第五章主要完成基于遗传算法修正 BP 神经网络的中国煤炭行业金融安全预警管理实证研究。第六章主要完成山西省煤炭行业财务金融安全运行评价与预警管理研究的实证分析，建立区域性煤炭行业财务金融安全预警管理的工作框架。第七章主要完成山西潞安环保能源股份有限公司的企业财务安全运行评价与预警管理研究的实证分析，建立对单个煤炭企业的财务安全状况进行预警管理的工作框架。第八章主要就保证我国煤炭行业财务金融安全目标的实现从多个角度提出政策建议和具体对策。

三、中国煤炭行业金融安全预警研究思路

作者基本研究脉络是：在国内外金融安全研究和煤炭安全研究成果的基础上，紧密结合中国煤炭能源投资和融资实践状况，首先对中国煤炭行业投融资规模与结构和煤炭行业发展之间的相关性进行实证检验，再综合运用专家调查法、回归分析法等方法筛选影响中国煤炭财务安全监测的风险因素出发，确定各个影响因素与煤炭财务安全监测之间的关系，探讨煤炭金融安全运行原理与风险生成机制。明确煤炭财务安全监测的衡量标准，深入系统地剖析我国煤炭财务安全监测面临的主要风险，研究设计中国煤炭金融安全预警管理体系的基本框架，从实证的角度来构建我国煤炭金融安全运行评价和预警管理体系，确定煤炭金融安全运行评价指标在影响煤炭金融安全过程中的作用大小，对煤炭金融安全影响因素运行状

况进行实证检验，计算出煤炭金融安全运行指数，通过指数的高低选择合适的预警限度，并通过中国煤炭金融运行状况来检验佐证研究成果的科学性和可行性。最后，在实证研究结果的基础上探索适合我国国情的煤炭金融安全管理控制体系和煤炭金融危机管理办法。具体研究框架如图 1-2 所示。

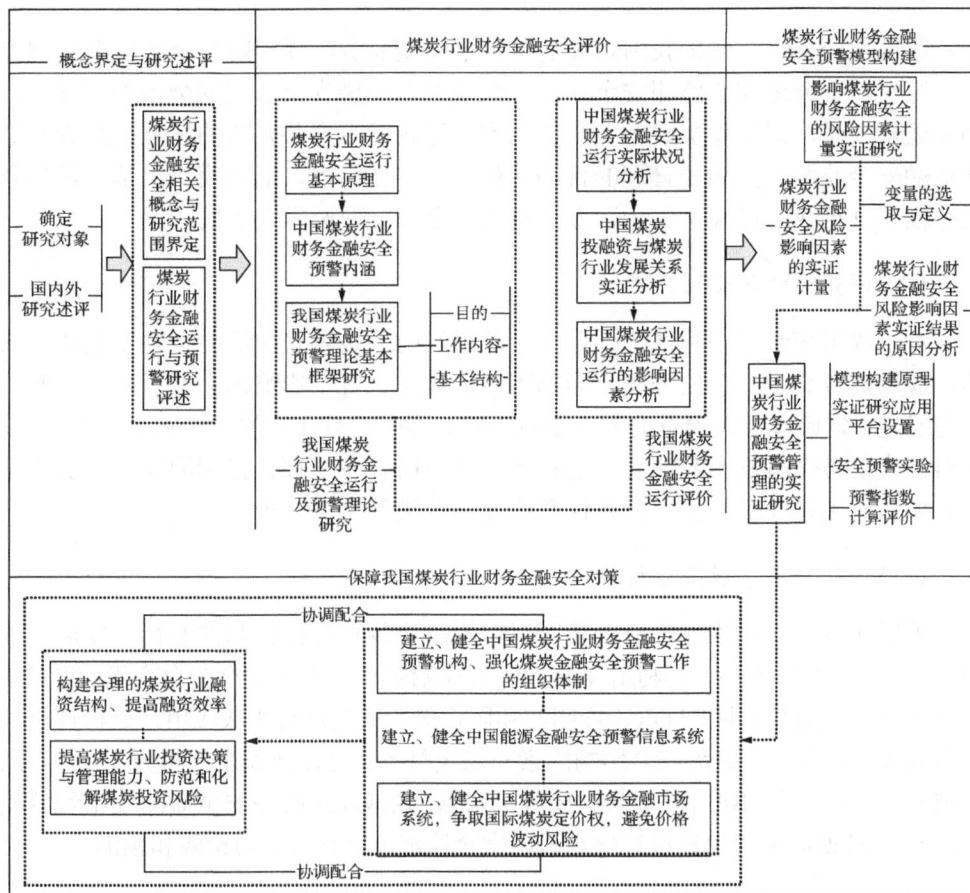

图 1-2　煤炭行业财务金融安全预警管理研究系统的具体思路

四、煤炭行业财务金融安全预警研究方法

煤炭财务金融安全预警研究是一个理论与实践相结合且具有跨学科研究特性的课题。本项研究课题综合运用风险管理学、能源经济学、财务管理学、制度经济学、信息经济学、计量经济学、投资学等多种学科的理论与方法。立足我国煤炭安全和金融安全的理论实践，结合我国煤炭财务安全监测金融风险管理现状，对我国煤炭财务安全监测安全运行的现状进行系统深入的剖析，以期揭示我国煤炭财务安全监测安全运行的机制，构建适合我国国情的煤炭财务安全监测安全评

价预警系统。综合采用理论分析与实证分析、定性与定量分析、静态分析与动态分析相结合的研究方法，交互使用典型调查、统计分析、过程分析、因素分析、系统分析、风险分析等手段开展研究工作。

(一)理论分析和归纳总结

通过理论推导，明确我国煤炭财务金融安全监测、煤炭财务金融安全监测安全、煤炭财务金融安全监测安全评价、煤炭财务金融安全监测安全预警管理的内涵和逻辑关系，确定煤炭财务安全监测安全运行基本态势判断的标准，从煤炭财务金融安全监测安全预警管理的目的、任务、工作内容、活动模式、基本结构和运行程序分析我国煤炭财务金融安全监测安全预警理论研究成果。

(二)调查统计和比较分析

对于我国煤炭开采和洗选行业的能源煤炭财务金融安全监测金融安全评价指标、煤炭财务金融安全监测安全影响因素的确定、各个影响因素警戒限度区间的数值确定，先通过专家调查的方法予以确定，再用定量计量的方法确定相关关系。在对煤炭财务金融安全监测安全运行进行评价时，各个评价指标的运行状况合理与否要与有关行业平均值、公认标准值等标准进行比较分析。

(三)计量经济学模型分析

采用面板数据理论评价分析我国煤炭投融资规模与结构和能源行业发展之间的关系，并进行协整检验；利用 VaR 来解煤炭财务安全监测安全的自变量；将最小二乘法 OLS、分位数回归 QR、岭回归和固定效应模型进行集成应用，分析评价调查出的煤炭财务安全监测安全影响因素与煤炭财务安全监测安全的相关关系；运用经遗传算法改进的 BP 神经网络(BP-GA)构建我国煤炭财务安全监测安全预警模型，应用 Matlab 编程建模进行煤炭财务安全监测安全预警学习检验和预测。

本 章 小 结

能源安全研究是近年来一个比较新的研究领域，本章从国家能源安全的角度阐述了能源的安全运行对保障国家经济发展的重大意义。从能源金融安全的预警管理入手，对能源金融、能源金融安全、能源金融安全预警管理等概念进行阐述，并着重以煤炭行业财务金融安全预警管理为分析重点，对煤炭行业财务金融安全与风险、煤炭行业财务金融安全预警管理相关概念进行界定。在充分分析研究背景与研究意义的基础上，介绍了作者的研究思路、研究方法、创新点等内容。

第二章 煤炭行业金融安全预警研究框架体系

第一节 煤炭行业金融安全预警研究综述

由于煤炭财务金融风险影响因素的多样性和复杂性，煤炭财务金融安全管理是一项系统工程，对煤炭财务金融安全状况的评价、煤炭财务金融安全运行的分析、煤炭财务金融安全预警管理也会随着研究主体、关注层面的不同而呈现出不同的发展特点。煤炭财务金融安全涉及国家煤炭安全乃至经济安全目标的实现，涉及煤炭行业的可持续发展，涉及金融行业投放在煤炭领域资金的安全回收，涉及煤炭企业的可持续发展，因此，对煤炭财务金融安全状况及煤炭财务金融安全预警管理的研究也主要从国家、行业和企业自身三个层面着手。对于煤炭行业财务金融安全预警研究文献的述评也从煤炭安全预警和煤炭行业财务金融安全预警两个角度来进行。

一、煤炭安全预警研究述评

(一)煤炭安全预警问题的国外研究现状述评

由于大部分国家的能源消费主要是石油，所以国外的相关研究主要集中在对能源的整个行业或者石油行业的角度研究其安全预警体系。单独对于煤炭安全预警研究的较少，更多的国家或者经济组织都从政府的层面上建立了各种能源分析预警模型来为政府的能源政策制定提供决策依据，如欧洲的 EFOM-12c 模型、MARKAL 模型、EFOM 模型及美国建立的 PILOT 模型、BESON 模型和 DESON 模型等大型能源系统模型。有些发达国家更是建立了专门的政府组织，如美国的能源信息署(EIA)、日本的石油危机信息网络系统(INSPOC)，欧盟也从 2007 年开始启动能源供应威胁早期预警机制，来进行相应的能源信息监测和分析，目前国际上关于能源安全预警研究方面的信息披露较少，主要可能是涉及国家安全和信息保密问题。

(二)煤炭安全预警问题的国内研究现状述评

我国煤炭安全预警研究主要是融合在国家关于能源安全预警的研究整体领域之中，特别是国务院办公厅于 2008 年发布了《国务院办公厅关于加强能源预测预警工作的意见》，要求各地做好包括国家能源整体安全及石油、煤炭、电力等各个能源子系统在内的能源安全预警工作，我国能源领域的理论界与实践界对于煤炭能源安全预警研究进入到了一个蓬勃发展的阶段。

王慧敏和陈宝书(1996)提出了建立由资源勘探预警、生产建设规模预警、经营管理预警和安全及外因预警组成的四个煤炭工业经济预警子系统和由 28 个指标组成的我国煤炭工业经济预警指标体系，提出了我国煤炭工业经济预警指标体系设计的原则和基本框架。

赵家廉(1999)提出了建立煤炭经济预警系统，分析了煤炭经济运行状况，提出了由社会发展指标、经济发展指标、资源指标和环境指标四个方面 12 个指标组成的煤炭经济预警指标体系。

郭小哲和段兆芳(2005)研究提出必须要转变能源安全的传统观念，以"素质"能源为导向，综合考虑能源的经济、供需、效率、环保、灾变等因素来完成我国能源发展战略设计，以我国富煤、贫油、少气的能源构成特性为基础系统地设计了保证我国能源安全的多因素多目标监测预警系统，对我国能源发展的石油供应安全、能源环境保护、能源灾变应对、能源供需平衡、能源效益增长和能源效率提高六个方面进行预警监测。

张宏民和葛家理(2002)突破了传统"数量能源经济理论"的束缚，提出了以"结构牵动论"代替传统数量能源观的"速度牵动论"，同时，又提出用"效益配置理论"代替传统能源经济的"热量平衡论"，将决策的能源总量用泛函极值协调配置理论，以系统经济效益最优为目标进行了优化配置，采用人机结合的专家研讨方法，利用可操作的杠杆调节及调节后的信息反馈，以实现我国能源经济复杂系统发展的社会目标。

迟春洁(2004，2006)研究运用改进的 BP 神经网络方法建立中国能源安全预警模型，筛选了能源安全预警指标体系，对预警模型进行了学习检验，并对中国未来的能源安全状态进行了尝试性预警分析，研究结论认为：中国的未来能源安全形势比较严峻，必须积极采取有效应对措施，战略上高度重视，及早采取政策对策调控。

刘强等(2007)构建了由目标层次、构成要素层次和预警指标层次三个层次组成的，分 4 个子系统、5 个构成要素，共 46 个评价指标的中国能源安全预警评价指标体系。

王思强(2009)构建了涵盖整个能源领域的预测预警框架体系，由煤炭、电力、石油、天然气、可再生能源和新能源、能源经济子系统组成，设计了各子系统的预警指标，对 SGM(second generation model)模型进行了改进，扩展了模型的中长期预测功能，并将其应用于能源预测预警研究。将模型原来的 22 个部门扩展到适合我国国情的 39 个部门，相应地扩展了部门需求函数，增加了循环经济函数，使用混合型投入产出表技术实现各能源品种在物质量和价值量上的一致性。

李继尊(2007)在分析影响能源安全的供需因素、运输因素、灾变因素、经济因素、环境因素五大因素的基础上选取了涵盖煤炭、石油、电力和综合4个子系统的54个能源安全预警指标,综合运用二阶回归方法(PCA-AR)、主成分分析和人工神经网络(ANN)方法结合建立了中国能源预警模型,创建了中国能源预警指数的概念并确定了计算方法和预警界限值,测算了1995~2007年中国能源预警指数和各子系统安全度。

宋杰鲲和李继尊(2008)基于运输、供应、灾变、经济、环境等因素,建立了5大类、12项指标构成的煤炭安全预警指标体系,综合运用主成分分析、自回归和K均值聚类等方法,建立了煤炭安全预警模型,给出了煤炭安全度,运用所建模型对我国煤炭安全进行了预警。

侯运炳等(2008)应用突变理论,从河北省煤炭资源保障、开发条件、生态环境和煤炭市场四个方面分析了河北省煤炭资源安全影响因素。构建了由7个指标组成的河北省煤炭资源保障安全预警指标体系,划分了警度,进行了预警区间分析,建立了河北省煤炭资源保障安全综合预警模型,认为河北省煤炭资源安全处于重度警戒状态。

赵长城和王洲洋(2009)初步建立了包含煤炭、石油和天然气等三个子系统共30项指标在内的中国能源安全的预警指标体系,运用主成分分析的方法对预警指标进行降维,采用BP神经网络预警方法对我国能源安全状况进行了研究,由熵值法测算出能源安全度。

赵青平和刘平(2010)提出了煤炭安全预警的研究思路,构建了我国煤炭安全预警指标体系。然后,在煤炭安全预警指标体系的基础上,应用BP神经网络方法对我国煤炭安全预警进行了探索性的应用研究。

商宇航和郝传波(2010)应用突变理论,从黑龙江省煤炭资源储量、生产能力、勘探程度、开发条件、资源环境五个方面构建了由11个指标组成的黑龙江省煤炭资源保障安全预警指标体系,建立了黑龙江省煤炭资源保障安全预警模型,划分了预警界限。

李凯风等(2013)基于能源金融安全的角度,运用分位数回归、经遗传算法修正的BP神经网络系统,通过MAT—LAB工具对煤炭开采和洗选行业的2003~2011年金融安全运行状况进行预警管理研究。

高昊等(2013)从煤炭生产、流通、国际贸易、消费、供需角度,采用多种方法构建了中国煤炭安全度量体系,试图构建中国煤炭安全预警机制。

胡健和孙金花(2016)从区域能源安全的外部性视角分析,从能源价格波动、能源政策调整和外部环境变化等方面分析能源安全外生警源的形成机理,构建了区域能源安全外生警源的预警体系。

倪玉和徐侨屿(2016)基于供求、运输、经济和环境等因素,建立 5 大类 12 项指标构成的煤炭资源安全预警指标体系,协同使用主成分分析法、自回归及 K 均值聚类等建立煤炭安全预警模型。

总体上看,对于煤炭安全预警研究和能源安全预警的研究一样,在研究方法运用的多样性上、能源统计制度的完善性上、能源领域相关数据获取的渠道上及数据的真实性和准确性上还存在很大的缺陷,特别是有关安全预警指标的选取上,主观判断的成分还较多,预警模型的灵敏性、准确性和实用性有待验证。

二、煤炭行业金融安全预警研究的国内外研究现状

(一)煤炭金融安全预警的国外研究述评

能源金融安全预警特别是煤炭金融安全预警或者煤炭财务安全预警是一个全新的研究课题,有关能源金融安全预警,国内外尚未展开系统性的深入研究。与煤炭财务安全预警研究课题相关度比较大的研究主要是各个行业的财务预警系统方面的研究。而行业财务预警模型又是和公司财务危机预警联系在一起的。自从 1996 年,Beaver 选择 79 家财务危机公司作样本,利用一系列选定的财务比率使用单变量的方法来预测财务危机的发生以来,对于公司财务预警主要沿着从财务比率变量与非财务变量,以及综合变量的角度构建了不同的财务预警模型来进行。近期主要的研究有 La Fleur(2002)、Min 和 Lee(2005),主要研究样本对象以上市公司的财务危机公司和非危机公司来对照研究,运用不同的计量方法和模型评判,当选定的指标体系怎样变化时能够对于财务风险进行预警,使用的方法主要有类神经网络、线性概率模型、数据包络分析法、多元判别分析等。

(二)煤炭金融安全预警的国内研究现状

由于国内对于能源金融或者能源财务安全预警的研究才刚刚起步,对于煤炭金融安全的定义、判定安全程度的指标体系、判定的标准、煤炭财务安全预警指标体系的构建、预警方法的应用和预警模型的建立及具体的评判标准还处于探讨论证和验证阶段。因此,可以借鉴的研究成果也主要是关于各个行业财务危机预警方面的研究,而其中关于煤炭行业财务危机预警或者财务风险预警方面的研究少之又少。

吴世农和卢贤义(2001)、卢宇林等(2002)、张后奇等(2002)、李晓峰和徐玖平(2004)、杨淑娥和黄礼(2005)、梁飞媛(2005)、姚宏善和沈轶(2005)、陈文俊(2005)、吴超鹏和吴世农(2005)、吕峻(2006)、胡汝银(2006)、邓晓岚和王宗军(2006)、王克敏和姬美光(2006)、郭斌等(2006)、王宗军等(2006)、袁媛(2007)、

任惠光(2007)、宁静鞭(2008)、王琳和周心(2008)、刘彦文(2009)、孙晓琳(2010)等学者主要以上市公司为样本,采用 BP 神经网络、Z 记分法、奥尔特曼模型、立体空间下的全新财务危机远期预警模型、Y 分数模型、非线性预警模型、Rough-ANN 模型、KNN 和 Logistic 回归方法、剖面分析、单变量判定分析、Fisher 线性判定分析、多元线性回归分析和逻辑回归分析等方法从财务角度和非财务角度对上市公司财务危机预警作了实证研究。

李凯风和刘传哲(2010)对能源金融安全预警进行了系统性的研究,系统性提出了中国能源金融安全研究的新体系。提出了较完善的中国能源金融安全分析理论体系,拓展了能源安全研究和金融安全研究的领域,从国家宏观经济安全、能源行业融资安全和能源行业投资安全三个方面来衡量能源金融安全状况,以煤炭开采和洗选业、石油天然气生产业和电力行业为研究样本,运用 VaR 方法、分位数回归模型对能源金融风险进行了确认与计量,设计了能源金融安全预警指标体系,构建了我国能源金融安全预警管理基础理论的框架结构和实际运行模式,以 MATLAB 软件为支撑,运用基因遗传算法修正 BP 神经网络的方法构建了中国能源金融安全预警管理模型,计算出了中国能源金融安全预警指数,从国家、行业和企业自身三个层面提出了保障中国能源金融安全的对策建议。其中,煤炭开采和洗选行业作为中国能源行业的最主要构成部分,综合采用专家调查法等多种方法,选择了 9 个包含宏观经济指标、融资安全指标、投资安全指标在内的指标体系,运用因子分析法确定了各个指标的权重,综合运用最小二乘法、分位数回归法确定了煤炭金融安全因变量与自变量的关系,运用中国能源金融安全预警管理模型,计算出了中国煤炭行业金融安全预警指数,提出了加强煤炭行业金融安全预警管理工作的意见。

从目前的文献来看,尚看不到以整个煤炭系统的金融安全或者财务风险预警为研究内容的研究成果,区域性煤炭行业发展状况评估及政策决策支持的研究更是少见,只有极少数的以煤炭行业的上市公司为分析对象的行业财务风险预警研究,包括何谐(2008)以我国 25 家煤炭行业上市公司 2006 年度 11 项财务预警指标为变量,通过检验研究建立了财务预警模型,验证了运用此模型得出预警结论的准确性。刘平元(2010)选择煤炭行业有代表性样本共 10 家上市公司,其中,5 家 ST 公司和 5 家非 ST 公司,利用总资产报酬率、总资产周转率、应付账款周转率、速动比率和销售现金比率等 5 个指标作为自变量指标,构建了 Logistic 回归分析模型和线性概率分析模型,对该行业建立了财务危机预警模型,并分别作出了比较分析。李凯风和刘传哲(2010)从金融科学、安全科学角度,提出煤炭行业金融安全的定义,认为煤炭企业融资和投资过程中的金融安全管理是我国能源安全的重要保证。可以从宏观经济状况、融资状况和投资条件 3 个方面分析影响煤炭行业金融安全的因素。采用金融安全管理中的 VaR 风险估价方法，将煤炭行业金融安全影响指标进行定量化描述，运用 Eviews 软件构建误差修正模型，分析各个影响指标与煤炭行业金融安全之间的长期、短期经济关系，明确二者之间的影响机制。CPI、资金成本率和借款率对煤炭行业金融安全的短期波动有影响；从长期来看，GDP、资金成本率和借款率指标与煤炭金融安全有着正相关关系，CPI、资产负债率和汇率与煤炭金融安全有着负相关关系。赵媛(2011)进行了基于可持续发展的煤炭上市公司财务危机预警研究。马成慧(2013)、郑翰杰(2015)、张紫娟(2015)、贾玉婷(2016)分别从不同角度对煤炭行业上市公司的财务危机预警生成机制、预警机制构建等进行了研究探讨。

三、煤炭行业金融安全预警研究文献评述

通过研究这些文献可以发现，我国有关煤炭行业财务危机预警模型的研究尚处于探索阶段，主要还是以我国煤炭上市公司的已经被 ST 的公司和正常样本组的上市公司为研究样本，行业代表性并不突出，不能反映煤炭全行业的总体状况，特别是关于煤炭区域性经营的安全预警研究和单个煤炭企业的财务安全预警工作的开展尚没有引起高度重视，对于区域性煤炭行业经营安全状况的评价和煤炭企业经营安全状况的评价缺乏系统性的定量分析方法。研究的变量多以公告的财务指标为准，范围狭窄，代表性比较差，只是各个煤炭业上市公司的单一样本数据，很少有以全煤炭行业的总体财务数据作为分析指标的，代表性比较差。从研究方法上来看，无论是单变量方法还是多变量方法、参数方法和非参数方法，在解决指标影响的权重方面的有效性还是比较欠缺。

第二节　煤炭行业金融安全预警研究范畴界定

一、研究煤炭金融安全预警的三个层面

煤炭财务风险影响因素的多样性和复杂性决定了煤炭财务安全是一项系统工程。不仅涉及国家层面的煤炭安全政策的制定，也涉及重要产煤地区的区域型经济发展安全政策的制定及重要煤炭企业经济发展安全的评估问题。对煤炭财务安全状况的评价、煤炭财务安全运行的分析、煤炭财务安全预警管理也会随着研究主体、关注层面的不同而呈现出不同的发展特点。因此，对于煤炭行业财务金融安全预警的研究，也应该从国家整体煤炭行业发展经济安全的层面、重要产煤地区区域性煤炭行业经济发展安全和特定重要煤炭企业的安全发展的层面分别进行。

（一）从国家整体煤炭行业发展经济安全的层面来研究中国煤炭金融安全
　　　预警管理

从煤炭行业层面来看，其核心目标是保证国家能源生产、供应与使用的安全，这个目标的实现要依靠煤炭行业自身稳健的经营，保持财务安全，进而实现经济安全。只有保证煤炭行业财务金融安全，才能确保在煤炭勘探、建设、生产、购买、运输、储藏各个环节所需要投入的大量资金得到满足，满足煤炭行业融资需求。煤炭行业项目投资具有的投资金额巨大、周期长、不可预见风险因素多的特点决定了煤炭投资项目管理会面临着更大的风险。煤炭企业的运营管理实质上就是对煤炭投资资金安全的管理。如何管理煤炭投资过程中的各种风险，提供煤炭经营企业足够的风险信息，对于全国煤炭行业的融资和投资决策提供科学的依据，必要时做出及时的干预和调整，这些都需要国家从行业发展的层面及时有效地做出相应的体系建设与机制监控。

因此，必须要依靠通过煤炭安全预警体系的建立来达到准确及时的监测全国煤炭供求状况的变化信息，才能辅助国家决策机构制定及时有效的煤炭产业发展调控政策；依靠建立全国范围内全面的煤炭价格指数监测体系，才能为煤炭领域投融资决策树立价格杠杆机制；依靠建立全方位的煤炭财务安全预警机制，才能有效地监测煤炭领域资金运动状况，适时掌握煤炭领域融资需求状况和投资资金运行状况，扶持和引导合理的融资需求和投资项目，运用相关的产业政策抑制不合理的融资需求和投资欲望；必须要通过建立整个国家层面的各种产业发展基金、风险投资基金、财政专项资金、产业投资基金、证券市场、担保市场、衍生工具市场等为煤炭领域的投资需求建立良好的融资平台；更有必要通过建立国际煤炭投资国家担保机制、政府保险体系、产业投资保险机制等为煤炭领域投资保驾护航，建立完善的煤炭领域衍生品交易市场，为煤炭领域投资建立保值机制创造条件。

从行业层面来讲，对煤炭财务安全预警目标实现的最大贡献就是要通过提供稳定、安全、高效的能源供应保持宏观经济的稳定增长，及时防范和化解宏观经济风险，降低煤炭经济运行遭受系统性风险影响的程度，防范和化解非系统性风险。从煤炭行业财务金融安全的角度来看，在行业层面上主要涉及煤炭行业本身和为煤炭行业发展提供资金支持最多的金融行业的安全运行。由于煤炭行业作为资金需求者和金融行业作为资金供应者对于煤炭财务安全运行的诉求有所差别。从煤炭行业来讲，其主要目标是实现企业价值最大化。因此，在投资项目的选择和债务杠杆的运用上可能会更激进一些，而金融行业则更追求煤炭行业经营的稳定性与安全性，要求煤炭领域的资金运用能够符合金融机构信贷政策的变化，尽可能低地降低财务风险，谨慎运用财务杠杆，保持比较高的安全边际，重大事项能够征得债权人的同意等。因此，在煤炭行业资金运用的科学论证及煤炭行业资金运用安全程度的评估上客观需要有一个统一的标准，能够为双方的矛盾协调和科学决策提供可信的煤炭行业财务金融安全运行评价标准和尺度，这也凸现了建立全面的煤炭财务安全运行预警管理机制的重要性，通过全面的煤炭财务安全运行预警管理机制的运行，能够在国家煤炭战略、金融机构资金安全及煤炭行业企业价值最大化的追求中寻找最佳的平衡点。

(二)从重要产煤地区区域性煤炭行业经济发展安全的层面研究煤炭金融安全

鉴于煤炭资源分布特点，全国形成了几个重要的产煤地区，如山西省、内蒙古自治区、山东省、河南省和陕西省等，这些地区煤炭行业的发展对于地区经济的发展起到了很关键的作用。因此，地区性煤炭行业财务金融安全的评价与管理体系的建立对于地方政府制定科学的地区煤炭行业发展规划，保证煤炭行业的良性发展有着重要的影响，对于包括金融机构在内的投资者了解准确翔实的煤炭投资项目信息、作出科学的投资决策也能提供相关的财务信息。因此，区域性煤炭行业财务金融安全预警管理体系的建立也应该融合在国家整体煤炭行业财务金融安全预警管理体系的建设之中。

同样，要依靠区域性煤炭财务安全预警体系的建立来达到准确及时的监测本地区煤炭供求状况的变化信息，有效地监测本地区内的煤炭行业资金运行状况，适时掌握本地区内部的煤炭领域融资需求状况和投资资金运行状况，扶持和引导本地区内合理的煤炭融资需求和煤炭投资项目。因此，重要产煤地区也有必要通过建立煤炭财务安全运行预警体系来实现区域性经济的协调发展。

(三)从煤炭企业经济发展安全的层面研究煤炭金融安全

从煤炭企业层面研究煤炭财务安全即是煤炭企业的财务活动与财务关系维系的安全，保证企业财务活动的顺利进行，确保企业资金安全。煤炭企业的财务安全是煤炭行业经济安全的基础，只有煤炭企业的财务安全得到保障，才能实现煤炭行业的经济安全。煤炭企业的财务预警主要是运用一些单变量和多变量模型，以企业主要财务指标的变化为监测对象，采用比率分析、比较分析、因素分析及多种分析方法，从企业的偿债能力、盈利能力、资产周转效率、增长潜力等方面对企业财务状况的安全程度作出评价，综合运用计量预警方法和模型能够对这些指标的变化给出预警区间，能够区分出什么情况下是安全的，什么情况下是不安全的。进而能够为煤炭企业的发展战略目标实现提供准确的决策依据，通过系统性企业财务安全预警管理体系的建立，改变分散的财务信息以及时、准确描述煤炭企业财务安全状况的缺陷，能够从更全面、定量和实证的角度反映企业资金运行的状态，及时掌握影响企业融资和投资决策实施的各类因素的变化。

二、中国煤炭行业金融安全运行的基本原理

中国煤炭行业金融安全运行的核心是资金安全，从狭义上讲是金融机构以信贷资金为代表的各类投入煤炭系统的资金安全，从广义上讲是煤炭行业融资目标和投资目标的顺利实现，尤其是煤炭行业投资资金的安全。因此，中国煤炭行业财务金融安全的基本原理必须树立"经济、环境、社会、金融、煤炭"相互依存、互为影响的系统观，以经济稳定、社会稳定、煤炭供给和需求稳定为初始条件，以利率、汇率等金融资产价格和煤炭现货期货价格为传导变量，以煤炭行业内部财务运行稳定为制约条件，综合评价煤炭行业的各项财务运行能力，包括偿债能力、盈利能力、资产周转效率和增长能力，进而实现煤炭行业的资金安全目标，达到良好的投资和融资目的。煤炭行业财务金融安全的基本运行原理如图 2-1 和图 2-2 所示。

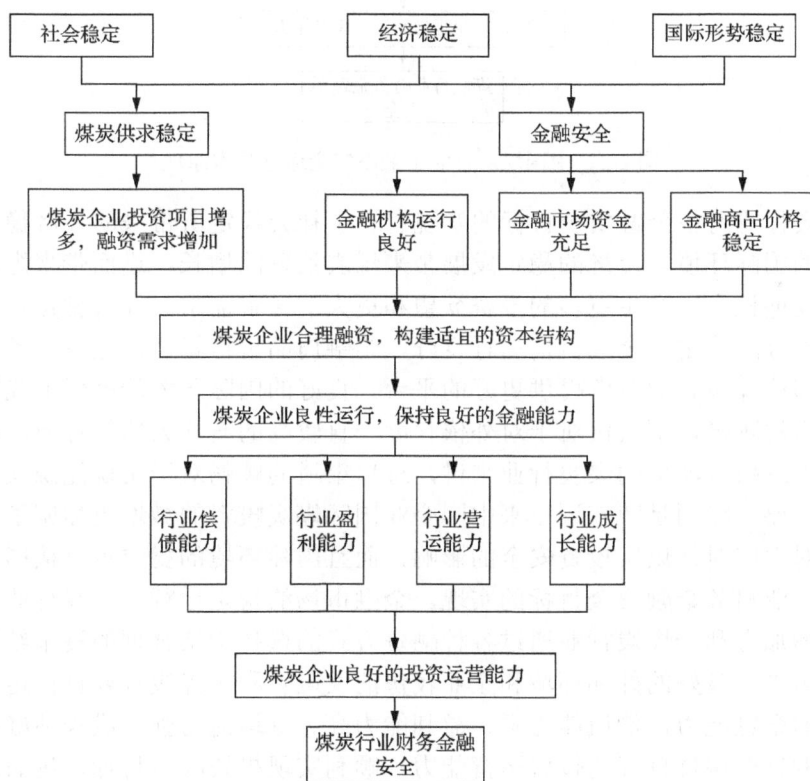

图 2-1 中国煤炭行业金融安全运行基本原理

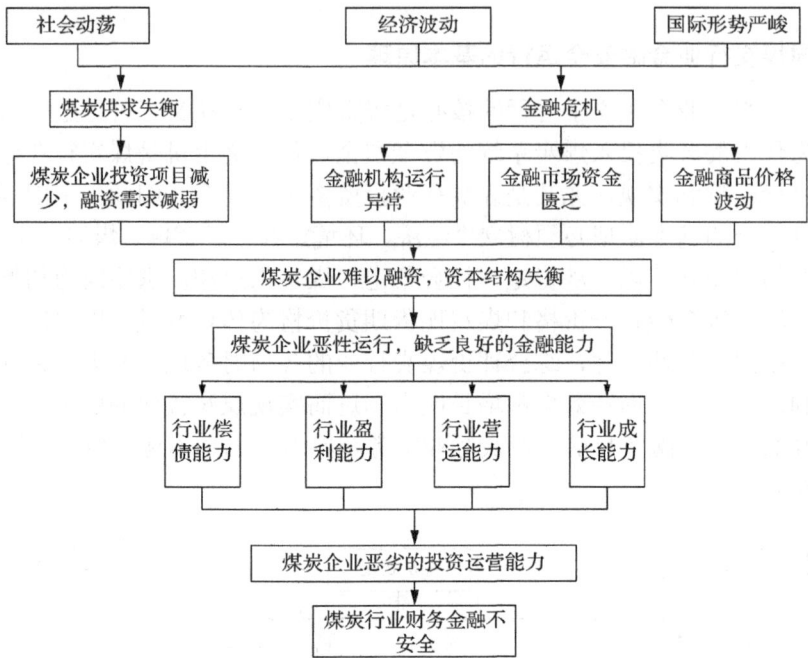

图 2-2　中国煤炭行业金融不安全运行基本原理

　　煤炭行业财务金融安全目标的实现有赖于社会稳定所带来的经济稳定发展和良好的国际环境，经济的稳定发展带来煤炭消费的增长，进而带来煤炭行业更大的发展机会，产生更多的投资欲望和更大的融资需求。经济稳定发展的同时意味着金融稳定，金融机构运行良好，金融商品价格稳定，金融市场资金充裕，能够给煤炭企业融资提供更好的平台。良好的国际环境能够保证我国煤炭供应渠道的顺畅，不仅仅对于对外依存度一直较高的石油天然气行业，而且对于近年来进口量激增的煤炭行业来讲，进口渠道的顺畅对于实现能源安全的目标尤为重要。特别是随着近年来中国企业国际煤炭投资的激增更加剧了国际环境变化对中国对外煤炭投资安全的影响，而且国际环境的稳定也直接影响着中国煤炭行业财务金融安全目标的实现。金融市场的稳定运行、煤炭行业投融资需求的增加有利于煤炭行业通过各种融资方式的选择构架合理的资本结构，满足融资需求。良好的外部环境和企业较快的发展有利于煤炭行业良性运行，保持较好的金融能力，偿债能力强、盈利能力高、营运能力强、成长性好，更有助于能源行业保持良好的投资运营能力，顺利实现投资收益目标，进而最终实现煤炭行业财务金融安全的目标。

　　煤炭行业财务金融安全在能源金融安全中居于中心地位，这不仅仅是因为煤炭在能源消耗生产总量中始终占据着半壁以上的江山，而且煤炭行业的运行还直接影响到电力生产企业，尤其是火电生产企业。煤炭行业运行不畅也将增加石油开采行业的供给压力，必然给整个能源行业的金融安全运行带来巨大压力。

三、中国煤炭行业金融安全预警管理内容

煤炭行业金融安全预警最终要为保证煤炭行业财务金融安全服务，能够对煤炭行业财务风险进行动态的、及时的、准确的确认、识别和计量，准确地预报警情，采取适当的预警管控措施，将煤炭行业财务风险限制在可控范围之内，实现中国煤炭行业金融安全的目标。

由于煤炭行业金融安全预警是一个全新的研究课题，既具有以货币安全为核心的金融虚拟经济安全的运行特性，又具有煤炭实体经济安全的运行特性，属于煤炭安全预警研究和金融安全预警研究及公司财务安全预警研究的交叉边缘领域，至今还没有统一的理论，甚至还没有形成完整的研究成果。煤炭行业财务风险因素的识别与计量、煤炭行业财务金融安全状况的评价指标和评价标准、煤炭行业财务风险影响因素与煤炭行业财务金融安全的相关关系等重大问题都是进行煤炭行业财务金融安全预警管理的重要组成部分。从煤炭行业财务金融安全的概念界定中可以看出煤炭行业财务金融安全的核心是金融安全，是煤炭行业以货币为主体商品，以信用为运营基础，实行负债经营，为保证中国煤炭安全乃至经济安全的总体目标在煤炭行业投资和煤炭中的资金安全问题。因为煤炭行业的经营管理在价值形态上就是资金的营运管理，是所有能够满足煤炭行业生产经营要求而投入资金的全过程的安全，包括煤炭行业自身筹集资金目标的实现、为煤炭行业提供资金的各类投资方各自投资目标的实现、煤炭行业自身各类投资目标的实现。因而，在煤炭行业资金运营过程中，必然会对各种不同类型的相关利益主体产生信用风险、流动性风险和收益性风险等各类金融风险，尤其是我国经济飞速发展形成对能源巨大的需求量的情况下，煤炭行业的投资扩张需求非常旺盛，进而引发非常大的融资需求，面临着经济增速的变化、经济结构的调整、我国能源储备稀缺导致的对国际能源市场的严重依赖性、国际经济政治形势的剧烈波动所带来的国际投资风险，都使得中国煤炭行业的财务安全状况潜伏着比较大的风险。一旦内外部环境发生变化，我国煤炭行业财务风险有可能瞬间爆发，煤炭行业一旦疏于防范，就可能陷入巨大的金融财务风险漩涡，严重的甚至可以危及一国的金融安全和经济安全。因此，运用现代化管理手段，对我国煤炭行业财务运行过程中可能发生的煤炭金融资产损失和煤炭行业财务体系遭受破坏的可能性进行分析、预测、评估和警示，以便对其加以有效控制，可以使我们从事后发现和化解风险，转向事前的预防风险。因此，本书努力尝试建立煤炭行业财务金融安全预警管理基础理论的基本框架，以起到一个铺路石的作用，引起人们对煤炭行业财务金融安全管理的高度关注。

煤炭行业金融安全预警管理就是以中国整个煤炭生产行业的煤炭财务运行过

程为调控对象，以我国现实的煤炭行业投融资活动为调控内容，在一定的金融经济安全理论指导下，采用一系列科学的预警方法技术、指标体系、预警模型和信号系统，对中国煤炭行业财务金融安全态势进行动态监控与评估，对监控评估结果获得的煤炭行业财务金融安全的警情、警兆发布警示的决策支持系统。从理论上看，煤炭行业财务金融安全预警与煤炭行业财务风险的识别与计量、煤炭行业财务金融安全状况的动态监控与评估是密切相连、不可分割的，是一个整体中的两个部分，是一个过程中的两个阶段。

由于煤炭行业金融安全预警研究属于全新的研究课题，其研究的方法体系没有可供参考的研究文献，全行业反映煤炭行业财务金融安全的指标也没有明确的界定，用什么样的指标来表示煤炭行业财务金融安全运行状况、用什么标准来评价煤炭行业财务金融安全运行状况及煤炭行业财务金融安全运行到底与哪些变量有关系，这些重大问题至今还没有明确的研究结论和文献可供参考。

考虑到煤炭行业金融安全预警究其根本是金融安全运行的问题，因此，煤炭行业金融安全预警的研究可以借鉴金融安全预警研究的思路与方法，用一系列煤炭行业内外部的经济和金融指标来度量煤炭行业财务金融安全状况和影响煤炭行业财务金融安全的风险因素，从揭示煤炭行业金融安全警源、分析煤炭行业金融安全警素、研究煤炭行业金融安全警度、确定煤炭行业金融安全警限、探讨煤炭行业金融安全警级、构建煤炭行业金融安全警法的逻辑关系来构建煤炭行业金融安全预警管理模型。其研究的基点是通过构建合理的煤炭行业金融安全指标体系解释和评价各种煤炭行业财务金融安全状态、煤炭行业财务风险突变等现象，从而揭示中国煤炭行业金融安全的内在发展机制、成因背景、表现方式、演变过程及干预和防范措施。因此，煤炭行业金融安全预警管理首先应该建立煤炭行业财务金融安全信息反馈网络，它通过煤炭行业财务金融安全信息的接收、发生和反馈来实现控制，当给定信息与真实信息的差异达到某一警戒界限，则会报警，并通过决策措施予以纠正，使煤炭行业金融安全处于稳定状态。另外，煤炭行业金融安全预警管理应具有先进的煤炭行业金融安全预警信号管理和现代化的煤炭行业财务风险计量测度方法。

煤炭行业金融安全预警信号管理的基本步骤是：选择若干能够作为煤炭行业金融安全解释变量和被解释变量的敏感性指标构成指标体系；对指标序列进行数学处理；将处理后的指标进行综合，根据解释变量与被解释变量的相关程度选择煤炭行业金融安全预警信号标志；计算煤炭行业金融安全预警指数；确定和预测煤炭行业财务金融安全预警界限；制定煤炭行业财务金融安全预警信号。在煤炭行业财务金融安全预警的方法体系中，应用现代数学方法和计算机数据处理方法，采用拟合程度很高的数学模型，评价指标变量间的关系，能够定量评价中国煤炭行业金融安全状态，找出煤炭行业金融安全预警的方法，寻求煤炭行业金融安预警信号的警戒限度，都需要很好的数学计量方法的应用。

第三节　中国煤炭行业金融安全预警管理理论基本框架研究

由于中国煤炭行业金融安全预警管理的高度复杂性，本书并不奢望能够在煤炭行业金融安全预警领域做出理论创新，只是对中国煤炭行业金融安全预警研究的基本工作框架做一个基础设计，期望能够为中国煤炭行业金融安全预警管理的研究提供一个大致的工作脉络。

一、中国煤炭行业金融安全预警管理的目的

对中国煤炭行业财务金融安全进行预警管理，旨在确保我国煤炭行业资金运行处于一种安全可靠的运行状态，以保证中国煤炭行业的可持续发展，是使中国煤炭行业财务金融安全预警管理具有"警报"和"免疫"能力的一种管理行为模式。其基本目的是能够建立起一系列科学地反映中国煤炭行业财务金融安全的预警方法技术、指标体系、预警模型和信号系统，对中国煤炭领域投融资过程中的资金运作进行严密的监控，获得超前的煤炭行业财务金融安全预警提示信息、缩短煤炭行业财务风险影响时间、尽最大可能消除煤炭行业财务风险造成的不良影响，准确地预报煤炭行业财务金融安全警情，采取适当的煤炭行业财务风险预警管控措施，将煤炭行业财务风险限制在可控范围之内，为国家能源行业宏观调控和决策提供信息支持。中国煤炭行业财务金融安全预警管理的实现，将使煤炭行业财务运行管理活动中的不安全管理行为（管理失误）和不安全管理过程（管理波动），处于被监视、解释、诊断和预警的监控下，将为防止、制止、纠正、规避不安全煤炭行业财务管理行为和不安全管理过程，提供一种崭新的管理模式和行动方式。

二、中国煤炭行业金融安全预警管理的工作内容

遵循中国煤炭行业财务金融安全预警管理的目的和任务，其工作内容大致可以如下表述。

（一）中国煤炭行业财务金融风险监测

即对影响中国煤炭行业财务金融安全的因素及其成因进行分析，选择适当的变量来代表中国煤炭行业财务金融安全状况，通过专家调查等方法对于所有可能对煤炭行业财务金融安全进行反映和影响的经济指标进行匡算，通过合适的计量方法对这些煤炭行业财务金融安全的因变量和自变量之间的关系进行检测，对相关的历史数据所形成的大量的煤炭行业财务金融安全运行信息进行处理，从中选

出重要的监测信息、及时、准确地输入煤炭行业财务金融安全预警计量模型。

（二）中国煤炭行业财务金融风险识别

通过运用煤炭行业财务金融安全指标体系对所获得的监测信息的分析，以确立中国煤炭行业财务运行活动中已发生的风险和将要发生的风险的活动趋势。识别的主要任务是应用适宜的识别指标来判断中国煤炭行业财务金融安全处于何种状态（安全、基本安全、警戒、不安全），在必要时准确报警。

（三）中国煤炭行业财务金融安全状况诊断

对处于煤炭行业财务金融安全警戒和危机状态的评价指标进行综合分析，找出主要煤炭行业财务金融安全风险源，并对其成因背景、发展过程、可能的发展趋势及所带来的损失进行分析和评价。

（四）中国煤炭行业财务金融安全态势管理对策

通过中国煤炭行业财务风险检测、风险识别、诊断中国煤炭行业财务金融安全运行状况后，已经对中国煤炭行业财务金融安全状况有了准确的评价，根据预警分析的活动结果，以及对历史数据分析得出的煤炭行业财务警戒界限，通过对比可以对煤炭行业财务金融安全运行的早期征兆及时地进行矫正与控制。对行业财务预警管理制定与实施合适的制度、规律、标准，规定行业财务预警管理系统的组织结构、职能设定和运行方式，为金融危机状态提供组织训练与对策准备。对中国煤炭行业财务运行进行避防与纠正活动，使之向良性趋势发展，尽可能规避潜在的煤炭行业财务风险。可以通过煤炭行业财务金融安全运行假设与模拟可能发生的各种煤炭行业财务运行状态，据此提出在不同情况下的管理控制煤炭行业财务金融安全状态的对策方案，为未来一旦进入煤炭行业财务危机状态做好对策准备，做好应对危机计划的制订、特别机构的组织与煤炭行业财务金融安全应急战略的实施与完成。

三、中国煤炭行业金融安全预警管理的基本结构

由于煤炭行业财务金融安全预警管理是一个全新的问题，尚未引起各界广泛的关注，因此，人们会更多地与煤炭企业的财务状况联系起来，而很显然，财务状况只会反映煤炭行业单独个体的资金运行状况，无法从全行业的角度和煤炭行业面临的内外部全局的经济环境视野来综合全面反映中国煤炭行业的财务安全状况。因此，从中国煤炭行业财务金融安全预警管理的工作基本构架来看，还远没有形成。对此可以借鉴中国金融安全预警管理的基本结构，建立一个由煤炭行业财务金融安全评价与预警管理组织机构体系、煤炭行业财务金融安全评价与预警

管理信息系统、煤炭行业财务金融安全预警防范技术体系和煤炭行业财务金融安全控制对策体系等多个基本要素在内的有机联系与统一的系统体系。基本结构如图 2-3 所示。

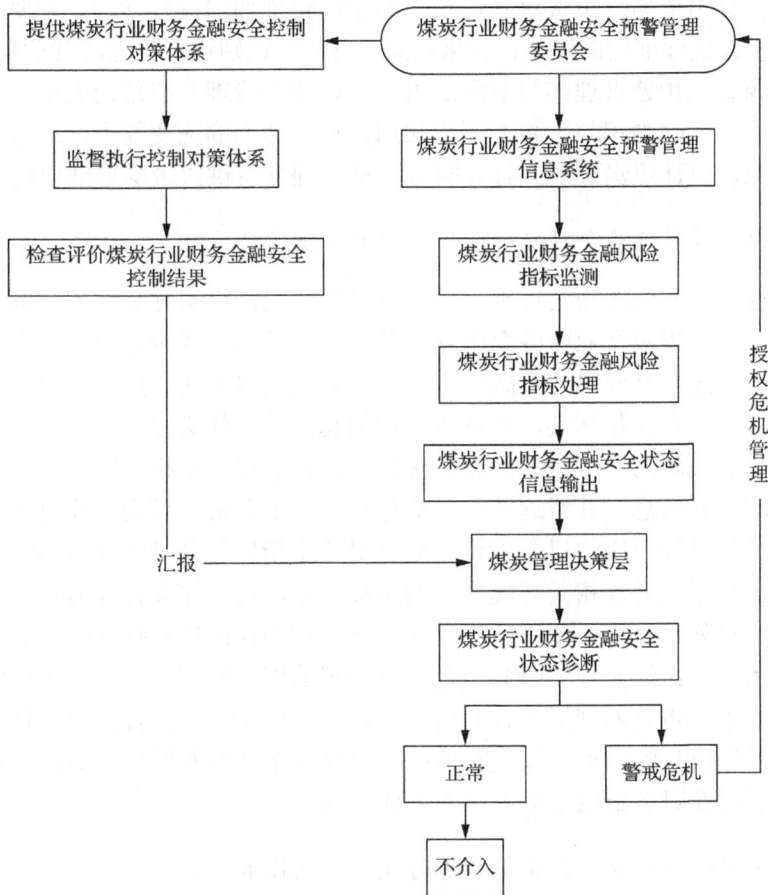

图 2-3 中国煤炭行业金融安全预警管理运行程序图

(一)中国煤炭行业金融安全预警管理组织机构体系

中国煤炭行业财务金融安全评价与预警管理系统的人员组成及预警组织机构对煤炭行业财务金融安全预警管理功能的发挥起着不可或缺的作用。从中国煤炭行业财务金融安全预警管理的权威性来看,煤炭行业财务金融安全预警管理的组织机构应该由中国能源发展的最高权力机构在国家能源委员会下设立的国家能源金融安全预警管理分委员会负责,由专业从事煤炭安全预警管理职能的人员组成,负责对煤炭等能源行业财务风险征兆、诱因进行监测、诊断、矫正及应对;负责对煤炭等能源行业财务业务执行部门进行监督和管理；收集行业资金运行状况的信息并进行整理、分析和预测；向国家能源金融安全预警管理分委员会反映各种关于煤炭等能源行业财务安全方面的情况，为煤炭等能源行业财务安全预警管理的决策提供有用依据；负责对其他相关的职能管理部门进行管理，并要求他们指导、监督业务执行部门的工作；收集信息，分析、识别煤炭等能源行业财务风险，及时向能源金融预警管理部门书面汇报。培训相关管理职能部门人员及执行层的相关人员关于风险判识与预防方面的知识，提高他们的应变能力；进行劣势预测和危机模拟，设计煤炭等能源行业财务危机管理方案供决策层采纳使用。

(二)中国煤炭行业金融安全评价与预警管理信息系统

煤炭行业财务金融安全评价与预警信息系统包括煤炭行业财务金融安全预警指标体系设计、煤炭行业财务金融安全预警信息采集、煤炭行业财务金融安全预警信号处理和煤炭行业财务金融安全预警信号输出等模块。煤炭行业财务金融安全预警指标体系设计是基础，在形成预控信息之前，就必须借助于一套科学的、系统的、十分灵敏的、可控的统计指标体系，来获得煤炭行业财务金融安全系统运行状态的资料信息，并对这些资料信息进行加工分析。煤炭行业财务金融安全预警信息采集是该系统的日常工作，通过对选定指标体系日常数值和状况变化的实时监控，收集内外部相关环境变化的指标数据，进入煤炭行业财务金融安全预警管理的信息处理过程，使用适当的计量方法对当期的煤炭行业财务金融安全状况进行评估，对比煤炭行业财务金融安全预警的警戒限度，评估煤炭行业金融安全预警的警限，再进入到煤炭行业财务金融安全信息输出过程，煤炭行业财务金融安全信号输出反映当前的煤炭行业财务金融安全状况和发展趋势，供决策者制定当前煤炭行业财务金融安全工作的具体措施。

(三)中国煤炭行业金融安全评价与预警防范技术体系

中国煤炭行业财务金融安全评价与预警防范技术体系主要是运用煤炭行业财务金融安全预警指标体系进行煤炭行业财务金融安全趋势预测，分析煤炭行业财务风险相关因素的影响，煤炭行业财务风险事件发生的概率、程度、结果预测等；接着启动煤炭行业财务金融安全报警程序，通过设计指标风险适应度区间和因素预警，当指标数值处于不同区间或某些因素出现时发出不同的警报信号。

(四)中国煤炭行业金融安全控制对策体系

中国煤炭行业财务金融安全控制对策体系就是要建立煤炭行业财务金融安全控制对策库，为规避在不同环境下的煤炭行业财务风险和摆脱煤炭行业财务风险提供相应的对策储备，结合信号输出信息建立不同的对策，为实施预控对策提供参考，为管理者应对煤炭行业财务风险、保证煤炭行业财务金融安全提供工作思路与方法。控制对策是煤炭行业财务金融安全预警管理系统的目标和归宿，是煤炭行业财务金融安全预警管理得以健康运行的关键所在，其功能是事先准备好各种行业财务安全态势的应急对策或对策思路，一旦发出风险警报，就可以根据预警信息的类型、性质和警报的等级程度调用相应的对策，以防风险的进一步恶化，确保煤炭行业财务金融安全运行。当决策者接收到煤炭行业财务金融安全预警信号以后，要根据预警信号在短期内做出大致的推断，以煤炭行业财务金融安全揭示预警信号意味着什么，寻求引起煤炭行业财务风险的原因及根源，运行预控对策，提示研究具体化的对策方案与措施，并尽快加以实施。实施的过程中须对煤炭行业财务金融安全控制措施实施的结果和有效性进行评估，如果效果不理想，则要找到原因并及时加以修正、补充和完善管理对策，最后将信息反馈给煤炭行业财务金融安全对策库，及时地更新预控对策库，补充新的信息。为更加准确地反映煤炭行业财务金融安全状况，应该通过大量的模拟方法制定出在中国煤炭行业财务金融安全(风险正常状态)下的管理对策要求、煤炭行业财务基本安全(轻度风险状态)下的管理对策要求、煤炭行业财务显现不安全(警戒状态)下的管理对策要求、煤炭行业财务不安全(高风险状态)下的管理对策要求。

本 章 小 结

本章主要就中国煤炭行业财务金融安全管理的内涵和管理理论框架体系进行了探讨，借鉴金融安全预警研究的思路与方法，用一系列煤炭行业内外部的经济和金融的指标来度量煤炭行业财务金融安全状况和影响煤炭行业财务金融安全的风险因素，从揭示煤炭行业财务金融安全警源、分析煤炭行业财务金融安全警素、研究煤炭行业财务金融安全警度、确定煤炭行业财务金融安全警限、探讨煤炭行业财务金融安全警级、构建煤炭行业财务金融安全预警模型的逻辑关系来构建煤炭行业财务金融安全预警系统。其目的是确保我国煤炭行业资金运行处于一种安全可靠的运行状态，保证煤炭行业的可持续发展。其工作内容包括中国煤炭行业财务金融风险监测、中国煤炭行业财务金融风险识别、中国煤炭行业财务金融安全状况诊断和中国煤炭行业财务金融安全态势管理对策。其基本结构是由煤炭行业财务金融安全评价与预警管理组织机构体系、煤炭行业财务金融安全评价与预警管理信息系统、煤炭行业财务金融安全评价与预警防范技术体系和煤炭行业财务金融安全控制对策体系等多个基本要素在内的有机联系与统一的系统体系。

第三章　中国煤炭行业财务金融安全运行评价

目前，我国对于煤炭行业财务金融的研究才刚刚起步，仅有的研究更多的是关注以煤炭类上市公司为样本的大型煤炭企业的财务金融安全运行状况，而以煤炭生产全行业为研究样本的成果还没有见到。煤炭行业内部大中小企业间差别很大，大型煤炭企业光鲜的背后隐藏了整个煤炭行业的潜在危机，因此，本书以中国煤炭开采和洗选业 2004～2016 年的财务运行数据为分析对象，对煤炭生产行业的整体行业财务金融安全运行状况做全面深入的分析，评判煤炭生产供应领域的行业财务金融安全问题。以下分析的煤炭行业财务金融运行情况的指标数据均来源于中国国家统计局、北京银联信投资顾问咨询有限公司研究报告、中投顾问产业与政策研究中心、中经网数据库、北京大学中国经济研究中心 CCER 经济金融研究数据库、Wind 数据库、国泰安数据库，经过作者计算整理而得。

在供给侧结构性改革背景下，煤炭行业面临战略转型的压力尤其大。2016 年以来，国家密集出台了诸如《关于煤炭行业化解过剩产能实现脱困发展的意见》《2016 年能源工作指导意见》《能源发展"十三五"规划》《能源技术革命创新行动计划(2016～2030 年)》《关于煤炭行业化解过剩产能实现脱困发展的意见》《关于建立健全煤炭最低库存和最高库存制度指导意见及相关考核办法》《煤炭工业发展"十三五"规划》《关于支持山西省进一步深化改革促进资源型经济转型发展的意见》《关于推进供给侧结构性改革防范化解煤电产能过剩风险的意见》等直接指导煤炭行业发展的各类政策建议，各地方也出台了诸如《山西省"十三五"煤炭工业发展规划》等煤炭行业发展规划，中心思想是煤炭去产能和煤炭的清洁高效开采利用，核心是节能减排和生态保护，给煤炭行业带来了更多的发展压力，更应该在改革发展中注重金融安全预警管理研究。

第一节　煤炭行业财务金融安全运行实际状况分析

一、煤炭行业规模及效益分析

伴随着近几年煤炭行情的看涨和煤炭资源的整合，中国煤炭开采和洗选行业规模以上企业数量稳定增长。"十二五"期间，共淘汰落后煤矿 7100 处、产能 5.5 亿吨/年，煤炭生产集约化、规模化水平明显提升。积极推进煤矿企业兼并重组，产业集中度进一步提高。煤炭上下游产业融合发展加快，建成一批煤、电、化一体化项目。国家统计局数据显示，截至 2014 年 12 月末，中国煤炭行业规模以上企业数量达到5924家，而在2015年12月末，中国煤炭行业规模以上企业数量有6850家，到2016年年底进一步下降到4424家；在企业类型构成中，大致是在截至2014年年末的煤炭行业规模以上企业5924家中，大中型企业有1746家、小型企业有4178家。显示近年来煤炭行业整顿后小型企业数量减少较多，行业集中度提高很大。同期，中国煤炭行业资产规模和从业人数也随企业数量增加而实现增长，行业整体规模在不断扩大。相关数据如图3-1、图3-2所示。

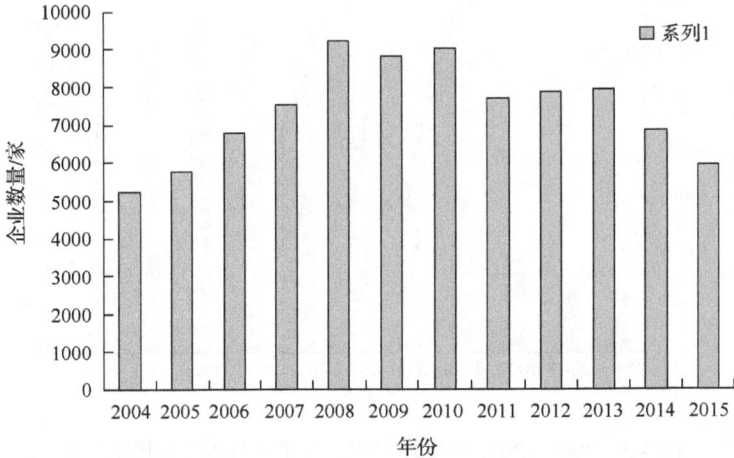

图 3-1　2004～2015年中国煤炭行业企业数量

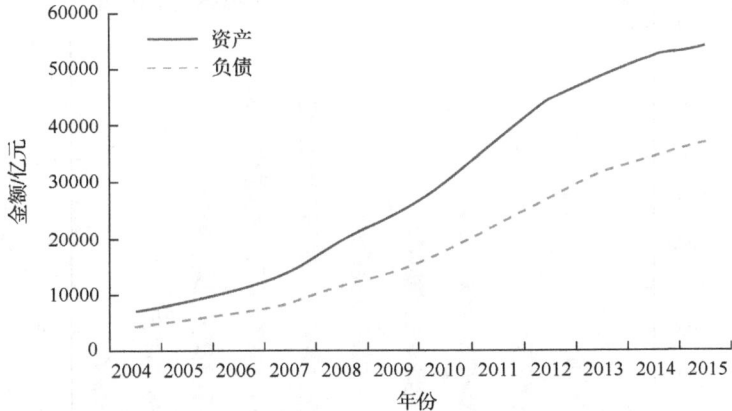

图 3-2　2004～2015年中国煤炭行业资产、负债合计

数据来源：国家统计局

从煤炭行业2004～2015年的销售收入和利润增长情况来看，销售收入和利润总额在2011年前后步入下降趋势。2014年煤炭行业全年完成销售收入30321.97亿元，同比下降7.98%，实现利润总额1424.34亿元，同比下降46.86%。

2015年煤炭行业全年完成销售收入23770.31亿元，同比下降21.61%，实现利润总额405.07亿元，同比大幅下降71.56%。可以看出，近年来煤炭行业不仅在销售收入和利润总额上不断创低，其下降幅度也逐渐增加。相关统计数据资料如图3-3、图3-4所示。

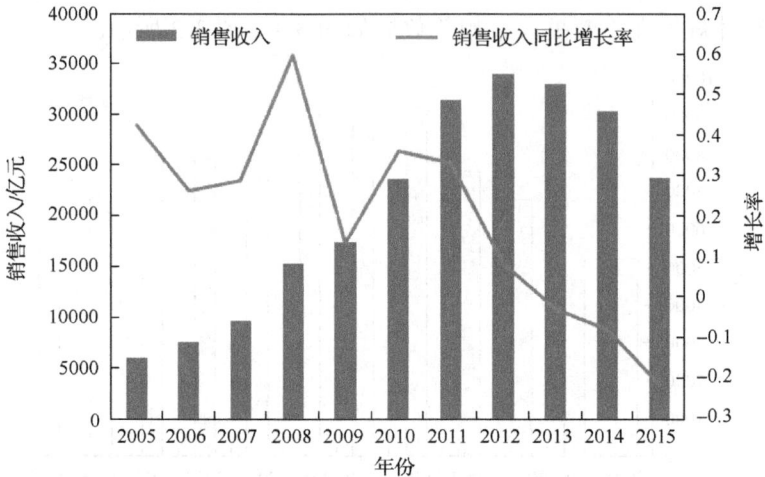

图 3-3　2005～2015 年中国煤炭行业销售收入与同比增长率

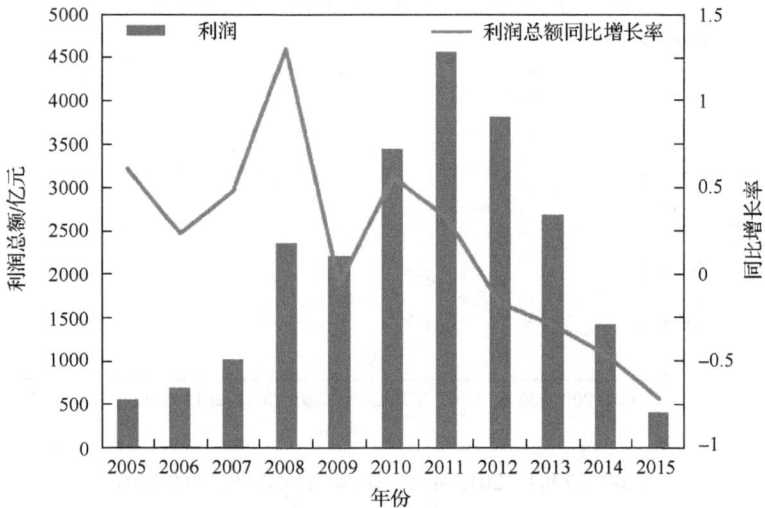

图 3-4　2005～2015 年中国煤炭行业利润总额与同比增长率

从 2004 年开始行业销售成本增长率、管理费用增长率、销售费用增长率总体呈下降趋势，但在 2011 年前后经历了一次较大的增长波动，2015 年煤炭行业销售成本增长率为−21.02%，销售费用增长率为−12.42%，管理费用增长率为−15.62%，财务费用增长率为−3.18%。2004～2015 年相关统计数据资料如图 3-5 所示。

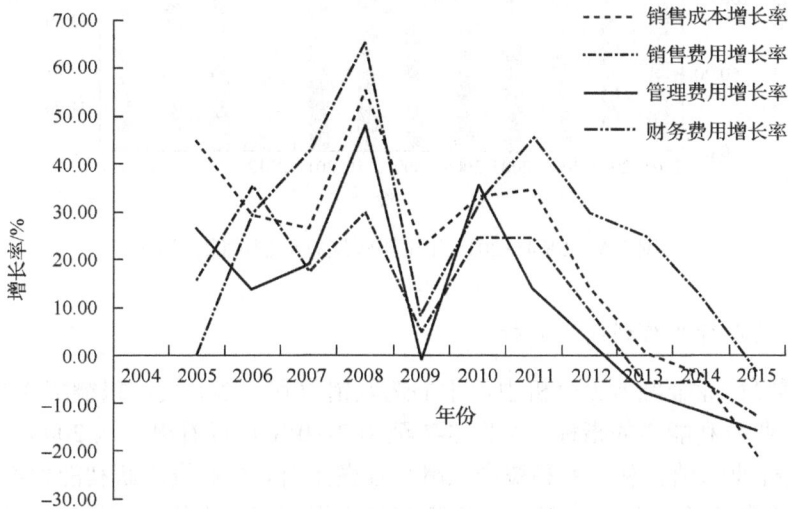

图 3-5　2004～2015 年中国煤炭行业成本费用情况

二、煤炭行业财务金融安全状况分析

(一)煤炭行业偿债能力分析

在煤炭行业财务金融能力分析中，本书选取资产负债率、债务股权倍数作为分析评价煤炭行业偿债能力的指标。2014 年年底，煤炭行业的资产负债率为66.19%，债务股权倍数为 197.45 倍。从图 3-6 中可以看出，从 2004 年以来，煤炭行业的资产负债率整体上呈现平稳态势，波动不大，直到 2015 年年末，债务股权倍数增长至 220.34%。从资产负债率来看，呈小幅上升趋势，并且资产负债率在各行业水平中较高，而且债务股权倍数也较高，债务总额达到煤炭行业股本的150%左右。从长期来看，由于负债率较高，一旦行业盈利水平有波动，长期偿债能力的风险还是较大的。因此，煤炭开采和洗选行业资产负债率的控制是煤炭财务金融安全目标的实现首先应该重点关注的控制点。

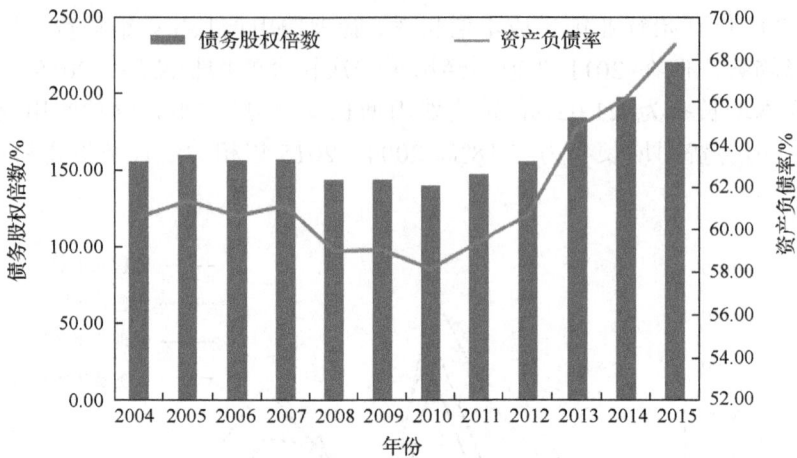

图 3-6　2004～2015 年中国煤炭行业偿债能力情况

(二)煤炭行业盈利能力分析

在煤炭行业金融能力分析中，本书选取销售利润率和资产报酬率作为分析评价煤炭行业盈利能力的指标。从图 3-7 至图 3-10 中可以看出，从 2004 年到 2011 年，煤炭行业的销售利润率和资产报酬率震荡上升，行业资产获利能力不断增强。但从 2011 年至今，行业的销售利润率和资产报酬率呈直线下降趋势，截至 2015 年年末，煤炭行业的销售利润率仅为 1.70%，资产报酬率更是跌至 0.75%，行业整体盈利能力堪忧。

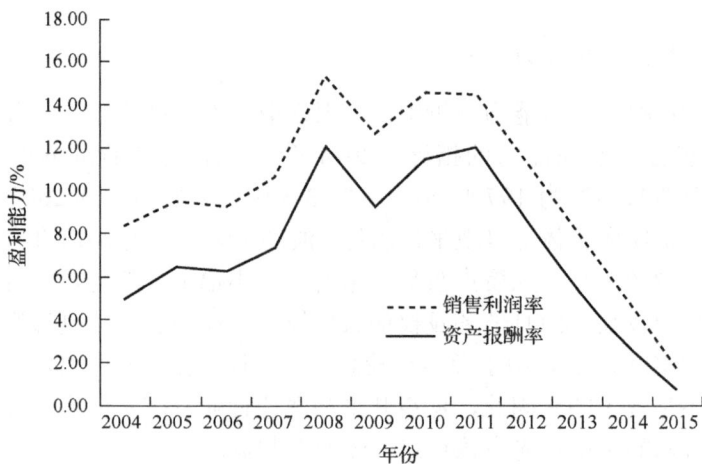

图 3-7　2004～2015 年中国煤炭行业盈利能力情况

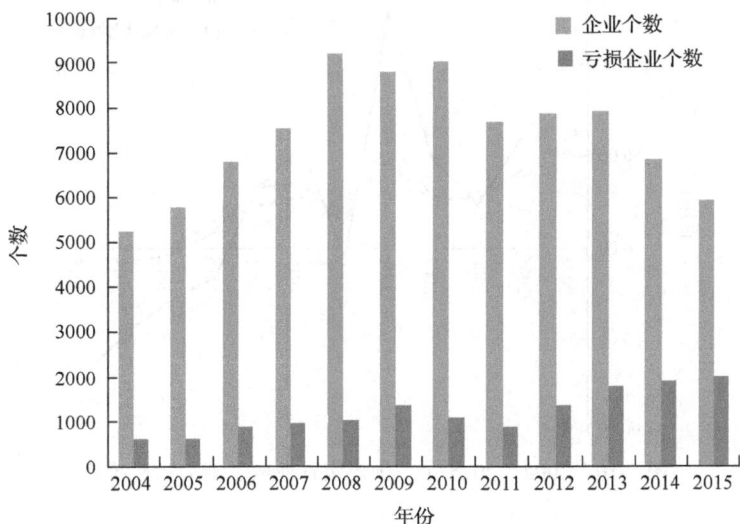

图 3-8　2004～2015 年中国煤炭行业亏损情况统计

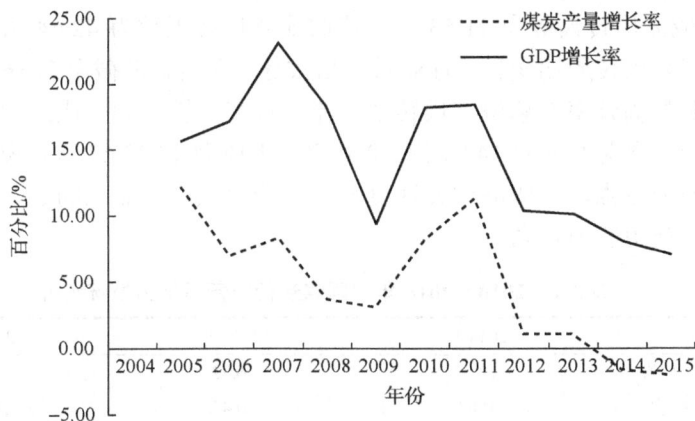

图 3-9　2004～2015 年中国煤炭行业原煤产量增速与 GDP 增速对比（单位：%）

从亏损企业数量和亏损额来看，期末亏损企业数目从 2004 年年末的 634 家增加到 2014 年年末的 1919 家，企业亏损面呈扩大趋势，除 2010 年和 2011 年外，亏损额增长率总体上呈现上升状态。2015 年年末煤炭企业规模以上企业 6850 家中亏损企业数量为 1997 家，亏损面为 29.15%，与 2014 年相比略有上升。结合上述两方面分析，行业盈利能力减弱，经营状况恶化，这主要是由于行业的产能过剩问题没有解决，以及行业有效的自律机制没能形成。

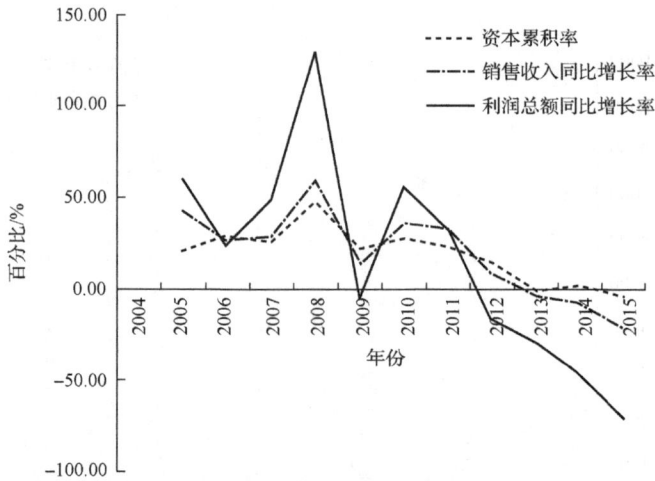

图 3-10　2004～2015 年中国煤炭行业成长能力指标统计

(三)煤炭行业营运能力分析

从表 3-1 中可以看出，2004 年以来，4 个周转天数指标都呈现下降态势。至 2015 年，产成品周转天数为 11.53 天，应收账款周转天数为 42.64 天。数据表明煤炭行业近年来周转周期变长，行业景气指数逐步下降。但截至 2016 年，中国煤炭行业应收账款周转率、总资产周转率、流动资产周转率和产成品周转率均出现不同程度上升，分别上升为 14.85 次、0.86 次、1.18 次和 42.62 次，说明行业应收账款的变现能力较强，产成品周转速度较快，滞留在产成品上的运营资金较少，行业对资产的利用能力较高。

表 3-1　2014～2016 年中国煤炭行业营运能力情况统计

指标名称	2014 年	2015 年	2016 年
应收账款周转率/次	12.93	6.72	14.85
总资产周转率/次	0.83	0.47	0.86
流动资产周转率/次	1.79	1.23	1.18
产成品周转率/次	36.94	21.33	42.62

(四)煤炭行业成长能力分析

在煤炭行业金融能力分析中，本书选取销售收入同比增长率、利润总额同比增长率和资本累积率作为分析评价煤炭行业成长能力的指标。从图 3-10 中可以看出，从 2004 年以来，中国煤炭行业成长能力同比呈现大幅波动态势，各年度增长幅度差别较大，在 2011 年后，三个指标都显示出下降趋势，利润总额同比增长率跌幅最大。截至 2015 年年末，行业销售收入同比增长率为–21.61%，资本累计率为–4.38%，利润总额同比增长率为–71.56。

第二节　中国煤炭行业财务金融安全运行的影响因素分析

总体来看，煤炭行业属于资金密集型行业，从资源的勘探、开发到运营，投资周期长，资金需求量大。在市场经济环境下，各种不确定性因素很多，煤炭市场行情波动很大，风险因素客观存在。从煤炭行业财务安全定义的角度来看，影响煤炭行业财务安全运行的因素可以从宏观经济环境因素、融资因素和投资因素三个层面来分析。宏观经济环境因素属于外部制约因素，包括难以定量化计量的政策性因素，最终都能通过宏观经济数据的变化体现出来，是制约煤炭行业融资问题和投资问题的基础；融资因素和投资因素主要从行业内部来说明影响煤炭行业财务金融安全的内部环境变化，当然，煤炭行业融资和投资目标的实现不仅仅取决于行业自身，外部环境的变化起着至关重要的作用。

一、影响煤炭行业财务金融安全的因素选择

煤炭行业的投资和融资面临复杂的政治经济环境和企业经营管理能力的影响，影响投融资目标实现的因素众多，其本身就是一个复杂体。对于影响煤炭行业财务安全的因素的选择，本书采用专家问卷调查法，首先详细列出在近期学术研究中学者们普遍使用的宏观环境经济变量，以及公司财务风险预警研究中用于反映融资风险和投资风险的因素，由国外相关领域学者、国内大型煤炭集团的高层财务工作者和煤炭石油等能源院校的专家学者及国家能源局、国家发展改革委员会、国家安全生产监督管理总局等相关政府工作者相关领域的专家做出评价，根据得分高低，从最大的范围上来选择主要影响煤炭行业财务金融安全的指标变量。然后，再运用最小二乘法和分位数回归分析等计量方法从以上调查中选定的经济指标中筛选出与煤炭行业财务金融安全指标相关性比较大的作为最终构建预警模型的指标体系。调查问卷的内容主要由三部分组成，第一部分是大范围上的煤炭行业财务金融安全影响因素的影响程度大小排序，据此选择中国煤炭行业财务金融安全运行分析的影响因素；第二部分是作为调查总体样本的各个指标变化的标准临界区间数值的调查，第三部分是专家学者对于国家煤炭生产行业整体行业财务风险程度受国家宏观经济状况变化、煤炭行业财务风险影响程度大小意见的调查。考虑到煤炭行业财务安全评价的复杂性，专家学者问卷回收的结果差距有可能很大，对于指标变化的标准临界区间数值和影响程度大小的最终结论，本书综合了已有的标准结论和一定的计量方法来确定。总计回收有效调查问卷共计78 份，其中，国外相关学者 8 份、国内高校专家学者 32 份、国内煤炭企业主要财务负责人 28 份、相关政府官员 10 份。通过对问卷选定指标的重要性排序设定分数的统计结果，作者选择如下变量作为中国煤炭行业财务金融安全运行分析的

影响因素。

首先设定煤炭行业财务金融安全的初始因变量为：煤炭行业利息支出 VaR 和煤炭行业所有者权益 VaR。

根据专家调查得出的煤炭行业财务金融安全影响因素即自变量如下。

宏观经济环境安全指标：GDP 增长率、CPI 定基指数、企业景气指数、汇率波动率、贷款增长率、财政比率。

煤炭行业财务金融融资安全影响评价指标：贷款利率、货币供应量增长率、上证综合指数、资产负债率、资金成本率、产权比率、流动比率、债务股权保证倍数、利息保证倍数。

煤炭行业财务金融投资安全影响评价指标：固定资产投资扩张率、存款利率、主营业务利润率、净资产收益率、总资产周转率、资产报酬率、销售利润率、销售毛利率、流动资产周转天数、应收账款周转天数。

各指标基本定义如下。

(一)GDP 增长率

通常对 GDP 的定义为：一定时期内(一个季度或一年)，一个国家或地区的经济中所生产出的全部最终产品和提供劳务的市场价值的总值。在经济学中，常用 GDP 来衡量该国或该地区的经济发展的综合水平。这也是目前各个国家和地区常采用的衡量手段。GDP 增长率是宏观经济中最受关注的经济统计数字，因为它被认为是衡量国民经济发展情况最重要的一个指标。

GDP 增长率是一国企业经营状况的综合反映，决定了煤炭行业财务经营外部环境的优劣，是所有经济评估指标中首要的背景因素，对煤炭行业经营活动起着基础性作用。若经济增长速度趋升，或保持着较高的增长水平，则说明国内煤炭行业企业经营普遍较好，煤炭行业偿还债务能力强，煤炭行业经营的外部环境较为有利。相反，若经济增长速度下降，或维持低速运行，甚至负增长，煤炭行业要增加利润就会遇到更多的困难。

因此，假定国内生产总值 GDP 的增长率与煤炭行业财务金融安全的实现呈正向变化。

(二)CPI 定基指数

CPI 即居民消费物价指数，是反映与居民生活有关的商品及劳务价格统计出来的物价变动指标，通常作为观察一国通货膨胀水平高低的重要指标。

CPI 是反映一国物价水平变化的重要经济指数。物价水平的变化会影响国家经济政策的紧缩与宽松尺度的调整，也直接影响到煤炭行业企业的各种成本负担变化，物价水平大幅波动，无论是高位运行还是低位徘徊，形成通货膨胀或者通货紧缩预期，都表明宏观经济的不稳定，伴随着大幅的人力和资产价格波动，从而会使煤炭行业面临着较大的信用风险。考虑到计量模型对于物价指数的要求，本书采取按照 1993 年 CPI 为基础的定基指数。

因此，CPI 指数与煤炭行业财务金融安全的实现在一定数值标准内呈现正相关关系。

(三)企业景气指数

企业景气指数(企业综合生产经营景气指数)是通过国家统计局企业调查队系统于 1998 年建立的定期调查制度，根据受调查企业负责人的问卷调查，对本企业综合生产经营情况的判断与预期而编制的指数，用以综合反映企业的生产经营状况。调查范围为：采矿业，制造业，电力、燃气及水的生产和供应业，建筑业，交通运输、仓储及邮政业，批发和零售业，房地产业，社会服务业，信息传输、计算机服务和软件业，住宿和餐饮业。调查对象为：上述调查范围内的全部大型及以上和部分被抽中的中小型法人企业及其负责人。景气指数的数值为 0～200，100 为景气指数的临界值。当景气指数大于 100 时，表明所处状况趋于上升或改善，处于景气状态，越接近 200，状态越好；当景气指数小于 100 时，表明所处状况趋于下降或恶化，处于不景气状态，越接近 0，状态越差。

因此，假定企业景气指数与煤炭行业财务金融安全的实现呈正向变化。

(四)汇率波动率

随着我国煤炭进口量的激增，汇率的波动和外汇储备的波动对于煤炭行业财务金融安全的影响日益明显。汇率波动率是指本国货币价格按照非预期的变化，即指本币收益的不确定性或不可预测性。波动即意味着风险，由于汇率的波动受到多种因素的影响，包括国际收支状况、国民收入的变化、通货膨胀的高低、利率水平的差异、政治和社会环境是否稳定等。所以，汇率波动率在煤炭行业财务金融安全的研究中可以用来表示国际金融风险状况，煤炭对外依存度的攀升使得汇率波动率对于我国煤炭进口资金的保证与波动情况会有越来越大的影响。尽管理论上汇率波动率有各种各样的计算方法，但实际中采用较简单的算法，即汇率波动率=(计算期汇率-基期汇率)×100%/基期汇率。

因此，假定汇率波动率与煤炭行业财务金融安全的实现呈反向变化。

(五)财政比率

该比率反映国家财政收入与支出结构中的收支平衡状况，即国家单位财政支出的财政收入保证度，通过该指标与历史数值的比较和其他国家财政比率的比较可以反映一国的财政风险。一般来说，一国的财政比率应大于 0.8，否则，将会引起经济和金融的动荡，赤字财政的系统性风险在 2011 年的欧洲各国，如希腊、冰岛、葡萄牙等国都造成了巨大的杀伤。通常情况下，一国单位财政支出的收入保证程度越大，经济发展前景越好，对于煤炭行业财务金融安全目标的实现能起到支撑作用。

因此，假定财政比率与煤炭行业财务金融安全的实现呈正向变化。

(六)贷款增长率

煤炭行业的资金三成以上来源于银行贷款，贷款增长率直接反映了一国的经济增长状况、财政政策和货币政策的取向。贷款增长率=(计算期贷款发放量-计算期前一期贷款发放量)/计算期前一期贷款发放量×100%。贷款增长率平稳增长，反映了经济状况的平稳发展，代表了较为宽松的财政政策和货币政策，对于煤炭行业融资需求的满足和投资环境的好转作用明显。因此，总体上讲，贷款增长率的平稳发展有利于煤炭行业财务金融安全目标的实现，否则，贷款增长率的下降意味着财政政策和货币政策一定程度的紧缩，连带会带来其他融资途径的不顺畅，威胁到煤炭行业的融资安全，也会威胁到投资目标的实现。

因此，假定贷款增长率与煤炭行业财务金融安全的实现呈正向变化。

(七)贷款利率

贷款利率的变化作为市场化货币政策的直接手段，是央行调节社会经济发展最重要的手段，也直接或间接影响着煤炭行业的融资成本，而其传出的政策调控信号更影响了各种融资渠道的顺畅性。当利率水平上升时，煤炭行业的企业融资成本将会提高，会给借款较多的煤炭行业企业或公司造成较大困难，并且映及煤炭类上市公司股票价格，使煤炭行业企业再融资难度加大。本书中贷款利率选择的是一年期基准贷款利率。

因此，假定贷款利率与煤炭行业财务金融安全的实现呈反向变化。

(八)货币供应量增长率

货币供应量在我国货币政策体系中起着举足轻重的作用，由于政策传导机制等方面的缺陷，我国利率政策的有效性受到质疑的成分颇多，而货币供应量的调控对于金融监管层来讲是一个很直接的调控工具。市场的资金运行大部分是金融体系创造和派生的，或者通过金融体系周转的，因此，一国货币供应量的增长与一国的金融安全有着直接的关系。增长过快和控制过严对于经济的杀伤力都是很大的，货币供给量的过快增长将会导致经济泡沫及通货膨胀，导致煤炭行业财务金融安全受到影响，而且会引起货币政策的效率下降，货币供给量的控制过严更会使得企业居民的信贷需求得不到满足，影响经济发展。货币供应量的计量标准很多，本书选取 M2 口径即货币供给量=通货+可转账活期存款+财政存款+居民储蓄存款作为货币供应量的衡量标准。通常情况下，货币供应量增速加快意味着较为宽松的货币政策，煤炭行业企业融资环境会较为宽松，对于煤炭行业财务金融安全目标的实现是有帮助的。

因此，假定货币供应量增长率与煤炭行业财务金融安全的实现呈正向变化。

(九)上证综合指数

证券市场业已成为企业融资的重要场所，据证监会披露的近十年的数据统计，2002～2017 年 5 月，中国证券市场境内筹资额达 154063 亿元。目前煤炭企业上市公司达到了 28 家。在中国特定的 IPO 制度下，证券市场融资额也代表了货币政策的取向，证券市场融资额的增加，显然总体上会为煤炭行业的融资创造更有利的条件，反之，证券市场融资额的减少，煤炭行业的直接融资行为会受到很大的影响，很多煤炭投资项目也可能因为资金的短缺或者监管的严格而搁浅。2003～2012 年，由于国家宏观调控政策，致使相当长的时间里中国证券市场暂停了新股发行，使得 2003～2006 年的证券市场融资额为零，包括 2008 年，为了使计量分析更加准确，本书采用上证综合指数来代替证券市场融资额进行分析。总体上看，股票价格指数的稳定上涨意味着证券市场运行良好，煤炭行业企业利用资本市场融资的可能性增大，对于煤炭行业财务金融安全目标的实现也是有帮助的。

因此，假定上证综合指数与煤炭行业财务金融安全的实现呈正向变化。

(十)资产负债率

资产负债率=负债总额/资产总额。该指标反映了煤炭生产企业总资产来源于债权人提供的资金的比重，以及企业资产对债权人权益的保障程度。这一比率越小，表明煤炭生产企业的长期偿债能力越强。煤炭行业的总资产负债率也表明了煤炭行业的长期偿债能力，是对煤炭行业财务金融安全评价的最重要指标之一。资产负债率越高，煤炭行业偿还到期负债的能力越弱，煤炭行业财务金融安全的保证程度就越低。

因此，假定煤炭行业的资产负债率与煤炭行业财务金融安全的实现呈反向变化。

(十一)资金成本率

资金成本率=财务费用/负债。指的是煤炭生产企业因为使用资金而付出的成本与筹资额的比率，通过煤炭行业的财务费用/负债来反映煤炭行业的资金成本率。该比率越高，说明煤炭生产企业融资成本越高，对煤炭行业财务金融安全实现的保证程度就越低。

因此，假定煤炭行业的资金成本率与煤炭行业财务金融安全的实现呈反向变化。

(十二) 产权比率

产权比率=负债总额/所有者权益。反映煤炭生产企业所有者权益对债权人权益的保障程度，从另一个角度反映煤炭生产行业企业的长期偿债能力。该指标与资产负债率、所有者权益比率两个指标可以相互印证，煤炭行业的产权比率越高，所有者权益对到期负债的偿还保证能力就越低。

因此，假定煤炭行业的产权比率与煤炭行业财务金融安全的实现呈反向变化。

(十三) 流动比率

流动比率指煤炭生产企业流动资产总额和流动负债总额之比。流动比率=流动资产合计/流动负债合计×100%，是用来表示资金流动性的，即企业短期债务偿还能力的数值，理论上讲其基准值是不低于 2，但是行业差别很大。流动比率是衡量煤炭行业融资风险的重要指标，流动比率越高，煤炭企业偿还短期债务的能力越强，煤炭行业财务金融安全越能得到保证。

因此，假定煤炭行业的流动比率与煤炭行业财务金融安全的实现呈正向变化。

(十四) 债务股权保证倍数

债务股权保证倍数=负债总额/股东权益×100%，又称债务股本比、负债股权比率、负债对所有者权益的比率，是衡量煤炭生产企业财务杠杆的指标，即显示煤炭生产企业建立资产的资金来源中股本与债务的比例。在计算时也可以采用需要支付利息的长期债务，股东权益也可以用股本来替代，本书在上述分析中采用的就是股东权益。它可用来显示在与股东权益相比时，一家煤炭行业公司的借贷是否过高。该比率越低，说明煤炭行业生产企业长期财务状况越好，债权人的权益有保障，该比率一般应小于 1.0，债务股权保证倍数越高，说明煤炭行业负债比所有者权益越多，所有者权益对煤炭行业生产企业负债偿还的保证程度越低，煤炭行业财务金融安全越会受到威胁。

因此，假定煤炭行业的债务股权保证倍数与煤炭行业财务金融安全的实现呈反向变化。

(十五) 利息保证倍数

利息保障倍数，又称已获利息倍数，是指煤炭行业生产企业生产经营所获得的息税前利润与利息费用的比率(企业息税前利润与利息费用之比)。它是衡量煤炭行业企业支付负债利息能力的指标(用以衡量偿付借款利息的能力)。煤炭行业生产企业生产经营所获得的息税前利润与利息费用相比，倍数越大，说明煤炭企业支付利息费用的能力越强。其计算公式为利息保障倍数=(利润总额+利息费用)/利息费用=息税前利润/利息费用。

对于煤炭行业财务金融安全而言，利息保障倍数不仅反映了煤炭行业获利能力的大小，而且反映了煤炭行业获利能力对偿还到期债务的保证程度，它既是煤炭行业企业举债经营的前提依据，也是衡量煤炭行业企业长期偿债能力大小的重要标志。要维持煤炭行业正常偿债能力，煤炭行业利息保障倍数至少应大于1，且比值越高，煤炭行业长期偿债能力越强，煤炭行业财务金融安全就能得到保证。

因此，假定煤炭行业的利息保证倍数与煤炭行业财务金融安全的实现呈正向变化。

(十六)固定资产投资扩张率

固定资产投资扩张率=(本期固定资产总额/去年同期固定资产总额)-1。该指标反映煤炭行业固定资产投资的扩张程度。如果该指标较大，说明煤炭行业正在进行较大规模的资产扩张投资项目，表明煤炭行业长期的盈利能力能够有所增强。若过大，也需要注意煤炭行业是否盲目投资，导致投资失败。因此，煤炭行业固定资产投资率越高，煤炭行业投资风险越大，煤炭行业融资压力越大，带来的融资风险也越大。

因此，假定煤炭行业的固定资产投资扩张率与煤炭行业财务金融安全的实现呈反向变化。

(十七)存款利率

贷款利率上升会增加项目投资的成本，减小投资收益率；存款利率水平的波动会影响煤炭行业投资者的投资选择，存款利率的上升会吸引一部分煤炭行业投资者投资到银行存款等金融产品上，而影响煤炭行业项目投资需要资金的满足。本书中存款利率选择的是扣除通货膨胀因素后的一年期存款实际利率。

因此，假定存款利率与煤炭行业财务金融安全的实现呈反向变化。

(十八)主营业务利润率

主营业务利润率=主营业务利润/主营业务收入，反映煤炭行业的主营业务收入带来净利润的能力。主营业务是煤炭行业的核心业务，是煤炭行业重点发展方向和利润的主要来源。这个指标通常越高越好。

因此，假定煤炭行业的主营业务利润率与煤炭行业财务金融安全的实现呈正向变化。

(十九)净资产收益率

净资产收益率=报告期净利润÷期末净资产×100%

净资产收益率又称股东权益收益率，是煤炭行业净利润与平均股东权益的百分比，是煤炭行业生产公司税后利润除以净资产得到的百分比率，该指标反映煤炭行业股东权益的收益水平，用以衡量煤炭行业公司运用自有资本的效率。指标值越高，说明煤炭行业投资带来的收益越高。煤炭行业的净资产收益率越高，煤炭行业通过盈利偿还负债的能力就越强，煤炭行业的金融安全就越有保障。

因此，假定煤炭行业的净资产收益率与煤炭行业财务金融安全的实现呈正向变化。

(二十)总资产周转率

总资产周转率=主营业务收入/平均资产总额。这一比率用来分析煤炭行业企业全部资产的运用效率。资产管理的任何一个环节都会影响指标值的高低。通常来说，这一指标也是越高越好，煤炭行业的总资产周转率越高，单位周期内盈利能力越强，对煤炭行业财务金融安全的实现越有帮助。

因此，假定煤炭行业的总资产周转率与煤炭行业财务金融安全的实现呈正向变化。

(二十一)总资产报酬率

总资产报酬率=(利润总额+利息支出)/平均资产总额×100%。是指煤炭生产行业中的企业一定时期内获得的报酬总额与资产平均总额的比率。它表示煤炭行业企业包括净资产和负债在内的全部资产的总体获利能力，用以评价煤炭行业企业运用全部资产的总体获利能力，是评价煤炭行业企业资产运营效益的重要指标。通过对该指标的深入分析，可以增强各方面对煤炭行业企业资产经营的关注，促进煤炭行业企业提高单位资产的收益水平。该指标越高，表明煤炭行业企业投入产出的水平越好，煤炭行业企业的资产运营越有效，煤炭行业财务金融安全的实现就越有保障。

因此，假定煤炭行业的总资产报酬率与煤炭行业财务金融安全的实现呈正向变化。

(二十二)销售利润率

销售利润率是衡量煤炭行业生产企业销售收入收益水平的指标。属于盈利能力类指标，其计算公式为：销售利润率=主营业务利润总额/营业收入×100%。煤炭行业的销售利润率越高，其主营业务盈利能力越强，对到期债务偿还的保障程度越大，煤炭行业财务金融安全越容易实现。

因此，假定煤炭行业的销售利润率与煤炭行业财务金融安全的实现呈正向变化。

(二十三)销售毛利率

销售毛利率=(营业收入－营业成本)/营业收入×100%。销售毛利率表示煤炭行业每一元销售收入扣除销售成本后，有多少钱可以用于各项期间费用和形成盈利。销售毛利率是煤炭行业生产企业销售净利率的最初基础，没有足够大的毛利率便不能盈利。该指标考虑了期间费用的影响，煤炭行业能取得较高的销售毛利率，越能够保障煤炭行业财务金融安全目标的实现。

因此，假定煤炭行业的销售毛利率与煤炭行业财务金融安全的实现呈正向变化。

(二十四)流动资产周转天数

流动资产周转天数=流动资产平均余额×计算期天数/流动资产周转额(产品销售收入)。在一定时期内，煤炭行业流动资产周转次数越多，周转一次所用天数越少，表明煤炭行业流动资产在经历生产和销售各阶段时占用的时间越短，周转越快。煤炭行业生产经营任何一个环节上的工作得到改善，都会反映到周转天数的缩短上来。按天数表示的流动资产周转率能更直接地反映煤炭行业生产经营状况的改善，便于比较不同时期的流动资产周转率，应用较为普遍。煤炭行业的流动资产周转天数越少，在利润率一定的情况下，对于煤炭行业财务金融安全的实现保障程度就越大。

因此，假定煤炭行业的流动资产周转天数与煤炭行业财务金融安全的实现呈反向变化。

(二十五)应收账款周转天数

应收账款周转天数=360/应收账款周转率=平均应收账款×360/销售收入=平均应收账款/平均日销售额。应收账款周转天数是指煤炭行业企业从取得应收账款的权利到收回款项、转换为现金所需要的时间。是应收账款周转率的一个辅助性指标，周转天数越短，说明煤炭行业流动资金使用效率越好。应收账款回收越及时，煤炭行业的现金流越充足，对煤炭行业的财务金融安全越有帮助。

因此，假定煤炭行业的应收账款周转天数与煤炭行业财务金融安全的实现呈反向变化。

中国煤炭行业财务金融安全运行分析的影响因素选择如表 3-2 所示。

表 3-2　中国煤炭行业财务金融安全运行分析的影响因素选择

被解释变量(目标层)	解释变量(约束层)	指标层	指标变量符号
煤炭行业财务金融安全(利息支出 VaR 和所有者权益 VaR)	宏观经济环境安全	GDP 增长率	GDPZZ
		CPI 定基数据	CPIDJ
		财政比率	CZBL
		企业景气指数	JQZS
		汇率波动率	HLBD
		贷款增长率	DKZZL
	煤炭行业财务金融融资安全影响评价指标	贷款利率	DKLL
		货币供应量增长率	HBGYZS
		上证综合指数	SZZZ
		资产负债率	ZCFZL
		资金成本率	ZJCBL
		产权比率	CQBL
		流动比率	LDBL
		股权债务保证倍数	GZBZBS
		利息保证倍数	LXBZBS
	煤炭行业财务金融投资安全影响评价指标	固定资产投资扩张率	TZKZL
		存款利率	CKLL
		主营业务利润率	ZYYWLRL
		净资产收益率	JZCSYL
		总资产周转率	ZZCZZL
		资产报酬率	ZCBCL
		销售利润率	XSLRL
		销售毛利率	XSMLL
		流动资产周转天数	LDZCZZ
		应收账款周转天数	YSZKZZ

二、影响煤炭行业财务金融安全的宏观经济环境因素分析

(一)煤炭行业财务金融安全分析宏观经济环境因素的选择

宏观经济环境因素的选择对于评判结果有着很大的影响。学者们的研究对于宏观经济环境变量的选择也各有千秋,从行业财务金融安全的研究目的和目前可以借鉴的研究来看,行业财务危机预警研究变量选择中主要以企业财务指标为主,

近期有的研究成果中也加入了宏观经济变量，行业财务金融安全预警研究中都考虑了宏观经济安全运行的评价指标体系。比较有代表性的宏观经济变量在预警研究中的选择如下。

叶莉等(2007)在研究金融安全预警指标体系的选择时构建了由 GDP 增长率、失业率、通货膨胀率、M2 增长率、利率敏感性比率、汇率波动率、固定资产投资增长率、财政赤字/GDP 等 8 个指标构成的宏观经济安全运行子系统。

王璐和庞皓等(2009)认为应当将中国金融安全状态划分为宏观、中观、微观层面，并且具体划分为货币安全、银行安全、对外债务安全、金融市场安全、系统性金融安全、非银行金融机构安全六个主要层次，其中，由 3 个指标(汇率、外汇储备总量、国内实际利率及其衍生指标)构成的货币安全状态指标集和由 11 个指标(偿债率、债务率、外债到期日阶梯、短期外债指标、负债率、对外债务率、外债总量变化速度与经济发展速度的关系、国际利率指标、国家经济增长速度预期、国家风险评定级别变化、货币错配程度指标)组成的外债安全状态指标集为宏观层面的安全。

沈悦等(2006，2007)在中国金融自由化进程中的安全预警研究中构建了由国际综合压力、开放程度/金融自由化程度、外部冲击三个指标构成的国际环境子系统，以及由 GDP 增长率、通货膨胀率、M2/GDP、财政赤字/GDP、国内外实际利差和实际汇率升幅 6 个指标构成的货币安全子系统。

任惠光(2007)在对中国 A 股上市公司财务危机预警研究中选取了银行利率、一致指数、先行指数、滞后指数、CPI 年增率、M2 年增率、失业率、汇率、消费者信心指数、企业景气指数、贷款增长率、GDP 增长率等 17 个总体经济变量指标进行财务危机公司预测。

聂富强(2005)、高鸿祯(2005)、陈守东等(2007)在金融安全研究中，也都从宏观层面识别了金融安全、金融风险的状态，如陈守东等认为宏观经济指标包括 GDP 增长率、通货膨胀率、工业增加值增长率、出口额增长率、国家外汇储备增长率和外债直接投资/GDP。

煤炭行业财务金融安全的实现首先也必须要考虑到国内外宏观经济状况，为确定影响煤炭行业财务金融安全目标实现的国内外宏观经济因素，综合各位专家学者的研究方法和对业内人士的问卷调查和分位数回归分析计量，选取 GDP 增长率、CPI 物价指数、企业景气指数、汇率波动率、贷款增长率、财政比率作为煤炭行业财务金融宏观经济安全模块的评价指标体系。以下对宏观经济指标与煤炭行业财务金融安全之间的关系作简要探讨，为下一步的相关性评价奠定理论基础和实践走势的佐证。

(二)宏观经济环境因素与煤炭行业财务金融安全关系的理论分析

从中国煤炭的消耗情况和经济周期、GDP 增速比较来看,我国煤炭产业的发展与国民经济增长速度具有明显的正相关特征。首先,煤炭行业是我国第一能源供应大户,我国煤炭产量增速与 GDP 增速的相关度较高,从历史上来看,2011年之前,除去 1997 年、1999 年、2000 年和 2001 年四个异常年份之外,煤炭产量增速基本同步于 GDP 增速变化,但变化幅度明显低于 GDP 增速。但 2011 年之后,这种同步性减弱,仅在趋势上保持同向变动。据国家统计局 2015 年国民经济和社会发展统计公报中显示全国原煤产量同比下降 2.01%。GDP 同比增长 7.0%。

煤炭消费需求与 GDP 之间存在紧密联系。通过进行格兰杰因果关系检验,结果表明,我国存在煤炭消费需求到 GDP 的单向因果关系。从平均水平上看,煤炭消费增长率与 GDP 增长率的比值都较大,较长时间内保持高位。表 3-3 显示了近年来我国煤炭消费弹性系数的变化情况,总体表明在重工业发展阶段,煤炭消费与经济增长速度的相关性增大,虽然随着经济结构的调整,中国经济的增长对煤炭的依赖程度有所缓和,但是,经济增长依然是煤炭消费的原动力,两者正相关的格局是不会变的。从煤炭消费弹性系数的变化来看,除了 2003 年和 2004 年煤炭消费出现高速增长外,中国煤炭消费增速总体低于国民经济增长速度,近几年

表 3-3　2001~2015 年中国煤炭消费弹性系数比较情况

年份	能源消费弹性系数	GDP 增长率	煤炭消费增长率
2001	0.70	0.11	0.05
2002	0.99	0.10	0.10
2003	1.62	0.13	0.19
2004	1.67	0.18	0.17
2005	1.18	0.16	0.17
2006	0.76	0.17	0.10
2007	0.61	0.23	0.09
2008	0.30	0.18	0.02
2009	0.51	0.09	0.05
2010	0.69	0.18	0.04
2011	0.77	0.18	0.09
2012	0.49	0.10	0.01
2013	0.47	0.10	0.02
2014	0.29	0.08	−0.01
2015	0.13	0.07	−0.02

数据来源:国家统计局,笔者计算整理。

来，煤炭消费弹性系数持续下降，2008 年为 0.30。目前，中国正处在重工业发展阶段，煤炭消费与经济发展增速的相关性加大。随着国家加大宏观调控的力度，实施更为稳健的货币政策，几年内，中国经济和煤炭消费增速都已逐渐趋于平稳，煤炭消费弹性系数降低到 0.4 左右。

从煤炭能源价格与物价走势来看，两者具有高度的相关性。煤炭能源价格构成能源金融的重要组成部分，国际煤炭能源价格近十年来的起伏波动直接对世界经济增长格局的变化产生了重大影响，截至 2016 年年底，澳大利亚纽卡斯尔港动力煤价格指数为 61.97 美元/吨，理查兹港动力煤价格指数为 60.66 美元/吨，欧洲 ARA 三港市场动力煤价格指数为 55.59 美元/吨，澳大利亚 BJ 动力煤价格报收于 60.90 美元/吨，参见表 3-4。

表 3-4　煤炭价格的世界比较 （单位：美元/吨）

年份	西北欧标准价格	美国中部煤炭现货价格	日本		中国	
			焦煤进口到岸价格	锅炉煤进口到岸价格	电煤	商品煤
1999	28.8	31.3	42.8	35.7	17.2	14.7
2001	36.0	29.9	39.7	34.6	16.9	14.6
2002	39.3	49.7	41.3	38.0	18.2	15.0
2003	31.7	33.0	42.0	36.9	20.3	16.6
2004	42.5	38.5	41.6	34.7	21.6	17.6
2005	71.9	64.3	61.0	51.3	25.0	19.5
2006	61.1	70.1	89.2	62.9	33.0	26.0
2007	63.7	63.0	93.5	63.0	37.8	27.1
2008	86.6	51.1	88.2	69.9	43.0	43.4
2009	149.8	116.1	179.0	122.8	39.7～41.2	40.7～42.2
2010	151.54	118.15	181.13	123.96	74.5～76.5	86.5～96.5
2011	154.26	121.17	183.09	134.34	85.9～96.5	105.9～123.5
2012	94.50	72.54	158.65	112.34	92.8～113.2	94.3～115.3
2014	78.36	54.54	116.78	100.34	78.8～93.4	78.5～94.3
2016	54.6	53.3	285.23	157.7	78	76

资料来源：根据各类公开报道计算整理。

虽然煤炭价格会对生产者物价水平产生一定的影响，但是，这种影响的直接性比较有限。一方面是因为煤炭价格上涨的成本增加有很大一部分被消化在企业内部，而我国构成计算 CPI 比例最大的前 4 种商品：食品(34%)、娱乐和文化服务(15%)、住房(12%)、医疗卫生用品(11%)，其价格并不直接受煤炭价格太大的影响。但是，煤炭价格的上涨对于通货膨胀的间接影响和加剧民众对通货膨胀预期的作用是不可小视的。如果煤炭价格持续上涨，就会对以煤炭为生产要素的产品和服务产生相应的影响，虽然这种影响会有一个滞后的过程，但额外的煤炭花费最终还是会追加到消费者身上。中国持续的煤炭价格上涨对中国整体通货膨胀的最大威胁来自煤炭价格上涨的间接影响，这可能促使货币当局为防止通货膨胀失控而提高利率，提高资金成本，导致经济发展上速度减缓，进而影响煤炭需求，使得煤炭在建投资项目形成产能过剩，使得煤炭行业的融资遭遇瓶颈，影响到煤炭金融安全目标的实现。反之，当物价下降，形成通货紧缩预期时，也会因为经济增速的下降影响经济对煤炭的需求，煤炭行业价格下降、需求降低，进而引发利润的下降，会在一定程度上威胁到到期债务的偿还能力，对煤炭金融安全构成威胁。因此，物价水平的高低同样会构成影响煤炭金融安全的重要因素。

企业景气指数对煤炭行业财务金融安全的影响主要在于它反映了宏观经济的景气程度，会直接影响到对煤炭需求状况的变化，对于煤炭行业财务金融安全显然会产生直接的影响。而汇率波动率受到多种因素的影响，包括国际收支状况、国民收入的变化、通货膨胀的高低、利率水平的差异、政治和社会环境是否稳定等，所以汇率波动率在煤炭行业财务金融安全的研究中可以用来表示国际金融风险状况，汇率波动率对于我国煤炭进口资金的保证与波动情况会有越来越大的直接影响。贷款增长率和财政比率代表了一国在一定时期内所执行的货币政策和财政政策，其数值的变化表明了政策的扩张性和紧缩性，也会对煤炭行业财务金融安全产生直接的影响。

由此可见，宏观经济状况的变化对于煤炭行业财务金融的发展有着直接的影响，从各指标数值运行图形看，经济周期、经济增长率与煤炭产业的发展呈现出较强的正相关关系，而且煤炭行业发展周期与经济周期存在一种滞后的相关关系。煤炭价格与国内价格总体水平呈现互相影响的态势，从总体上看，对煤炭行业发展来看，煤炭价格的增长无疑对于煤炭产业发展有着良好的促进作用，利率、汇率、信贷增幅等宏观经济指标与煤炭产业发展之间也存在着较强的相关关系，或者说利息支出较少、汇率稳定、信贷增幅稳定、企业景气指数增长对于煤炭产业发展无疑有着重要的促进作用，对于煤炭行业财务金融安全目标的实现也有着重要的保障。

三、煤炭行业财务金融融资安全评价分析

众所周知，煤炭生产领域建设项目投资金额巨大、经营周期长、风险较大，因此，我国煤炭生产领域的融资都具有融资金额巨大、影响力深远、融资结构复杂等特点。煤炭探矿权和采矿权的收购和获取、现代化的开采和采选设备的购置与建造、煤炭安全经费投入、煤炭产业链的延伸扩大都需要巨额的资金。因此，一般煤炭企业的资本投入大，经营时间较长，资本回收缓慢，而且煤炭企业的业绩受到企业生命周期的影响，高额的举债会给企业带来较高的财务风险。由于煤

炭企业投资项目需要的资金数额都较大，财务风险高，而且由于我国财政管理体制的改革，以前主要由国家拨款进行能源基础设施建设的格局早已被打破，煤炭生产领域的国家预算内资金投入稀少，又由于涉及国家经济安全方面的考虑，煤炭生产领域吸引外商直接投资受到诸多限制，来源于外商的投资也少之又少，所以煤炭企业大多倾向于直接融资，在企业创立时以权益资本筹资为主，在生产的旺季以票据融资和流动资金贷款等短期融资方式作为辅助。一些大型的煤炭企业在外部融资方式的选择时以股票融资为首选，也有些采用企业债券等方式，而长期贷款往往被排在最后。也造成了我国煤炭企业几年来融资结构变化较快，而我国发展还不太完善的资本市场本身的特点也带来了煤炭企业直接融资的不确定性。另外，煤炭生产领域的融资规模与结构的变化带来煤炭企业怎样的发展，即煤炭企业融资效益的高低也应该引起学术界的高度关注。

(一)煤炭企业融资资金来源比例构成分析

从表 3-5 煤炭开采及洗选业行业投资资金来源的构成比例中可以看出，煤炭行业固定资产投资资金来源主要依靠国内贷款和企业自筹，两者占到行业投资额的 90% 左右。我国煤炭开采和洗选业的融资结构中自筹资金比重更高达 80% 以上，贷款占了 10% 左右，其他资金来源所占比重极低。

表 3-5　2006～2015 年煤炭开采及洗选行业投资资金来源的构成比例

年份	国家预算内资金/%	国内贷款/%	利用外资/%	自筹资金/%	其他资金/%
2006	1.46	13.83	0.40	81.61	2.69
2007	1.19	11.27	0.33	66.53	2.20
2008	1.04	10.48	0.36	83.52	4.59
2009	1.44	11.76	0.21	83.07	3.52
2010	1.22	11.22	0.25	84.52	2.79
2011	1.46	10.51	0.39	84.63	3.01
2012	1.45	10.77	0.12	84.69	2.97
2013	1.48	11.05	0.08	85.03	2.37
2014	1.21	11.48	0.05	85.36	1.91
2015	0.98	9.72	0.03	86.36	2.92

数据来源：国家统计局。

(二)煤炭生产行业融资困境造成了煤炭金融风险加大

首先，受传统体制的影响，煤炭生产企业的独立市场主体地位远未巩固，自主筹资风险较大。

煤炭的重要性决定了原有传统体制下煤炭生产经营企业多为国有企业，煤炭领域的投资项目和生产经营运作资金需求属于典型的财政主导型的融资模式。20世纪 90 年代，煤炭企业陆续进行股份制改造以后成为市场的独立竞争主体，资金的供求可以根据自身的资金需求和市场的货币供应状况来决定，但在激烈的市场环境下，经济形势的波动较大，煤炭生产的成本不断升高，由于几年来的经济飞速增长带来煤炭价格的攀升，煤炭生产领域利润率较高，客观上加剧了煤炭行业融资的盲目性，对于有些企业而言只要能融来资金，资金结构和资金成本的考虑就被放在次要位置了。再者，由于我国证券市场发展的不完善，煤炭生产企业也很难利用证券市场在主权资金和债务资金结构分配上有足够的选择空间。因此，虽然近年来煤炭生产领域融资较为顺利，投资也在急剧膨胀，但是，不合理的融资结构和融资成本，特别是中小煤炭企业的融资风险巨大。

其次，由于受到国家整顿能源市场秩序政策导向的影响，煤炭行业进入门槛的提高给煤炭行业财务金融也带来了潜在风险。

近年来，国家出台了相关的法律法规来规范矿产资源、环境保护和安全生产等，叫停了小煤炭企业的无序开采，尤其是煤炭生产行业的市场秩序整顿，原来市场开放过程中的大量中小煤炭生产企业的出路成了大问题。由于这些企业多数都是依靠高负债经营，一旦产业链条断掉的话，其资金安全很难得到保证，无论是银行的信贷资金，还是民间融资资金都可能面临较大的风险。

再次，煤炭企业自身经营管理能力和企业差别导致的融资能力差别也带来了风险。

相对而言，大型煤炭企业自身实力较强，受到国家产业政策倾斜，具有强大的政府背景，融资相对容易，风险较小，银行等金融机构根据国家的经济发展和政策导向，对大型煤炭集团企业贷款的力度加强，而逐步退出了规模较小的煤炭企业。当前，很多煤炭企业很难以银行借款的方式融资，而且又不符合国家法律规定的发行债券和股票的条件，融资举步维艰。部分煤炭企业开始转向民间借贷，但往往是高利息贷款，缺少政策的监管，风险极大。

(三)煤炭行业内的银行信贷安全情况

近年来，在煤炭需求激增的背景下，国家加大了煤炭行业投资力度，相继出台了各种鼓励煤炭投资的政策措施，企业也在利润的驱使下大量进行煤炭投资项目布点，使得近年来我国各类大型煤炭基地、煤炭项目、煤炭企业兼并重组、大型煤炭企业海内外收购煤炭、储藏煤炭等事项层出不穷，这些业务都成为各家金融机构信贷及其他金融服务业务争夺的热点。在各类煤炭投资项目的金融业务争夺中，各主要金融机构也都采取多种措施争取煤炭企业金融服务业务，随着信贷量的逐步增加及煤炭行业本身具有的高风险特性，信贷资金的安全问题不得不引起人们的高度关注。煤炭行业属于资金密集型行业，对国家信贷政策的变动较为敏感，煤炭行业的项目投资带有明显的驱动型，与固定资产投资紧密相关，因此，高度依赖银行的信贷政策。目前很难准确统计出煤炭行业银行信贷的分布数据情况，但是，可以从各年度的煤炭行业利息支出情况大致估算出煤炭行业信贷分布情况。如表 3-6 所示。

表 3-6　2013～2016 年中国煤炭行业利息支出情况统计

年份	中国煤炭行业	
	利息支出/亿元	占销售收入比重/%
2013	558.81	1.70
2014	656.42	2.16
2015	724.76	3.05
2016	878.9	3.79

数据来源：国家统计局、银联信。

如果按照 2016 年年底 5 年期商业贷款利率 4.9%来推算的话，煤炭行业的付息压力仍然较大，而且有逐渐增大的趋势。

四、煤炭行业财务金融投资安全评价分析

(一)中国煤炭行业投资规模现状

我国煤炭产业投资自 2004 年开始加速。2005～2014 年，煤炭开采和洗选业、石油及天然气开采业和电力热力及燃气生产供应业城镇固定资产投资平均增速分别为 28.72%、17.59%和 11.78%。煤炭行业固定投资增长率在 2009 年达到最高值 53.12%，其后逐年下降，与石油及天然气开采业和电力热力及燃气生产供应业的曲折上升趋势相异。我国 2005～2014 年能源行业固定资产投资增速情况如图 3-10 所示。

黄金十年发展期间，煤炭产业出现了投资热，固定资产投资逐年攀升，从 2001 年的 222 亿元，增加到 2005 年的 1163 亿元，进而又增加到 2010 年的 3785 亿元。"十五""十一五"期间累计投资额分别为 2813 亿元、12504 亿元，而"十二五"累计投资接近 2.5 万亿元，超过黄金十年的投资总额；甚至在 2011 年、2012 年，在产业景气拐点出现、产业明显下滑的情况下，固定资产投资依然大幅增长，达到 4907 亿元、5370 亿元，同比增幅为 29.6%、9.4%。2013 年投资额小幅下降 2.9%，虽仍保持 5213 亿元的高位，但结束了煤炭产业固定资产投资十多年来持续增长的局面。2013 年开始出现连续三年的投资负增长，并且降幅逐步扩大，2014 年、2015 年分别同比下降 10.2%、14.4%，降至 4682 亿元、4008 亿元(图 3-11)。

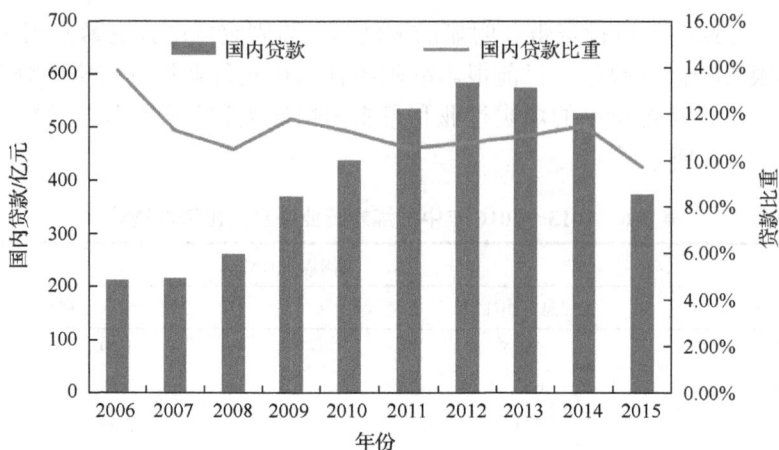

图 3-11　2006～2015 年煤炭开采及洗选业国内贷款规模及占能源全行业贷款资金来源比重
数据来源：国家统计局

根据表 3-7 所示，2009 年后，煤炭行业固定投资额的增长率不断下降，从高于全社会增速水平跌至不足其一半，特别是 2012 年以来，煤炭行业固定投资额增速不断创低，在 2014 年，甚至出现了–0.99%的负增速态势。而同期的全社会固定投资额虽然同比增长率下降到 14.73%，但整体仍呈稳健上升趋势。

表 3-7　2005～2014 年煤炭采选业投资与全社会投资对比情况表

年份	全社会固定资产投资额/亿元	同比增长率/%	煤炭行业固定投资额/亿元	同比增长率/%
2005			6683.13	65.10
2006	109998.20		9350.97	47.45
2007	137323.94	24.84	10817.08	5.06
2008	172828.40	25.85	14380.09	35.21
2009	224598.77	29.95	20535.22	53.12
2010	251683.77	12.06	23812.00	24.25
2011	311485.13	23.76	28795.63	20.90
2012	374694.74	20.29	32792.64	8.35
2014	512020.65	14.73	34474.17	–0.99

(二)煤炭行业投资风险评价因素实践分析

近年来，由于宏观经济增速放缓、主要耗煤行业产量增速回落等外因，煤炭行业发展步入低潮。并且，因环境制约因素加强，煤炭行业发展空间被挤占。如近几年受京津冀、长三角等地雾霾压力的影响，国家提出了建设包括核电、水电、风电和光伏发电在内的一批重大清洁能源项目计划，使得煤炭在我国能源结构中所占份额受到挤压。《大气污染防治行动计划》等政策的严格实施，在很大程度上挤压煤炭消费的增长空间。此外，能源结构调整，也令非化石能源对煤炭替代力增强。

　　伴随着煤炭行业自身的发展低潮，其固定资产投资也相应地大幅下降，煤炭行业的投资风险也在积聚。煤炭企业的国内外投资项目不断爆出各种各样的问题，导致投资项目盈利能力下降，主营业务利润率、净资产收益率、资产报酬率、销售利润率、销售毛利率受到影响，总资产周转率下降，流动资产周转天数和应收账款周转天数增加，煤炭行业财务金融风险在逐渐积聚。

　　煤炭行业在三大能源生产行业中是市场开放程度最早、较为彻底的一个。近年来的煤价上涨带来可观的利润机会，也催生了各地煤炭投资热潮，各类中小煤炭企业蜂拥而起，因此也带来了煤炭生产领域的投资盲目性和掠夺性、破坏性的生产，带来了严重的安全隐患和市场秩序的不规范。因此，近年来煤炭行业整合成为行业发展的关键主导因素，在整合过程中，历史的和现在的投资仍然面临着机制僵化、政企不分、历史欠账多、经营管理能力低下、存量资本运营率低、资金来源匮乏、投资决策不科学等一系列风险。特别是煤炭金融的市场化改革迫切呼唤中国铁路运输市场化、电力生产传输市场化改革能同步进行。因为我国煤炭的运量占铁路运量60%以上，煤炭生产在很大程度上取决于铁路运输的稳定性，煤炭合同从来就是三方合同，但是，由于我国铁路的国有垄断经营，使得煤炭市场化无法彻底；加之电力价格市场化相对滞后，煤电价格矛盾得不到有效调和，煤炭行业投资在行业机制上仍然面临较大的困难。只有国家在煤炭交易市场起始阶段进行全方位协调，才能保证煤炭金融市场的正常运营。大量煤炭企业从银行难以融到资金。很多煤炭企业热衷于上马新项目，而对于如何对已投资生产或在建矿井的管理体制和运行机制进行创新以提高存量资本的运营效率关注则不够，导致现有生产能力并没有得到充分发挥，资源严重浪费，盲目上马的新项目在未来可能形成大量的产能过剩的危险，对于我国有限能源资源的有效利用是严重的危害。

　　煤炭行业在建投资项目也面临着比较大的投资风险，如项目建设工作进展往往快于政府项目审批程序，或者说，项目业主不等审批手续齐备就开工建设，甚至项目竣工后还在等待审批手续。煤炭投资企业或项目没有完全达到政府项目建设的政策要求，特别是煤炭投资项目都有着项目投资金额大、成本高、环境安全等附加投入很多，审批周期长，前期资源勘探、土地获取、移民拆迁、项目规划的工作量大，较长的投资期限和工作量的巨大加剧了这段时间投资控制的复杂性和操作性，风险很高。投资项目风险和投资规模、投资期限呈现正相关关系，投资规模越大，负担越重，期限越长，不确定因素越多，因此，投资规模巨大、投资期限长的煤炭投资项目往往蕴含着较大的投资风险。近两年来，为稳定煤炭市场，国家和地方政府加大对煤炭行业结构调整力度，采取一系列针对煤炭资源的整合措施，一大批不符合生产条例的小煤矿将被整合或关停。煤炭资源整合将加大煤炭企业发展的不确定性。同时，煤炭行业还面临着由于安全经费投入的增加、补还历史欠账、提高采选技术装备水平、原有遭破坏矿区生态恢复等政策性增支问题短时间内必将导致煤炭成本急剧上升。如果不能形成上下游产品的价格传导，全部由煤矿负担，将给煤炭经济运行带来严重影响。目前，由于主要几大耗煤重工业均面临行业结构调整，煤炭行业面临一定市场风险，煤炭运输瓶颈是影响我国煤炭行业运行的另一重要因素。此外，由于国家政策性因素，煤炭企业承担的税费较重，一定程度上增加了企业的经营成本。随着煤炭市场价格回调，煤炭企业总体运行效益将进一步下滑。

第三节　　中国煤炭行业财务金融安全运行的总体分析与评价

目前国内外经济仍面临诸多不确定因素。从国际来看，世界经济延续低增长态势，主要经济体政策走向外溢效应变数较大，贸易保护主义抬头，全球经济、金融和贸易格局面临深层次调整；从国内来看，国内经济发展处在转型的关键阶段，经济结构中存在的矛盾和问题仍然突出，消费和投资增速放缓，经济运行压力较大。

从煤炭行业来看，国家仍继续坚定不移地推进煤炭去产能工作，通过减量化生产、先进产能置换等手段，将供需关系控制在基本平衡的范围内。通过推动煤电双方建立中长期战略合作关系，煤炭价格将保持在相对稳定的合理区间内。但随着我国经济结构转变和改革深入，房地产市场持续低迷，工业领域通缩继续恶化，第三产业对 GDP 的贡献度日益上升，导致高耗能产业受到严重冲击，加之，受国家环保和节能减排政策的约束，严重制约了煤炭消费的增长，未来煤炭消费增速不容乐观。另外，生产外运不均衡现状仍然存在，煤质调控尚不到位，环保压力仍然困扰低挥发煤炭销售，煤炭统一集中销售在环节上还存在障碍。但中国煤炭毕竟已经锁定了巨大的消费量，国内煤炭约 50%用于发电。考虑到我国的能源禀赋、国家能源安全和各种主要能源的相对成本，短期内大规模的煤炭替代，其成本是社会难以承受的。这些都保障了煤炭还将长期占据能源的重要地位，只是其比重会逐步降低。

截至 2017 年 7 月底，煤炭开采和洗选业的上市公司中，有 20 家公布了 2017 年上半年业绩预告或盈利预测，除了大同煤业表示 2017 年上半年业绩将有重大变动，其余均称期内将实现盈利，16 家净利润同比增幅超过 147%，盈利水平接近甚至部分已超过 2013 年同期。总的来看，煤炭行业呈现高速增长势头，且保持了较高的利润率，财务状况良好。

从行业层面上讲，煤炭行业总体上风险较小，但一些不具规模优势、环保标准过低的企业仍存在较大信用风险。

本 章 小 结

本章主要从中国煤炭业的行业财务金融实际运行状况对中国煤炭行业财务金融安全情况做了初步评价。通过专家调查法初步确定了煤炭行业财务金融安全影响因素，并对各个影响因素的选择做了初步的理论分析。

通过专家调查法得出的煤炭行业财务金融安全的被解释变量和解释变量选择的合理性的定量分析显得十分必要，各个解释变量和被解释变量之间有没有关系、有什么样的关系、如何解释这些关系，在第四章中将通过分位数回归的方法来解答这些问题。

第四章　中国煤炭行业金融安全预警管理实证研究

第一节　煤炭行业金融安全被解释变量的选取与定义

一、煤炭行业金融安全被解释变量的选取

前面几章已经述及，煤炭行业金融安全首先有赖于对煤炭行业金融风险的准确确认和计量，作者界定的煤炭行业金融风险主要是指行业融资风险、行业财务投资风险和宏观环境风险。煤炭行业金融风险是煤炭行业金融活动的一种常态，煤炭行业的融资和投资行为是保证国家能源安全目标的实现中，必要的经济活动，经济活动本身必然伴随着一定的经济风险，未来只要存在着不确定性，煤炭行业金融活动就会面临着风险，煤炭行业的融资需求就不能得到完全满足，煤炭行业的投资安全也不能得到完全保证。因此虽然认为煤炭行业金融安全状态的获得也是在不断调整中实现的，不要奢望会有一个具体的标准来衡量煤炭行业金融安全目标是否得到实现。但是，煤炭行业金融安全必然体现在煤炭行业金融风险的存在、发生、积聚所导致的煤炭行业内部和外部经济环境的各项指标的变化上，对于煤炭行业金融风险的防范和化解，最终还是要靠煤炭行业内部的稳健经营所得到的稳健经济财务指标来保证。虽然不会奢望有一个具体的标准来衡量煤炭行业金融安全目标是否得到实现，或者这个指标处在什么数值区域的时候代表着煤炭行业金融安全实现的程度处在什么样的状况，但是，煤炭行业金融风险的存在与积聚是客观事实，准确地评估煤炭行业金融风险是保证煤炭金融安全的必由之路。在第三章通过广泛的专家调查与相关文献的借鉴，作者已经在比较广泛的范围内选择了煤炭行业金融安全的影响因素，这些可以看做是煤炭行业金融安全实现的解释变量。那么，在这些经过广泛选择的解释变量中，选择的合理与否、各个解释变量能不能反映煤炭行业金融安全实现的目标、是如何反映煤炭行业金融安全实现程度的需要经过精密的定量分析与论证，来确定煤炭行业金融安全和解释变量选择的合理性，各个解释变量和煤炭行业金融安全之间有没有关系、有什么样的关系及如何解释这些关系。

要想确定煤炭行业金融安全和解释变量选择的合理性，一个现实的问题就是用什么来作为煤炭行业金融安全实现程度的代表。虽然屡次强调不会奢望有一个具体的标准来衡量煤炭行业金融安全目标是否得到实现，但是，为方便煤炭行业金融安全预警的研究，还是有必要在力所能及的范围内选择一个适合的方法来确定煤炭行业金融安全的被解释变量，让被解释变量来代表煤炭行业金融安全实现

的程度。在被解释变量与解释变量之间通过一定的计量方法来确定二者之间的相关性和相关程度大小，从而能够进一步对煤炭行业金融安全的解释变量进行筛选。

在金融风险计量领域，对比方差类计量方法、信息熵计量方法、非线性分型几何理论-Hurst 指数计量方法、风险下偏矩计量方法和风险价值 VaR 等几种常用的风险计量方法，在险价值 VaR 已经被公认为标准的风险测量指标，由于其概念清晰、操作方便，在金融机构的风险管理实践中得到广泛应用。通常在 VaR 估计的分析方法中必须假设市场因子的概率分布形式，用计量经济模型描述市场因子的波动性，而极值理论对此假设作了一定程度的放松，即不必限定收益分布形式，仅关心分布的尾部进而对风险进行测量。

在风险测量的半参数方法方面，另一个重要的进展是提出了分位数回归方法（quantile re-gression, QR）。分位数回归方法无须假设分布或分布尾部的形式，适应了金融时间序列常见的尖峰厚尾统计特征，可直接计算出任意置信水平的 VaR。分位数回归方法是一个计算 VaR 的新框架，直接对任意水平的条件分位点进行建模，而不依赖于特定的分布形式和分布参数，适合于厚尾分布数据的应用。因此，作者首先采用计算煤炭行业所有者权益 VaR 和煤炭行业利息支出 VaR 的方法来表示煤炭行业金融安全的被解释变量，煤炭行业所有者权益的高低可以看做是煤炭行业偿还债务的最有力保证，而煤炭行业利息支出则直接反映了煤炭行业资金运用安全状况和偿债风险状况，都直接关系着煤炭行业金融安全目标的实现。对于煤炭行业金融安全被解释变量的选择问题，作者也曾经尝试采用其他可能与煤炭行业金融安全相关的指标，如资产负债率、净资产收益率等作为被解释变量，经过大量的数据处理分析后发现最终的结果都相差无几，考虑到金融安全更多地与煤炭企业负债的偿还能力的相关度比较大，因此，煤炭行业金融安全的被解释变量最终选择为煤炭行业的每季度所有者权益数额和每季度的利息支出数额，在计量时计算其风险值 VaR。

二、煤炭行业金融安全被解释变量的定义与计算

根据 Jorion（1996）的定义，VaR 可以表示为

$$VaR = E(\omega) - \omega^* \tag{4-1}$$

式中，$E(\omega)$ 为某项资产组合的预期价值；ω 为该项资产组合的期末价值；ω^* 为预设某个置信水平下该投资组合的最低期末价值。

根据定义可以预设

$$\omega = \omega^0(1 + R) \tag{4-2}$$

式中，ω^0 为某个持有期初某项资产的组合价值；R 为设定持有期内（通常一年）

该项资产组合的收益率。

又根据定义可以预设

$$\omega^* = \omega^0(1+R^*) \tag{4-3}$$

式中，R^* 为该项资产组合在某个预设置信水平 α 下的最低收益率。

根据数学期望值的基本性质，可以将式(4-2)和式(4-3)代入式(4-1)，可以得到如下的结果：

$$
\begin{aligned}
\text{VaR} &= E[\omega^0(1+R)] - \omega^0(1+R^*) \\
&= E\omega^0 + E\omega^0(R) - \omega^0 - \omega^0 R^* \\
&= \omega^0 + \omega^0 E(R) - \omega^0 - \omega^0 R^* \\
&= \omega^0 E(R) - \omega^0 R^* \\
&= \omega^0[E(R) - R^*]\omega \\
\text{VaR} &= \omega^0[E(R) - R^*]
\end{aligned}
\tag{4-4}
$$

式(4-4)即为该项资产组合的 VaR 值，根据式(4-4)，如果能求出某个预设置信水平 α 下的 R^*，即可求出该项资产组合的 VaR 风险损失值。

一般来看，VaR 模型的有效性取决于市场有效性假设和市场波动的随机性假设，不存在自相关。

一般来说，利用计量模型定量分析社会经济现象，都必须满足和遵循其假设条件。但是对于我国金融行业来说，由于市场化发展较晚，政府干预行为较为严重，金融机构的市场经营能力还很弱，存在着大而不强的缺陷，金融市场容易受到操纵和各种管制的影响，很难完全满足市场有效性假设和市场波动的随机性假设，在利用 VaR 模型计算风险价值时，只能近似地正态处理。

随着研究的逐渐深入，VaR 的计算产生了很多种办法，总体上，可以归纳为两个基本类别：局部估值法(local-valuation method)和完全估值法(full-valuation method)。局部估值法是通过仅在某个资产组合的初始状态做一次估值，利用局部求导来推断可能产生的资产价值变化来得出风险衡量值。德尔塔-正态分布法就是典型的局部估值法。而完全估值法则是通过对各种情景下该项投资组合的重新定价来衡量风险价值。历史模拟法和蒙特卡罗模拟法是典型的完全估值法。这些方法都有特定的假设条件和适用范围，学者进一步研究逐渐应用新的计量方法来解决 VaR 计算所存在的固有限制。因此，Engle 和 Manganelli(2004)首次在 VaR 的基础上提出了条件 VaR 模型(CAVaR)，并使用分位数回归的方法来估计参数，通过对数据的模拟得出了这一模型对于厚尾数据的表现为最优的结论；Taylor 使用分位数回归的方法来估计多期收益的风险值 VaR；Chernozhukov 和 Umantsev(2001)使用分位数回归深入研究了 CVaR 的模型与估计方面的问题；Chen 等（2001）用分位数回归方法和方差-协方差法计算日经 225 指数的 VaR 值，实证结果为前者很大程度上优于后者；Georios 和 Leonidas（2005）使用 CAViaR 模型估计了美国和希腊证券市场中的市场风险值。根据能源金融安全预警研究的数据来源特点，本书采用德尔塔-正态分布法来计算选定的三大能源行业的所有者权益 VaR 和利息支出 VaR。

该方法是较早的计算 VaR 的参数方法，属于静态的参数法。该方法假定某项资产组合的回报服从正态分布，于是利用正态分布的良好特性——置信度与分位数的对应性计算组合的 VaR 等于组合收益率的标准差与相应置信度下分位数的乘积，公式（4-5）中：

$$VaR = Z_\alpha \times \sigma \times \sqrt{\Delta t} \tag{4-5}$$

式中，α 为标准正态分布下置信度对应的分位数（对应于 95%的置信水平，$\alpha=1.65$；对应于 99%的置信水平，$\alpha=2.33$）；σ 为组合收益率的标准差；Δt 为持有期限。

很显然，某项资产组合 VaR 值的计算和变化取决于持有期和置信度这两个重要的参数。针对不同的投资分析对象和风险管理者，持有期和置信度的选择有所差异。具体而言，选择一个恰当的持有期主要考虑以下因素：资产头寸的波动性、市场交易发生的频率、金融市场数据的可获性、金融监管者的要求等。通常情况下，银行等金融机构倾向于按日计算 VaR，但对于一般投资者而言，可按周或月计算 VaR。国际清算银行规定的作为计算银行监管资本 VaR 持有期为 10 天。置信度水平通常选择 95%～99%。95%的置信度意味着预期 100 天里只有 5 天所发生的损失会超过相应的 VaR 值，而 99%的置信度意味着预期 100 天里只有 1 天所发生的损失会超过相应的 VaR 值。置信度水平越高，资产预期损失可能性越低。因此，德尔塔正态分布法的优点在于大大简化了计算量，但是由于其具有很强的假设，无法处理实际数据中的厚尾现象，具有局部测量性不足。

煤炭开采和洗选行业的所有者权益 VaR 和利息支出 VaR 基础数据均来自于北京银联信投资顾问有限责任公司提供的《中国煤炭行业金融季度研究报告》中披露的煤炭开采与洗选行业所有者权益和利息支出的季度数据。据此计算整个煤炭行业的所有者权益和利息支出的 VaR 值。对非金融性公司而言，正常的只能进行月度或季度报告计算。因此，一般性企业更多是采用月度、季度、半年度或年度 VaR。在进行煤炭行业所有者权益和利息支出的 VaR 值计算时采用的是季度数据。

如果收益率服从正态分布，VaR 的计算公式如下：

$$VaR = w_0 \times \alpha \times \sigma \times \sqrt{\Delta t} \tag{4-6}$$

式中，w_0 为组合上一期的价值；α 为不同置信水平对应的分位数；σ 为组合标准差；Δt 为持有期限。

为对所有相关变量进行回归分析方便起见，煤炭行业的利息支出 VaR 和所有者权益 VaR 的计算均作了 0～1 处理。同时，将煤炭行业的所有者权益和利息支出放入 Eviews 软件中进行正态性检验，显示煤炭行业的所有者权益和利息支出基本服从正态分布。所以作者中假定煤炭行业的所有者权益和利息支出服从正态分布计算 VaR，将煤炭行业 2003 年第 1 季度到 2015 年第 4 季度的财务报表进行收集整理可以得到煤炭行业所有者权益和利息支出作为 R，时间长度是 90 天，将煤炭行业每个季度报表中的所有者权益和利息支出作为 w_0，选取 99%的置信度，α 的值取 2.33，在计算出每个季度标准差 σ 的情况下就可以直接套用公式(4-6)计算出 VaR 值，如表 4-1 所示。

表 4-1　中国煤炭开采及洗选行业 2003～2016 年利息支出 VaR 和所有者权益 VaR 计算

时间	利息支出/千亿元	标准差	利息支出 VaR/千亿元	所有者权益/十万亿元	标准差	所有者权益 VaR/十万亿元
2003 年 1 季度	0.00691	0.00045		0.02120	0.00009	
2003 年 2 季度	0.02003	0.00046	0.000070	0.02090	0.00012	0.000056
2003 年 3 季度	0.03341	0.00046	0.000204	0.02190	0.00011	0.000051
2003 年 4 季度	0.04834	0.00047	0.000347	0.02270	0.00008	0.000039
2004 年 1 季度	0.00785	0.00048	0.000513	0.02380	0.00008	0.000040
2004 年 2 季度	0.02506	0.0005	0.000087	0.02490	0.00005	0.000026
2004 年 3 季度	0.03998	0.00051	0.000283	0.02580	0.00004	0.000022
2004 年 4 季度	0.05584	0.00053	0.000468	0.02660	0.00003	0.000017
2005 年 1 季度	0.0092	0.00056	0.000691	0.02810	0.00002	0.000012
2005 年 2 季度	0.0311	0.0006	0.000122	0.02910	0.00001	0.000006
2005 年 3 季度	0.0511	0.00064	0.000440	0.03040	0.00001	0.000006
2005 年 4 季度	0.071	0.0007	0.000791	0.03150	0	0.000000
2006 年 1 季度	0.0123	0.00077	0.001208	0.03420	0	0.000000
2006 年 2 季度	0.0343	0.00087	0.000237	0.03600	0.00001	0.000008
2006 年 3 季度	0.0584	0.00098	0.000743	0.03750	0.00003	0.000024
2006 年 4 季度	0.0845	0.00113	0.001459	0.04030	0.00005	0.000041
2007 年 1 季度	0.0148	0.00133	0.002484	0.04240	0.00011	0.000098
2007 年 2 季度	0.0449	0.00157	0.000514	0.04370	0.00014	0.000131
2007 年 3 季度	0.0793	0.00187	0.001856	0.04640	0.00017	0.000164
2007 年 4 季度	0.1154	0.00227	0.003979	0.05030	0.00027	0.000277
2008 年 1 季度	0.0249	0.00279	0.007117	0.05480	0.00043	0.000478
2008 年 2 季度	0.0775	0.00342	0.001882	0.05820	0.00065	0.000787
2008 年 3 季度	0.1341	0.00423	0.007246	0.06550	0.0008	0.001029

续表

时间	利息支出/千亿元	标准差	利息支出 VaR/千亿元	所有者权益/十万亿元	标准差	所有者权益 VaR/十万亿元
2008 年 4 季度	0.18857	0.00529	0.015681	0.07180	0.00144	0.002085
2009 年 1 季度	0.03174	0.0067	0.027927	0.07800	0.00183	0.002904
2009 年 2 季度	0.09072	0.00838	0.005879	0.08180	0.00248	0.004276
2009 年 3 季度	0.15237	0.01052	0.021096	0.08740	0.0027	0.004882
2009 年 4 季度	0.20815	0.01329	0.044761	0.09320	0.00355	0.006858
2010 年 1 季度	0.03823	0.01687	0.077619	0.09740	0.00417	0.008591
2010 年 2 季度	0.11076	0.02128	0.017983	0.10630	0.00468	0.010076
2010 年 3 季度	0.18928	0.02689	0.065834	0.11240	0.00644	0.015132
2010 年 4 季度	0.27378	0.03409	0.142629	0.12290	0.00696	0.017292
2011 年 1 季度	0.06454	0.04338	0.262524	0.12570	0.00962	0.026134
2011 年 2 季度	0.14669	0.0549	0.078321	0.13470	0.0089	0.024729
2011 年 3 季度	0.23447	0.06955	0.225515	0.14460	0.01224	0.036444
2011 年 4 季度	0.32992	0.08827	0.457486	0.15440	0.01378	0.044045
2012 年 1 季度	0.13828	0.04301	0.313681	0.15885	0.00450	0.015346
2012 年 2 季度	0.28755	0.03949	0.120714	0.16224	0.00131	0.004600
2012 年 3 季度	0.4818	0.06124	0.389252	0.16919	0.00172	0.006161
2012 年 4 季度	0.6133	0.03984	0.424242	0.17549	0.00177	0.006629
2013 年 1 季度	0.17106	0.05736	0.777612	0.17433	0.00293	0.011373
2013 年 2 季度	0.34259	0.06390	0.241605	0.17447	0.00031	0.001213
2013 年 3 季度	0.51253	0.05368	0.406532	0.17675	0.00064	0.002482
2013 年 4 季度	0.72956	0.07565	0.857033	0.17455	0.00177	0.006931
2014 年 1 季度	0.1764	0.04953	0.798788	0.17287	0.00233	0.008992
2014 年 2 季度	0.3917	0.07419	0.289263	0.17139	0.00033	0.001247
2014 年 3 季度	0.6127	0.07720	0.668375	0.17496	0.00101	0.003822
2014 年 4 季度	0.8128	0.06343	0.858988	0.17708	0.00070	0.002700
2015 年 1 季度	0.2015	0.05360	0.962975	0.16848	0.00128	0.005006
2015 年 2 季度	0.424	0.07470	0.332723	0.17290	0.00211	0.007842
2015 年 3 季度	0.6249	0.07087	0.664202	0.17266	0.00039	0.001488
2015 年 4 季度	0.8459	0.07769	1.073187	0.17405	0.00077	0.002931
2016 年 1 季度	0.1831	0.04759	0.889808	0.15450	0.00362	0.013931
2016 年 2 季度	0.3828	0.06816	0.275878	0.15567	0.00051	0.001755
2016 年 3 季度	0.5835	0.07149	0.604897	0.15929	0.00122	0.004181
2016 年 4 季度	0.8508	0.09716	1.253103	0.16461	0.00257	0.009050

第二节　中国煤炭行业金融安全风险因素的实证计量

在第三章中通过专家调查得出的有可能对煤炭行业金融安全产生重大影响的经济指标中，需要通过实证计量的方法探讨各指标间与煤炭行业金融安全之间的相关关系到底呈现一个什么样的态势，以便于从中找出对煤炭行业金融安全影响较大的指标，分析各个经济指标与煤炭行业金融安全相关性大与小的原因及所反映出来的问题，以便能够真正解释中国煤炭行业金融安全的运行状况，分析中国煤炭行业投资和融资风险控制能力，找出对中国煤炭行业金融安全产生实质影响的因素，也就是为中国煤炭行业金融安全警源的寻找奠定基础，为中国煤炭行业金融安全预警指标体系的确定及中国煤炭行业金融安全预警方法、煤炭行业金融安全预警警情、煤炭行业金融安全预警区间和煤炭行业金融安全控制系统的建立提供有力的佐证。

一、煤炭行业金融安全风险因素的选择与数据来源

根据专家调查法得出的可能对中国煤炭行业金融安全产生影响的经济指标中包括 6 个代表宏观经济环境安全的指标、9 个代表煤炭行业金融融资安全的影响评价指标、10 个代表煤炭行业金融投资安全的影响评价指标，对这 25 个指标进行筛选。指标数据来源于中国国家统计局、北京银联信投资顾问咨询有限公司研究报告、中经网数据库、北京大学中国经济研究中心 CCER 经济金融研究数据库和国泰安数据库。采用数据样本均为 2003 年第 1 季度到 2015 年第 4 季度的季度数据。

二、煤炭行业金融安全风险因素的计量方法选择——分位数回归

(一)分位数回归方法的比较

对于 25 个可能对中国煤炭行业金融安全产生重大影响的经济指标分析中，实质是煤炭行业金融安全作为因变量的条件分布受到我们选定的影响因素作为自变量影响的过程，其基本方法是采用多元回归分析的方法。传统的最小二乘法(OLS)是进行回归系数估计最基本的方法，它描述了自变量 X 对于因变量 Y 的均值影响，考察的是条件均值函数，即用一组变量去解释某个因变量的均值，其假设条件要满足随机扰动项服从正态分布的要求，在这种情况下，回归系数的最小二乘法或极大似然估计为最小方差无偏估计。但是，在实际经济生活的某些变量相互经济关系评判中，这种假设常常很难得到满足，例如，样本数据经常出现尖峰或厚尾分布的状况以及存在显著的异方差等情况，而且 OLS 只能

解释因变量的总体均值，对于随机变量在任意概率水平下的分位点的分布情况解决得不够，而这正是目前金融风险管理中最被研究者所关注的，能够衡量自变量的变化过程在各个不同的风险水平下对因变量均值的影响过程。为满足更准确的回归要求，Koenker 和 Bassett 于 1978 年首次提出了分位数回归（quantile regression，QR）的思想。其基本思想是依据因变量的条件分位数对自变量 X 进行回归，这样就会得到所有分位数下的回归模型。这些模型综合起来就能更精确地描述自变量 X 对于因变量 Y 的变化范围及条件分布形状的影响，分位数回归得出的回归系数估计比 OLS 回归系数更稳健。同时对比异方差方法、广义矩方法等回归方法，绝大多数的回归模型都关注因变量的条件均值，而对于因变量的不同条件分布下的均值变化情况关注不够，对于因变量在不同变化情况下的模拟程度不足。因此，相对于传统 OLS 回归模型，用 QR 对金融时间序列进行建模和风险测量，具有如下优点。

（1）分位数模型更加适合具有异方差性的模型；

（2）分位数模型不要求很强的分布假设，无须设定分布的参数，而是采用最优化途径计算分位点，是一种半参数方法，适应了金融时间序列数据经验分布的尖峰厚尾特征；

（3）可引入不同类型的解释变量以提高分位数估计的精度，使得局部样本的条件分布形状多样化，进一步适应了金融时间序列数据中常见的条件均值变化的要求；

（4）能给出每个分位点上条件分布的大体特征，对条件分布的刻画更加细致，把不同分位点的分位数回归集合起来就能提供一个关于条件分布的更完整的统计特征描述；

（5）分位数模型通过使加权误差绝对值之和最小得到参数的估计，估计量不容易收到异常值的影响，更加稳健。

（二）分位数回归模型基本原理

设样本 (y_i, x_i)，$i=1,\ldots,n$，其中，y_i 为观测值，x_i 为对应的解释变量。对线性回归方程的回归系数，常用的最小二乘估计方法（OLS），是求误差的平方和最小，即 l_1 估计方法，尽管 l_1 估计量具有很好的性质，但是由于计算上的难度（尤其是对大规模数据集），使得很难被接受和应用。单纯形方法的出现，解决了较大规模线性规划问题才基本可行，Charnes 等（1955）及 Wagner（1959）给出了基于单纯形的分位数回归模型参数估计方法。

$$\begin{cases} \min \sum_{i=1}^{n} (u_i + v_i) \\ y_i = x_i' + u_i - v_i, u_i \geqslant 0, v_i \geqslant 0, i = 1, \cdots, n \end{cases} \quad (4\text{-}7)$$

Koenker 和 Bassett(1978)拓展了中位数计算方法，设 θ 为任一概率水平，提出了分位数回归方法，用于计算样本的任一条件 θ 分位点，其模型为

$$\begin{cases} \min_{\beta} \sum_{i=1}^{n} [\theta u_i + (1-\theta) v_i] \\ y_i = x_i' \beta + u_i - v_i \\ u_i \geqslant 0, v_i \geqslant 0, \beta \in \Re^m, i = 1, \cdots, n \end{cases} \quad (4\text{-}8)$$

用损失函数式可以等价表示为

$$\begin{cases} \min_{\beta} \sum_{i=1}^{n} \rho \theta(\varepsilon_i) \\ y_i = x_i' \beta + \varepsilon_i, i = 1, \cdots, n \end{cases} \quad (4\text{-}9)$$

对于分位数模型的求解可以针对不同情形采用单纯形法、内点法和 Majorize-Minimize(MM)算法。如果是非线性函数，参数估计可以采用非线性优化方法、遗传算法和基于贝叶斯分析的马尔科夫链蒙特卡洛模拟等方法。

三、煤炭行业金融安全风险因素的回归结果分析

根据煤炭行业金融安全指标数据的期间特性，采用 EViews6.0 建立分位数回归模型并得出回归结果。回归方程设定方法为列表法，估计系数协方差的方法采用"Huber Sandwich"方法，对于估计稀疏度的方法采用系统默认的"Kernel (residual)"方法，计算带宽采用"Hall-Sheather"的方法，对于核函数形式选择 Epanechnikov 形式。对于中国煤炭行业金融安全影响因素的回归分析分为煤炭开采与洗选行业进行回归，然后进行汇总分析，得出的分位数回归方法和最小二乘法的回归计算结果见表 4-2 和表 4-3。最小二乘法的回归变量系数并不显著，说明最小二乘法只能描述平均意义上的因果依赖关系，对煤炭行业金融安全更为细致地在各个不同分位数水平上的变量因果关系不能准确地分辨和描述。考虑到各个指标间的关系，由于主营业务利润率、销售利润率、销售毛利率、净资产收益率、资产报酬率都是衡量盈利能力的指标，因此，分析时只取净资产收益率、资产报酬率两个指标，计算中进行了筛选。

表 4-2　煤炭开采与洗选行业利息支出 VaR 与各个解释变量间的 OLS 与 QR 回归结果

参数	OLS	0.2	0.3	0.4	0.5	0.6	0.7	0.8
C	−1.6643	−0.0676	−0.2858	−0.9034	−1.4214**	1.2216	−0.0683	1.6381
GDP 增长率	0.2958	0.6343	0.6558	0.7617	0.6654**	0.3645**	−0.5203**	−0.2277*
CPI 定基数据	0.3247**	0.2838**	0.3126*	0.3656	0.3529**	0.2359	0.2423**	0.3599**
企业景气指数	−0.0417	−0.1011	−0.1008	−0.1293	−0.0917	−0.0038	0.0641***	0.0262*
汇率波动率	−0.6265	−0.5939	−0.7354	−0.8876	−0.8072	−0.6963*	0.0498**	−0.0285
贷款增长率	−1.2504	−1.7249	−1.7926	−1.9223	−2.1074**	−0.4855**	−1.3098**	−1.0339*
财政比率	−0.0137	−0.0052	−0.0072	−0.0093	−0.0111*	−0.0178*	−0.0081*	−0.0174**
贷款利率	−196.7609	−27.8768	−62.3247	−88.0238	−106.3241*	−196.5209	−40.4097	−159.4291
货币供应量增长率	0.1560	−0.1249	−0.1535	−0.2296	0.1381	−0.2321	1.9060	0.6441
上证指数波动率	−0.0005**	−0.0005*	−0.0005	−0.0006	−0.0006	−0.0003	−0.0008	−0.0007
资产负债率	2.7062	−1.2144	−0.8430	0.3840	1.8113***	−4.5090**	−1.0179**	−6.4297*
资金成本率	266.3693	39.5847	86.5169	123.3959	147.2907	262.1835	52.2189	214.1853
产权比率	1.2856	1.1831	1.2371	1.0505	1.3020	5.8231	5.4160	7.5149
流动比率	0.0237	0.0075	0.0039	0.0115	0.0311	0.0060	0.0504	0.0280
股权债务保证倍数	−1.7667	−1.0198	−1.1300	−1.1424	−1.6298	−5.1548	−5.2609	−6.5267
利息保证倍数	−0.0038**	−0.0047**	−0.0055	−0.0060	−0.0061**	−0.0042**	−0.0074*	−0.0115*
固定资产投资扩张率	−0.5308	−0.4210	−0.4159	−0.3744	−0.4533	−0.4200	−0.8224	−0.5257
实际存款利率	−1.5757	−0.8788	−1.5656	−3.3110	−2.6448	0.5156	4.0057	0.3491
净资产收益率	0.0835	0.3494	0.3424	0.2401	0.4218	−0.0145	0.6221	0.1395
资产报酬率	−0.6381	−0.6148	−0.6157	−0.7265	−0.7841	−0.2837**	−0.2912*	−0.0236*
总资产周转率	0.0452	−0.0061	−0.0118	0.0218	−0.0245	0.0552	−0.1788	−0.0653
流动资产周转天数	−0.0001***	−0.0001**	−0.0001	−0.0001	−0.0001	0.0001	0.0001	0.0001
应收账款周转天数	0.0004	0.0002	0.0002	0.0004	0.0004	−0.0001	−0.0001	−0.0003

注：*表示在 10%水平下显著，**表示在 5%水平下显著，***表示在 1%水平下显著。

表 4-3　煤炭开采与洗选行业所有者权益 VaR 与各个解释变量间的 OLS 与 QR 回归结果

参数	OLS	0.2	0.3	0.4	0.5	0.6	0.7	0.8
C	−0.4761	−0.3126	−0.4145	−0.5293	−0.5455	−0.6004**	−0.3921*	−0.6379**
GDP 增长率	−0.0603	−0.0279	−0.0281	−0.0499	−0.0080**	−0.0714**	−0.0764	0.0425***
CPI 定基数据	0.0454**	0.0345	0.0417	0.0403	0.0440	0.0375*	0.0432**	0.0656
企业景气指数	0.0358	0.0283	0.0281	0.0314	0.0238**	0.0360	0.0303***	0.0132**
汇率波动率	0.0244	0.0522	0.0439	0.0406	0.0414***	0.0587	0.04788*	0.0272**
贷款增长率	−0.0181	0.0644	0.0047	−0.0192	−0.0568	−0.0093**	−0.0874***	−0.0569
财政比率	0.0007**	0.0020	0.0016	0.0017	0.0014	0.0021	0.0012	0.0001
贷款利率	−21.4237	−8.6543	−7.9690	−20.4698	−16.1889	−21.7991	−21.8513	−38.9728
货币供应量增长率	0.1083	0.0049	0.0461	0.0832	0.1132	0.1671	0.1809	0.0669
上证指数波动率	−0.0001	0.0000	−0.0001	−0.0001	−0.0001	−0.0001	−0.0001	−0.0001
资产负债率	1.1124	0.7606	0.9660	1.3111	1.3315**	1.5387***	0.9372**	1.4688*
资金成本率	27.8225	10.5030	9.8331	26.5839	20.8380	28.1394	28.3796	51.9421
产权比率	−0.4136	−0.2649	−0.3856	−0.4710	−0.4472	−0.4142	−0.2595	−0.3845
流动比率	−0.0030	−0.0085	−0.0030	−0.0027	−0.0003	−0.0014	0.0002	−0.0014
股权债务保证倍数	0.2262	0.1365	0.2246	0.2466	0.2215	0.1488	0.0884	0.1313
利息保证倍数	−0.0005	−0.0003	−0.0006	−0.0003	−0.0001**	−0.0002***	0.0002**	−0.0004*
固定资产投资扩张率	−0.1003	−0.0494	−0.0655	−0.0885	−0.0830	−0.0904	−0.1114	−0.1085
实际存款利率	0.4277	0.3965	0.3026	0.3488	0.4169	0.5833	0.5509	0.0054
净资产收益率	0.1727	0.1422	0.1632	0.1547	0.1443	0.1461	0.1241	0.1000
资产报酬率	−0.1250	−0.1256	−0.1382	−0.1548	−0.1677	−0.1483*	−0.1698**	−0.1573**
总资产周转率	−0.0295	−0.0165**	−0.0212	−0.0197	−0.0187	−0.0188	−0.0166	−0.0161
流动资产周转天数	0.0001	0.0002	0.0001	0.0001	0.0001	0.0001	0.0001	0.0002
应收账款周转天数	0.0001	0.0001	0.0001	0.0002	0.0001	0.0001	0.0001	0.0001

注：*表示在 10%水平下显著，**表示在 5%水平下显著，***表示在 1%水平下显著。

（一）中国煤炭开采与洗选行业利息支出 VaR 影响因素回归结果分析

中国煤炭开采与洗选行业利息支出 VaR 影响因素分位数回归方法和最小二乘法的计算见表 4-2。最小二乘法的回归系数中，影响煤炭行业利息支出 VaR 的主要因素有 CPI 定基数据、上证指数波动率、利息保障倍数和流动资产周转天数。煤炭行业利息支出 VaR 在低分位点（0.2~0.4）下，仅有 CPI 定基数据在多个分位点下有显著影响，上证指数波动率、利息保障倍数和流动资产周转天数在 0.2 分位点下有显著影响。在中位点（0.5）下，GDP 增长率、CPI 定基数据、贷款增长率、贷款利率、资产负债率和利息保障倍数对煤炭行业利息支出 VaR 有显著影响。在高分位点(0.6～0.8)下，GDP 增长率、CPI 定基数据、企业景气指数、汇率波动率、贷款增长率、财政比率、资产负债率、利息保障倍数及资产报酬率在多个分位点对煤炭行业利息支出 VaR 有显著影响。

（二）中国煤炭开采与洗选行业所有者权益 VaR 影响因素回归结果分析

中国煤炭开采与洗选行业所有者权益 VaR 影响因素分位数回归方法和最小二乘法的计算见表 4-3。在最小二乘法的回归系数中，仅有 CPI 定基数据和财政比率对煤炭行业所有者权益 VaR 有显著影响。煤炭行业所有者权益 VaR 在低分位点(0.2～0.4)下，仅有总资产周转率在 0.2 分位点下有显著影响。在中位点(0.5)下，GDP 增长率、企业景气指数、汇率波动率、资产负债率和利息保障倍数对煤炭行业所有者权益 VaR 有显著影响。在高分位点(0.6～0.8)下，GDP 增长率、CPI 定基数据、企业景气指数、汇率波动率、贷款增长率、财政比率、资产负债率、利息保障倍数及资产报酬率在多个分位点对煤炭行业所有者权益 VaR 有显著影响，而产权比率和流动比率在一个分位点下有显著影响。

第三节　煤炭行业金融安全风险因素回归结果的原因分析

从以上分析可以认为，中国煤炭行业金融安全的影响因素更多地取决于中国宏观经济状况，而煤炭行业自身的经营状况与煤炭行业金融安全的关系不如宏观经济状况的影响显著。究其原因，还在于中国煤炭行业特殊的体制和机制所决定的。总结来看，可以归纳为煤炭行业相对集中的所有制结构、煤炭重要企业规模的庞大导致进入退出门槛的提高、煤炭价格形成机制的复杂性及经济增长带来2003 年以来的煤炭消费的增长等几大因素。如果不能正确地认识在中国煤炭行业金融安全状况比较乐观的现实背后所隐藏的实质危机问题，就会越发加大煤炭行业和煤炭企业金融财务安全问题的严重性，会使得企业产生轻视企业经营管理的思想，认为只要中国经济保持增长，对于煤炭的消费需求就会源源不断而来，再加上国有矿产资源的垄断和资本化进程的缓慢，煤炭企业经营管理难度不大，认为不需要怎么加强经营管理煤炭企业也能赚大钱。这样的情况在近几年中国煤炭企业海外投资经营失败的案例中得到了充分体现。应该讲，煤炭行业以国有为主的产权结构对于保证国家能源安全和市场秩序目标的实现起到了至关重要的作用，煤炭价格形成体系经过多年的发展除了煤电价格体系还有一定的问题以外，市场的进程还是比较彻底的，经过多年的市场锤炼，煤炭企业的经营管理能力也有了长足的进步。因此，必须深入剖析中国煤炭行业金融安全得以保持的重大原因，加快中国煤炭行业市场化进程，建立现代企业制度，建立科学合理的行业投融资决策机制和管理体系，才能真正促进中国煤炭行业金融安全的长治久安。

一、中国煤炭行业产权结构分析

由于我国社会主义公有制的历史渊源及煤炭行业对于国民经济发展和国家经济、军事安全的重要性，历史上，中国煤炭资源基本上都是通过行政划拨的方式调配给国有煤炭企业进行开采和生产的。20 世纪 80 年代改革开放以前，中国煤炭企业基本上是清一色的国有企业。改革开放以后，虽然国家对煤炭产业的隶属关系采取了一系列改革措施，进行了多次调整，允许多种所有制形式的资金进入煤炭产业，开始实施积极的对外开放政策，但实行的仍然是计划管理方式。直到2001 年后，随着煤炭价格完全放开，煤炭行业才逐步进入到市场调节阶段。2005年国家安全生产监督管理总局、国家能源领导办公室成立，对中国煤炭、石油、天然气、电力等能源行业实施宏观管理职能。2008 年，国家能源局成立，具体执行拟订能源发展战略、规划和政策，提出相关体制改革建议，实施对石油、天然气、煤炭、电力等能源的管理，管理国家石油储备，提出发展新能源和能源行业节能的政策措施，开展能源国际合作等职能。2010 年 1 月 28 日，为加强能源战略决策和统筹协调，国务院决定成立国家能源委员会，以便更好地协调国家能源发展重大问题。中国 GDP 增速从 2012 年起开始回落，2012 年、2013 年、2014年上半年增速分别为 7.7%、7.7%、7.4%，是经济增长阶段的根本性转换。中国告别过去 30 多年平均 10%左右的高速增长。从 2013 年以来，煤炭价格低迷不振，煤炭行业受到严重打击，此外我国为了实现企业结构调整，降低环境污染，促进煤炭行业的可持续发展，在全国范围内实施去产能的政策措施。

但是，从煤炭行业的产权关系上看，即使进入 21 世纪后煤炭企业大量进入资本市场成为股份制公众上市公司，但是国有资本比重还是占据最大的比例。煤炭行业的整体国有性质依旧，不仅仅是煤炭企业经营型资产产权问题，也包括探矿权和采矿权问题。虽然 1996 年国家修订了《矿产资源法》，设立了探矿权、采矿权交易制度，但是，矿业权的交易进入门槛偏高，而且禁止牟利性交易。因此，煤炭领域的市场化水平一直不高。首先，我国煤炭资源开采主体以国有企业为主，煤炭行业资产主要由国家投资形成，产权形式为以多种代理主体形式存在的国有产权。虽然说国有产权在委托代理机制上的先天不足导致了各种各样的委托代理问题，但是经过煤炭行业长期改进公司治理结构的努力，特别是重要煤炭企业相继上市以后，按照证监会对上市公司治理规范的要求，煤炭企业的委托代理机制取得了巨大的进步。其次，为提高煤炭资源使用效率，规范煤炭市场秩序，提高煤炭产业集中度。近年来，进行的煤炭产业的行业整合措施，更进一步加大了煤炭行业整体的产权国有化比重。

对于中国煤炭开采与洗选行业的所有制结构分析，作者以煤炭开采和洗选业以其不同所有制企业的销售收入占比作为其市场份额的衡量标准，通过历年的历史数据比较可以发现，国有股权所占的销售收入比重是最大的。以 2014 年来看，股份制企业和国有企业市场份额加起来的销售收入占比为 36.1%，其次是私营企业，完成销售收入占比为 19.37%，其他类型企业市场份额最大，销售收入占比为 36.96%，如表 4-4 所示。通过表 4-5 各类煤矿的煤炭产量统计也可以看出国有经济在煤炭生产行业所起的重要作用，国有煤矿的煤炭产量始终占全国煤炭产量的 70% 以上。

表 4-4　2004～2015 年 3 月中国煤炭行业不同所有制企业销售收入占比情况（单位：%）

报告期	国有	集体	股份合作	股份制	私营	外资
2004 年 1～12 月	59.73	8.26	2.84	9.39	6.69	0.77
2005 年 1～12 月	53.13	9.02	1.03	8.17	10.8	1.52
2006 年 1～12 月	51.45	8.73	0.86	4.31	13.42	1.05
2007 年 1～12 月	45.25	7.2	1	5.18	14.79	1.47
2008 年 1～12 月	39.83	5.54	1.01	6.06	16.59	1.81
2009 年 1～12 月	33.31	3.48	0.98	5.82	18.61	2.37
2010 年 1～12 月	32.55	2.71	1.01	6	20.53	3.2
2011 年 1～12 月	30.06	1.85	1.07	5.27	20.82	3.57
2012 年 1～12 月	30.29	1.57	1.08	6.47	19.28	5.38
2013 年 1～12 月	29.07	1.42	1.21	6.83	18.97	6.85
2014 年 1～12 月	28.24	1.18	0.11	7.86	19.37	6.28
2015 年 1～3 月	26.36	1.09	0.11	7.76	19.08	7.35

数据来源：国家统计局、银联信。

表 4-5　1995～2011 年中国各类煤炭产量统计情况

年份	总产量/亿吨	国有重点矿		国有地方矿		乡镇煤矿	
		产量/亿吨	比重/%	产量/亿吨	比重/%	产量/亿吨	比重/%
1995	12.9	5.0	38.9	2.1	16.4	5.8	44.6
1999	10.4	5.1	49.2	2.1	20.5	3.2	30.4
2000	10.00	5.4	53.7	1.9	19.4	2.7	26.9
2001	11.1	6.2	55.9	2.2	20.2	2.6	23.9
2002	14.2	7.2	50.5	2.7	18.9	4.3	30.7
2003	17.3	8.1	47.1	2.8	16.2	6.3	36.7
2004	20.0	9.4	47.0	3.0	14.9	7.6	38.2
2005	21.9	10.3	46.9	2.9	13.4	8.7	39.7
2006	23.3	11.3	48.4	3.1	13.3	8.9	38.4
2007	25.2	12.2	48.5	3.3	13.1	9.7	38.4
2008	27.2	13.4	49.3	3.4	12.5	10.4	38.1
2009	29.6	14.7	49.7	4.3	14.6	10.6	35.7
2010	34.6	17.3	50.0	5.4	15.6	11.9	34.4
2011	35.2	17.8	50.4	5.7	16.3	11.7	33.3

从煤炭开采和洗选业的企业数量、资产规模在不同所有制企业间的分布情况来看，如表 4-6 所示，国有企业和股份制企业虽然合计只占了企业数量的 10.8%，

但却占到了资产规模的 67%。考虑到中国煤炭开采和洗选业股份制企业多数是以国有企业为基础改制上市的，国有股比例占据绝对的控股地位，由此可以看出国有成分在煤炭开采和洗选业行业中的主导地位。

表 4-6 2011 年中国煤炭行业不同所有制企业主要经济指标占比分析

所有制	企业数量/家	企业数量占比	资产规模/千元	资产规模占比
国有企业	570	7.8%	1293281654	64.7%
集体企业	958	12.7%	50749094	2.5%
股份制企业	229	3%	231157779	11.5%
股份合作企业	135	1.8%	34964254	1.7%
外商和港澳台投资企业	38	0.5%	94111893	4.7%
私营企业	5574	74.2%	293138641	18.9%
合计	7504	100%	1997403315	100%

数据来源：国家统计局、银联信。

二、中国煤炭行业产业集中度分析

能源生产行业是典型的资本与技术密集型行业，加之政府监管严格，进出壁垒很高，煤炭产业也不例外。从初始投资数额来看，煤炭生产企业在建立之初需要大规模的资本投入，投产后需要较大规模的资金支出来维持运营；同时，煤炭生产企业出于节约运营费用和环保达标的目的，需要持续不断地提升技术水平，是典型的资本和技术密集型行业。煤炭生产企业的固定资产投资数额巨大且设备具有专用性，也增加了企业退出的难度。政府出于稳定煤炭供应和环保的目的，对煤炭行业的监管非常严格，从制度上设立了较高的进出壁垒，主要表现为资金壁垒、自然条件、环保生态方面。

较高的进出壁垒对煤炭生产企业影响是多方面的。一方面，可以在一定程度上阻止新加入者对煤炭行业内原有企业的挑战，使煤炭生产企业在一定时期内保持相对稳定的市场份额，从而获得相对稳定的煤炭经营绩效；另一方面，高进出壁垒也增加了煤炭生产企业进入煤炭生产其他子行业或彻底退出煤炭领域的代价。

从中国煤炭开采与洗选行业的产业集中度分析来看，相比美国、澳大利亚等世界煤炭大国，中国煤炭市场集中度较低。中小企业数量过多、产量偏低、技术落后、浪费严重、安全隐患大，煤炭行业整体的规模经济性差，呈现出明显的二元结构状态。鉴于上述原因，我国政府开始加快煤炭行业整合的调控力度，促进加快发展大型煤炭基地和大企业集团，坚持整顿关闭小煤矿。目前提出的"十二五"规划框架显示，到 2015 年，5000 万吨以上的特大型煤矿产量要占 65% 以上，形成 20 个 1000 万～4000 万吨的大型企业集团。在组织结构上，将继续向大型煤炭企业集团方向发展，首先是加快大型现代化煤矿建设，特别是 120 万吨以上的大型煤矿建设，优先建设大型现代化露天煤矿。"十二五"期间重点是提高企业规模，数量的增加不会太大。我国煤炭资源由我国国土资源部门进行统一管理，企业进行煤炭生产和经营需要取得国家相关部门的采矿权证、生产许可证和煤炭经营许可证。另外，近几年国家正在对煤炭行业进行产业结构调整，对煤炭企业的规模、生产工艺、环保、安全等各项指标提出了行业政策，进一步提高了行业壁垒，增加了进入煤炭行业的障碍。

中国煤炭行业产业集中度一般，213 家大型企业完成销售收入占全行业的比重为 52.61%。中型企业数量 840 家，完成销售收入占比为 14.04%，小型企业 8321家，完成销售收入占比 33.36%，如表 4-7 所示。

表 4-7　2004～2015 年 12 月中国煤炭业不同规模企业收入占比情况　　（单位：%）

报告期	大型企业	中型企业	小型企业
2004 年 1～12 月	63.15	14.5	22.35
2005 年 1～12 月	58.9	13.62	27.47
2006 年 1～12 月	57.22	13.66	29.12
2007 年 1～11 月	57.15	13.56	29.29
2008 年 1～11 月	55.8	13.9	30.3
2009 年 1～11 月	55.94	13.45	30.61
2010 年 1～11 月	52.61	14.04	33.36
2011 年 1～12 月	54.90	14.87	30.23
2012 年 1～12 月		75.72	24.28
2013 年 1～12 月		76.06	23.94
2014 年 1～12 月		74.59	25.41
2015 年 1～12 月		75.22	24.78

数据来源：国家统计局、银联信。

从中国煤炭行业大、中、小型企业数量占比和资产规模占比来看，如表 4-8所示。大中型企业数量占比为 29.5%，却拥有了 88.6%的资产规模，占据绝对的行业控制地位。

表 4-8　2015 年 1～12 月中国煤炭行业不同规模企业主要经济指标对比

项目	企业单位数/家	占比/%	销售产值/亿元	占比/%	资产总计/亿元	占比/%
中大型	1746	29.5	14810.29	71.2	47640.32	88.6
小型	4178	70.5	5983.01	28.8	6148.15	11.4
总计	5924	100.0	20793.3	100.0	53788.47	100.0

数据来源：国家统计局、银联信。

三、中国煤炭价格形成机制分析

中国煤炭价格形成机制与其改革进程一直是受各方高度关注的事情。由于中国一次能源的核心是煤炭，因此，与国际能源价格的基础是石油价格不同，中国一次能源价格的核心是煤炭价格，而二次能源价格的核心是电力价格，在中国火力发电占据主导地位的情况下，电力价格也是与煤炭价格挂钩的。总体上看，中国能源价格的形成机制正在由政府控制逐渐向市场化定价过渡，但在现阶段，能源价格的政府定价作用仍然发挥着比较大的作用，尤其是电煤价格。中国的煤炭价格在 1997～2001 年逐渐滑落，2001 年末开始反弹，到 2004 年缺煤问题逐渐突出，煤炭价格飞涨，此后尽管煤炭产量连年上涨，却不改煤炭价格上涨趋势，2008 年主产省煤炭的平均出矿价格为 660 元/吨，比 2007 年上涨了 51.24%，从表 4-9 电煤价格走势来看，中国煤炭价格上涨趋势明显。这在很大程度上增加了能源生产企业的利润，从而大大减轻了能源行业的投融资风险，使得煤炭行业自 2003 年后付息、负债额度大大降低，付息能力加强，缓解了能源金融风险状况，也使得能源行业自身的财务安全指标与其总体金融安全边界的关联性不大。

表 4-9　1997～2012 年中国重点合同电煤价格

年份	重点合同电煤售价/(元/吨)	增速/%
1997	137.3	—
1998	133.3	−3.0
1999	121.5	−8.9
2000	120.9	−0.5
2001	123.9	2.5
2002	137.3	10.7
2003	138.6	1.0
2004	161.6	16.6
2005	212.8	31.7
2006	216.2	1.6
2007	246.1	13.9
2008	276.1～286.1	10.0
2009	460	64.0
2010	520	13.04
2011	520	0
2012	546	5.0

资料来源：国家煤矿安全监察局，林伯强（2010），相关网站统计信息。

中国的各类能源价格长期以来都比较低，且很大程度上还处于行政定价阶段。从我国煤炭价格形成机制来看，1992 年前一直是政府定价机制，1992～2008 年开始大力推进煤炭价格的市场化改革，1996 年除发电用煤外，其余品种的煤炭价格全部放开，发电用煤在 1996～2000 年实行国家指导定价，从 2001 年 1 月 1 日起全部放开。但是，目前电煤价格改革仍然存在很大的问题，在中国能源产业链中，煤炭与电力的关联度最高，中国能源生产的 2/3 以上是煤炭，发电用煤超过全国煤炭产量的一半以上，燃煤发电约占发电总量的 80%。但是，所谓的"市场煤"与"计划电"的矛盾一直未能得到彻底有效的解决，"煤电联动"的煤炭价格形成机制还有很多的工作要做。2013 年取消重点电煤合同、实施电煤价格并轨为核心，逐步形成合理的电煤运行和调节机制，实现煤炭、电力行业持续健康发展。

第四节　中国煤炭行业金融安全预警管理实证研究的基本结构

中国煤炭行业金融安全预警管理实证研究是通过以遗传算法修正过的 BP 神经网络方法来定量分析煤炭行业金融安全因变量与自变量之间的数量关系，以期能够找出煤炭行业金融安全预警的警戒界限，找出在不同煤炭行业财务金融安全预警界限内决策层调控中国煤炭行业金融安全状态的政策措施。因变量与自变量的选择以上一节中分位数回归分析的结果为准。中国煤炭行业金融安全影响因素即自变量有 GDP 增长率、CPI 定基数据、企业景气指数、汇率波动率、贷款增长率、财政比率、资产负债率、利息保证倍数及资产报酬率，作者在进行基于遗传算法优化的 BP 神经网络时选用这些指标作为投入指标，考虑到输入、输出指标的可比性，BP 神经网络的产出指标为第三章计算出来的煤炭行业利息支出 VaR 及煤炭行业所有者权益 VaR 分别与利息支出与所有者权益的比值。中国煤炭行业金融安全预警管理实证研究的基本结构如图 4-1 所示。

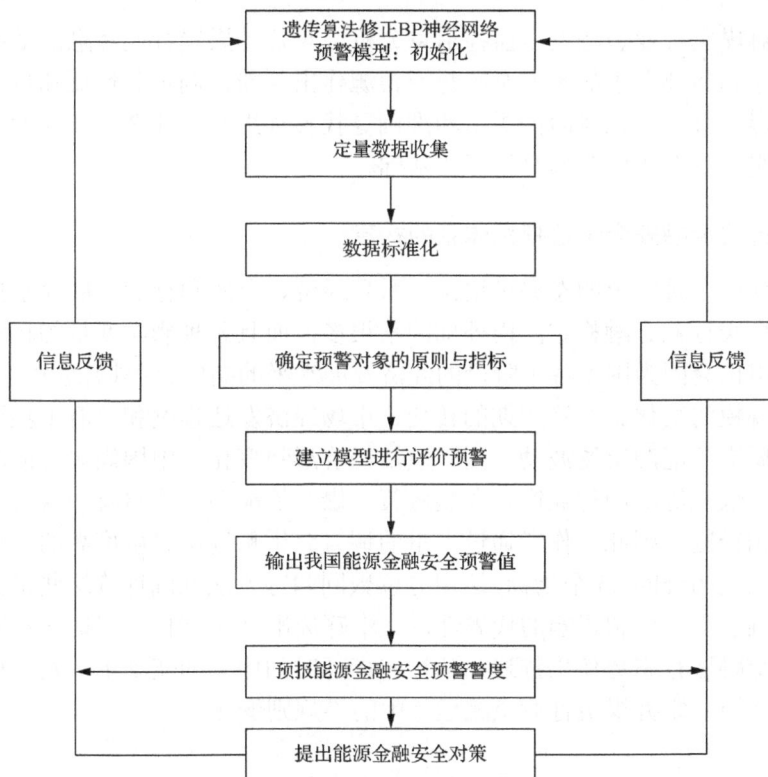

图 4-1　中国煤炭行业金融安全预警管理实证研究的基本结构图

为了能够对我国煤炭行业金融安全状态进行必要的报警，根据我国煤炭行业金融运行的特点，借鉴前人的金融预警和财务预警的研究成果和已有的预警理论，对多样、多级、复杂、全面的煤炭行业金融安全预警管理结构的构建，采取统计分组方法，选择煤炭开采和洗选行业中若干综合性强、敏感性高的煤炭行业金融安全预警指标，构建一个具有较高综合性和可操作性的煤炭行业金融安全预警模型。煤炭行业金融安全预警模型的基本运行程序如下。

一、中国煤炭行业金融安全信息监控

这是煤炭行业金融安全监控预警管理活动的前提。必须确定煤炭生产经营过程中的哪些领域和环节为煤炭行业金融安全预警监控对象，监控煤炭行业金融安全对象的什么活动，如何反映这些金融安全活动。监控的任务是过程监视，即对煤炭行业金融安全监控对象和活动过程进行全过程监视，对作为监控对象的中国煤炭行业金融其他活动环节的关系状态进行监控。其次对煤炭行业金融安全监控信息进行整理、分类、存储、传播，建立信息档案，进行纵向和横向的比较。

二、煤炭行业金融安全风险识别

通过对煤炭行业金融安全监控信息分析，对各种煤炭行业金融活动中已发生的风险现象和将要发生的不安全趋势及根源作出判断，确定其性质和特征，包括正确判断煤炭行业金融风险的类型和准确寻找各种煤炭行业金融风险的根源。这是构建煤炭行业金融安全预警指标的基础。

三、煤炭行业金融安全预警指标体系的构建

煤炭行业金融安全的态势可根据一系列经济、金融和行业发展要素指标来度量。影响煤炭行业金融稳定的内外部因素很多，而且各种影响变量的相对重要性及相互作用也会因为国家各个阶段的经济发展水平的高低、对外开放程度的进程、经济发展规模的变化、经济周期的转变、市场经济发达程度和政府干预程度的不同、国际煤炭等能源市场波动、国际政治经济形势变化、中国煤炭等能源需求结构的变化、煤炭等能源行业产业发展政策、煤炭等能源企业自身经营管理水平的不同而大相径庭。因此，作者通过大量的调查分析精选出灵敏度高的、代表性好的和经济意义明确的 25 个指标，运用分位数回归等方法准确评价这些指标对于煤炭行业金融安全评价和影响的代表性，从中筛选出 9 个指标。保证从不同角度对煤炭行业金融运行态势作出描述，从这些指标时间序列的变动中，发现煤炭行业金融运动规律，掌握煤炭行业金融运行中的不规则变化。

四、煤炭行业金融安全预警指标权重和临界值的确定

在煤炭行业金融安全预警体系中，必须确定一个与煤炭行业金融安全预警指标体系相适应的合理测度。某个指标在煤炭行业金融安全预警指标体系的作用大小，作为煤炭行业金融运行正常的衡量标准，并以此来判别煤炭行业金融运行中是否出现警情及其严重程度。这种合理测度在金融安全预警中称为临界值，即反映煤炭行业金融运行中将发生的警情严重程度的等级界限。

煤炭行业金融安全预警指标权重和临界值的设定是煤炭行业金融安全预警管理有效性的重要环节。设定煤炭行业金融安全预警指标的权重和临界值可以说是煤炭行业金融预警管理中最为困难的一项工作，这种困难主要表现为确定煤炭行业金融安全预警指标警限的警度，即作为煤炭行业金融安全运行正常衡量指标的合理程度难以具体化和明确化。不仅要考虑到煤炭行业金融本身的运行，而且要涉及各主体的反映及人的主观评价。因此，需要依据国际组织或机构公认的标准、历史经验数据、专家调查意见，并结合我国国情和金融运行的实际情况综合考虑确定。

五、建立煤炭行业金融安全预警模型，煤炭金融安全预警危险程度输出

在选取特定样本的基础上，借助以遗传算法修正过的 BP 神经网络方法的计量分析方法，通过真实分析建立预警指标即自变量与中国煤炭行业金融危机发生可能性即因变量之间直接的或间接的函数关系。

为了直观地预报不同类型的警情，本书综合国家统计经济监测预警的做法，对煤炭行业金融安全预警的警度程度划分采取安全、基本安全、警戒、不安全信号来表示。安全表示煤炭行业金融状态非常安全，各项指标表现很好，融资顺畅，投资顺利；基本安全表示煤炭行业金融潜在不安全，比较保守，风险小，在可以接受的范围内，主要煤炭企业融资顺畅，投资项目运行良好，此时静态监控即可；警戒表示煤炭行业金融显现不安全，煤炭企业资金运行已经出现一定的金融风险，投资过剩，融资受到阻碍，全行业出现效益下滑，相关监管机构和煤炭行业需要提高投融资风险监控力度，采取动态措施监控企业资金流状况，及时反馈资金运行信息，根据相关指标的变化及时采取相应的措施，尽可能地化解煤炭行业金融风险；不安全表示已经发生煤炭行业金融危机，即煤炭行业金融处在高度风险戒备状态，表明煤炭行业的投融资风险已经很大，资金回收困难，再融资遇阻，资金链断裂，全行业处于严重亏损状态，金融业停止与煤炭行业信贷往来，此时应采取一级警戒监控和强有力的措施，提防随时可能出现的严重影响煤炭安全供应的事件。否则，国家能源安全可能会受到严重威胁。

六、对煤炭行业金融安全预警指数进行综合评价，选择煤炭行业金融控制对策

根据所选用的指标体系和判断标准及方法计算出煤炭行业金融安全预警指数，对现有的煤炭行业金融安全状况进行综合评价并发布煤炭行业金融安全预警信号，这是煤炭行业金融安全预警工作的最后结果。在煤炭行业金融安全预警指标体系中，单个指标只能从经济活动的某个侧面来描述，很难进行综合评价。因此，必须对煤炭行业金融多种相关因素进行综合分析，最后作出评价。此外，煤炭行业金融指标体系一旦选定，并不是一成不变的，有时还需要根据煤炭行业金融安全预警结果和现实不相符的地方，对原有煤炭行业金融安全预警指标体系进行修正。

第五节　中国煤炭行业金融安全预警管理模型构建原理

一、BP 神经网络及遗传算法基本原理

(一)BP 神经网络基本原理

人工神经网络(artificial neural network)，英文简称为 ANN，是一种对人脑或自然神经网络系统的一些基本特征的抽象与模拟的方法。其信息处理功能是由网络单元的输入输出特性(激活特性)、网络的拓扑结构(神经元的连接方式)所决定的。人工神经网络对问题的求解方式与传统方法不同，它是经过训练来解答问题的。训练一个人工神经网络是把同一系列输入例子和理想的输出作为训练的"样本"，根据一定的训练算法对网络进行足够的训练，使得人工神经网络能够学会包含在"解"中的基本原理。训练的主要思想是：同一个训练集的样本输入输出模式反复作用于网络，网络按照某种训练规则(又称学习规则或学习算法)自动调节神经元之间的权值(连接强度)或拓扑结构，当网络的实际输出满足期望的要求或趋于稳定时，即可认为训练圆满结束。当训练完成后，可使用该模型来求解相似的问题。

神经网络系统的出现与使用为解决大复杂度问题提供了一种相对来说比较有效的简单方法，神经网络常用于两类问题：分类和回归。人工神经网络处理经济数据具有三种显著优势：第一，对于不完整的、模糊不确定或无规律的数据比传统线性方法更容易处理；第二，作为一种非参数方法，无须对数据的分布做事前假设；第三，对于复杂的非线性或近似连续的函数有很好的解释能力。但是，使用神经网络也应该注意其缺点，如神经网络理论上很难解释，神经网络会学习过度，除非问题非常简单，训练一个神经网络可能需要相当可观的时间才能完成，建立神经网络需要做的数据准备工作量很大等。

神经网络的类型很多，多数研究认为可以分为前馈型、反馈型和自组织映射型三种基本类型，现在在不同的领域产生了 40 种左右的神经网络模型。其中，前馈型网络是诸多网络中广为应用的一种网络，它是一种通过改变神经元非线性变换函数的参数以实现非线性映射，其代表的模型就是基于"Back-Propagation 算法"的 BP 神经网络。

BP 神经网络是误差反向传播的多层前馈式网络（back-propagation neural network），是人工神经网络中最具代表性和应用最为广泛的一种网络。其主要优点是在各种神经网络模型中具有良好的自学习、自联想功能。标准的 BP 神经网络模型由三个层次组成：第一层为输入层，第二层为隐含层，第三层为输出层。各层神经元形成相互联接，各层次内的神经元没有联接。BP 算法的学习过程是由正向传播和反向传播两个过程组成的。在正向传播过程中输入信息，从输入层经隐含层逐层处理，并传向输出层。每一层神经元的状态只影响下一层神经元的状态，如果在输出层不能得到期望输出，则转入反向传播将误差信号沿原来的联接通路返回。

BP 神经网络的算法主要由以下几个步骤组成：

（1）权值和阈值初始化阶段，系统随机地给出全部权值和神经元阈值，一般首先设置成较小的随机数，以保证网络不会过早地进入饱和状态。

（2）给定输入 $x_i(i=1, 2, \cdots m)$ 和目标输出 y_j，$(j=1, 2, \cdots n)$，即导师信号阶段。

（3）确定隐含层神经元的个数阶段。隐神经元的个数与输入输出神经元的多少有直接关系，可根据以下公式确定：

$$p = \frac{m+n}{2} + a \tag{4-10}$$

式中，a 为 1～10 的常数。但更精确的隐含层节点数的选择可以根据 Kolmogorov 定理，即映射网络存在定理描述为：给定任意一个连续函数 f，f 可以精确地用一个三层前馈网络实现，次网络的第一层有 n 个处理单元，中间层有 $2n+1$ 个处理单元，第三层有 m 个处理单元。

（4）计算神经网络反向传播信号，对于与第 k 个模式对（x_k，y_k）($k=1,2,3,\cdots m$)，其中，$x_k = (x_1^k, x_2^k, \cdots, x_m^k)$，$y_k = (y_1^k, y_2^k, \cdots, y_m^k)$。

第 j 个输出的加权输入之和为

$$A_{yj} = \sum_{k=1}^{P} w_{jk} b_k \tag{4-11}$$

该输出单元的实际输出为

$$y_j = f(A_{yj}) = \frac{1}{e^{-A_{yj}}}, (j = 1, 2, \cdots n) \tag{4-12}$$

第 k 个隐层单元的加权输入之和为

$$A_{bk} = \sum_{k=1}^{m} v_{ki} b_i \tag{4-13}$$

该输出单元的实际输出为

$$b_k = f(A_{bk}) = \frac{1}{e^{-A_{bk}}}, (j = 1, 2, \cdots, p) \tag{4-14}$$

式中，w_{jk} 为第 j 个输出单元与第 k 个隐层单元的连接权值；v_{ki} 为第 k 个隐层单元与第 i 个输入单元的连接权值；$f(*)$ 为可微分非递减非线性连续函数，这里采用最常用的 sigmoid 函数（S 函数），即

$$f(*) = \frac{1}{1 + e^{-x}} \tag{4-15}$$

(5)修正权值阶段。从输出层开始，将误差信号沿连接通路反向传播，以修正权值，即

$$v_{ki}(t+1) = v_{ki}(t) + \alpha \delta_{pk} x_i \tag{4-16}$$

$$w_{jki}(t+1) = w_{jki}(t) + \beta \delta_{pj} b_k \tag{4-17}$$

式中，α，β 为学习因子；δ 为误差项；x_i，b_k 分别为输入层和隐层节点的值，如果输出层节点，则

$$\delta_{pj} = y_i(1 - y_i)(y_i^0 - y_i) \tag{4-18}$$

式中，y_i^0 为输出导师信号。如果为隐层节点，则

$$\delta_{pj} = b_k(1 - b_k) \sum_{j=1}^{n} \left[y_j(t) - y_j^0(t) \right]^2 \tag{4-19}$$

(6)对训练集的每个模式都重复上面两个步骤，直到整个训练误差达到误差精度要求，即

$$\Delta E < \varepsilon, \Delta E(t) = E(t+1) - E(t) \tag{4-20}$$

$$E(t) = \frac{1}{2} \sum_{j=1}^{n} \left[y_j(t) - y_j^0(t) \right]^2 \tag{4-21}$$

式中，ε 为误差精度要求，$0 \leqslant \varepsilon < 1$。如果达到循环次数要求，即 $t \leqslant N$，N 是一个很大的正整数，则完成网络训练。BP 神经网络原理示意图如图 4-2 所示。

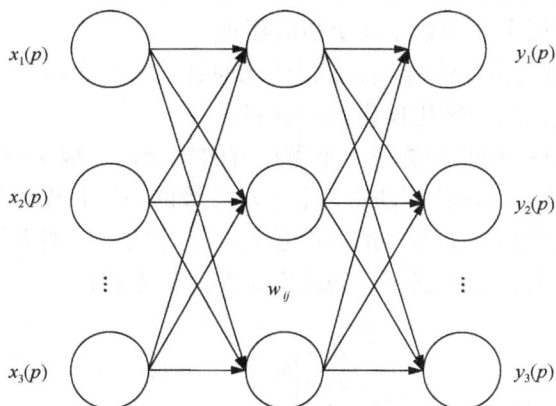

图 4-2　BP 神经网络原理示意图

　　BP 算法主要的优点是简单、易于实现。但 BP 神经网络算法有几个致命的缺陷：首先最大的缺陷是 BP 算法很可能陷入局部极小值，因为通常的误差曲面都是凹凸不平的，会有多个极值点；其次是收敛速度慢，当采用梯度下降法时步长不容易确定，步长太长则达不到精度，甚至会发散；太小则迭代步骤增加，收敛速度慢；再次，网络隐含层的层数和单元数的选择尚无理论上的指导，一般是根据经验或者通过反复实验确定。因此，网络往往存在很大的冗余性，在一定程度上也增加了网络学习的负担。针对 BP 算法的缺点发展了各种改进方法，但效果并不理想。由于遗传算法具有优良的全局寻优的能力，将遗传算法和神经网络相结合可以得到一种更高效的算法。

(二)遗传算法(genetic algorithm)基本原理

　　遗传算法是一种模仿自然界生物进化思想而得出的一种自适应启发式全局优化随机搜索算法，其实质是由复制、交换、变异算子组成的周而复始循环过程。这种方法由于仿效生物的进化和遗传，根据生存竞争和优胜劣汰原则，借助复制、交换和变异等操作，使得解决的问题一步步逼近最优解或近优解，群体中使用度最高的个体即为待优化参数的最优解。它具有自组织、自适应并具有计算稳健性和整体寻优性的特点，是一种典型的非导数优化策略，广泛应用于建模、分类和预测。采用群体进化的方式，有别于以往的单线索对目录函数空间搜索的优化算法，它是对目标函数空间进行多线索的并行搜索，同时对多个可行解进行检查，并通过基本操作产生新的"基因"，不会陷入局部极小，可以有效地处理优化问题；其次，它在使用中，需要的信息较少，且放松了对目标函数值的要求，仅通过复制、交换和变异运算就能以较大的概率在解空间中搜索到全局最优或次优解。遗传算法具有的特点使它成为改进 BP 网络的理想工具之一。

遗传算法的应用主要由以下几个步骤组成。

(1)编码：使用遗传算法时，需要把优化问题的每一个解的参数形式转化成基因码串的表现形式，这一转化操作就叫编码。

(2)初始化种群：初始种群是一个潜在解的集合，一般是随机产生的。

(3)适应度评价：在遗传算法中，个体对环境的适应程度称为适应度，用适应度函数来描述个体的适应能力，适应度越大，个体的适应能力越强，所对应的解越好。适应度函数的设定依据不同的应用状况而各不相同。

$$FITNESS(pop) = MSE(Y_L - \hat{Y}) = \sqrt{\frac{\sum_{i=1}^{n}\sum_{j=1}^{k}\left\{\omega_\pi\left[Y_L(i,\ j) - \hat{Y}(i,\ j)\ /\ Y(i,\ j)\right]^2\right\}}{n-1}} \quad (4\text{-}22)$$

(4)基因操作：基因操作主要包括复制、交换和变异。

复制操作是指将群体中的个体按与其适应值高低成比例的概率复制到群体中，通过复制保留优势个体而淘汰劣势个体，提高群体的平均适应值。

交换操作是指按照交换概率选择进行交换操作的两个父代染色体，随机的交换部分染色体基因会产生新个体，根据适应度值的大小选择两个最优个体作为交换结果。

变异操作是指按照变异概率随机选择一个需要进行变异操作的父代染色体，随机选择进行变异操作的基因位，按威慑动方法得到变异后的子代染色体，按适应度的大小选择最优个体作为变异的结果。

二、经遗传算法改进的 BP 神经网络及其在煤炭行业金融安全预警应用中的可行性

(一)经遗传算法改进的 BP 神经网络基本原理

基于遗传算法的 BP 神经网络算法(以下简称 BP-GA)就是在 BP 神经网络的学习过程中，将权重和阈值描述为染色体，并选取适宜的适应度函数，然后进行 GA 迭代，直到某种意义上的收敛，先用遗传算法在全局范围内搜索最优解的近似值，再经 BP 网络训练最终得到全局最优解。

BP-GA 算法实现步骤：

以三层 BP 神经网络为例。x_i 为输入层中第 i 个节点的输出；k_i 为隐含层中第 i 个节点的输出；y_i 为输出层中第 i 个节点的输出；wxk_{ij} 为输入层中第 i 个节点与隐含层第 j 个节点的连接权重；wky_{ji} 为隐含层中第 j 个节点与输出层第 i 个节点的连接权重。具体实现操作如下。

(1) 初始化种群 P，编码采用实数编码法，确定交换规模、交换概率 P_c、变异概率 P_m，以及对权值 WIH_{ij} 和 WHO_{ji} 初始化；

(2) 计算每一个个体适应度评价函数，并将其排序。可按下式概率值选择网络个体：($i=1,\cdots,N$ 为染色体数；$k=1,\cdots,m$ 为输出层结点数；$p=1,\cdots,n$ 为学习样本数；T_k 为期望输出。)

$$P_s = f_i \Big/ \sum_{i=1}^{N} f_i$$

式中，f_i 为个体 i 的适配值，可用误差平方和 $E(i)$ 来衡量，即

$$f(i) = 1 / E(i) \qquad E(i) = \sum_p \sum_k (V_k - T_k)^2$$

(3) 以概率 P_c 对个体 G_i 和 G_{i+1} 交换操作产生新个体 G_i' 和 G_{i+1}'，对没有进行交换操作的个体进行直接复制；

(4) 利用概率 P_m 变异产生新个体 G_j'；

(5) 将新个体插入到种群 P 中，并计算新个体的评价函数；

(6) 计算网络的误差平方和，若达到设定的误差精度，则转 (7)，否则转 (3)，继续进行遗传操作；

(7) 以 GA 遗传出的优化初始值作为初始权值，用 BP 算法训练网络，直到达到制定的误差精度；

(8) 输入检测数据，进行仿真，得到预测值。

与普通 BP 学习算法相比，BP-GA 算法能同时对解空间内的许多点进行遗传优化，在找到优化点后，再由 BP 算法按负梯度方向进行搜索，既能避免 BP 算法陷入局部最小点、收敛速度慢的问题，又能克服 GA 以类似穷举的形式寻找最优解而引起的搜索时间长、速度慢的缺点，是一种快速、可靠的方法。

(二) 经遗传算法改进的 BP 神经网络在煤炭行业金融安全预警中的适用性分析

目前，国内外的研究均已经证实将人工神经网络引入到经济预测与预警，为金融风险、商业银行贷款风险、企业财务预警等方面提供分析工具的可行性与适用性。神经网络 ANN 以其能自动逼近非线性函数、递进的接收数据进行学习等

特点，能有效解决非正态分布和非线性的风险预测问题，突破了传统统计模型的局限。神经网络理论是巨量信息并行处理和大规模平行计算的基础，神经网络既是高度非线性系统，又是自适应组织系统，可用来描述认识、决策及控制的智能行为。通过样本的学习能够从未知模式的大量复杂数据中发现其规律。它克服了传统分析过程的复杂性及选择适当模型函数形式的困难，它是一种自然的非线性建模过程，给分析和建模带来极大的方便。但由于神经网络是基于梯度的方法，同时也存在着全局搜索能力差、收敛速度慢、结构陷入局部极值的弊端。另外，网络中隐含层的层数和结点数的选取需要依靠经验人工设置，难以确保得到性能最优的网络，导致预测结果的不精确。而遗传算法是一种基于自然选择和自然遗传的模拟生物进化的自适应全局化概率搜索算法，具有简单通用、适应性强、适于样本数据并行处理的特点。它能有效克服神经网络的缺点，通过对由多个可行解构成的群体进行操作，在其迭代更替中对多个不同隐含结点的神经网络进行优化，从而得到具有全局最优解的神经网络结构。由于我国煤炭行业金融数据系统具有高度复杂化的特点，传统的预警模型统计方法难以真实地模拟现实经济中复杂的煤炭行业金融的经济变量关系，且煤炭行业金融安全预警问题输入的一组变量，涉及煤炭行业金融活动的各个方面，煤炭融资、煤炭投资和宏观经济各子系统都有反映各自安全的指标体系。本书正是鉴于上述两种算法的优势互补，利用两者结合的优越性，设计了基因遗传修正 BP 网络模型的中国煤炭行业金融安全预警支持系统，实现了具有动态的、能够自我学习、自我调整、自适应性强和高度可靠性特点的煤炭行业金融安全预警功能，使我国煤炭行业财务金融安全预警更具有动态性、高度可靠性和智能化。

(1)中国进行煤炭行业金融安全预警的工作才刚刚起步，有关的煤炭行业金融统计信息残缺不全。而遗传算法修正 BP 神经网络带有高度并行处理信息机制，且具有高速的自学习、自适应能力，内部有大量可调参数，并且可充分考虑定性因素的影响，使得系统全面性和灵活性更强。

(2)非线性处理能力强。由于中国煤炭行业金融风险体系是非常复杂的，各个因素之间相互联系，因此，煤炭等能源监管部门对于煤炭行业等能源行业金融的风险预警仅建立在单指标的风险度量上，在综合评价预警方面存在着很大的困难。人工神经网络技术在处理这种复杂的非线性问题上具有很强大的功能，克服了煤炭等能源行业在综合金融风险预警上的技术瓶颈。

(3)客观性。遗传算法修正 BP 神经网络根据所提供的数据，通过学习和训练，找出输入、输出之间的内在联系，从而求取问题的解，可以再现评价专家的经验、知识和视觉思维，较好地保证了评价结果的客观性。

经遗传算法改进的 BP 神经网络在煤炭行业金融安全预警应用的步骤如图 4-3 所示。

```
                         ┌──────────┐
                         │   开始    │
                         └──────────┘
                              │
                      ┌──────────────┐
                      │   输入数据    │
                      └──────────────┘
                              │
               ┌───────────────────────────┐
               │  T=0 生成初始种群p(0)       │
               └───────────────────────────┘
                              │
           ┌───────────────────────────────────┐
           │  将种群p(t)中的个体解码成十进制      │
           └───────────────────────────────────┘
                              │
        ┌──────────────────────────────────────────┐
        │  给神经网络的连接权和阈值赋[-1,1]的随机值    │
        └──────────────────────────────────────────┘
                              │
        ┌──────────────────────────────────────────┐
        │  随机选取一个样本输入一个神经网络            │
        └──────────────────────────────────────────┘
                              │
                  ┌────────────────────┐
                  │   计算各层输入输出    │
                  └────────────────────┘
                              │
                  ┌────────────────────┐
                  │  计算输出层的一般误差  │
                  └────────────────────┘
                              │
                  ┌────────────────────┐
                  │  计算中间层的一般误差  │
                  └────────────────────┘
                              │
                ┌────────────────────────┐
                │  调整各层的连接权值和阈值  │
                └────────────────────────┘
                              │
                  ◇─────────────────◇
                  │   全部样本学习完    │ 否
                  ◇─────────────────◇
                              │
                  ┌────────────────────┐
                  │    计算全局误差       │
                  └────────────────────┘
                              │
                  ◇─────────────────◇
                  │      E < ε         │ 是 ──────┐
                  ◇─────────────────◇           │
                              │                  │
                  ◇─────────────────◇           │
                  │  学习次数大于预订次数  │ 否      │
                  ◇─────────────────◇           │
                              │                  │
                  ◇─────────────────◇           │
                  │    网络全部训练完     │ 否       │
                  ◇─────────────────◇           │
                              │                  │
           ┌───────────────────────────────┐    │
           │  将各个个体的目标函数即神经网络    │    │
           │  学习结束后的全局误差转换为适应度  │    │
           └───────────────────────────────┘    │
                              │                  │
           ┌───────────────────────────────┐    │
           │  选择遗传过程中适应度最优的个体    │    │
           └───────────────────────────────┘    │
                              │                  │
                  ┌────────────────────┐         │
                  │     选择运算         │         │
                  └────────────────────┘         │
                              │                  │
                  ┌────────────────────┐         │
                  │     交叉运算         │         │
                  └────────────────────┘    ┌────────────┐
                              │             │ 输出搜素得到 │
                  ┌────────────────────┐    │ 神经网络结构 │
                  │  变异运算并产生新群体  │    └────────────┘
                  └────────────────────┘         │
                              │                  │
                  ◇─────────────────◇           │
                  │      t，T          │ 否        │
                  ◇─────────────────◇           │
                              │                  │
           ┌───────────────────────────────┐    │
           │  选择遗传过程中适应度最大的        │    │
           │  个体(即神经网络结构)输出         │    │
           └───────────────────────────────┘    │
                              │                  │
                      ┌──────────────┐           │
                      │   计算结束    │◄──────────┘
                      └──────────────┘
```

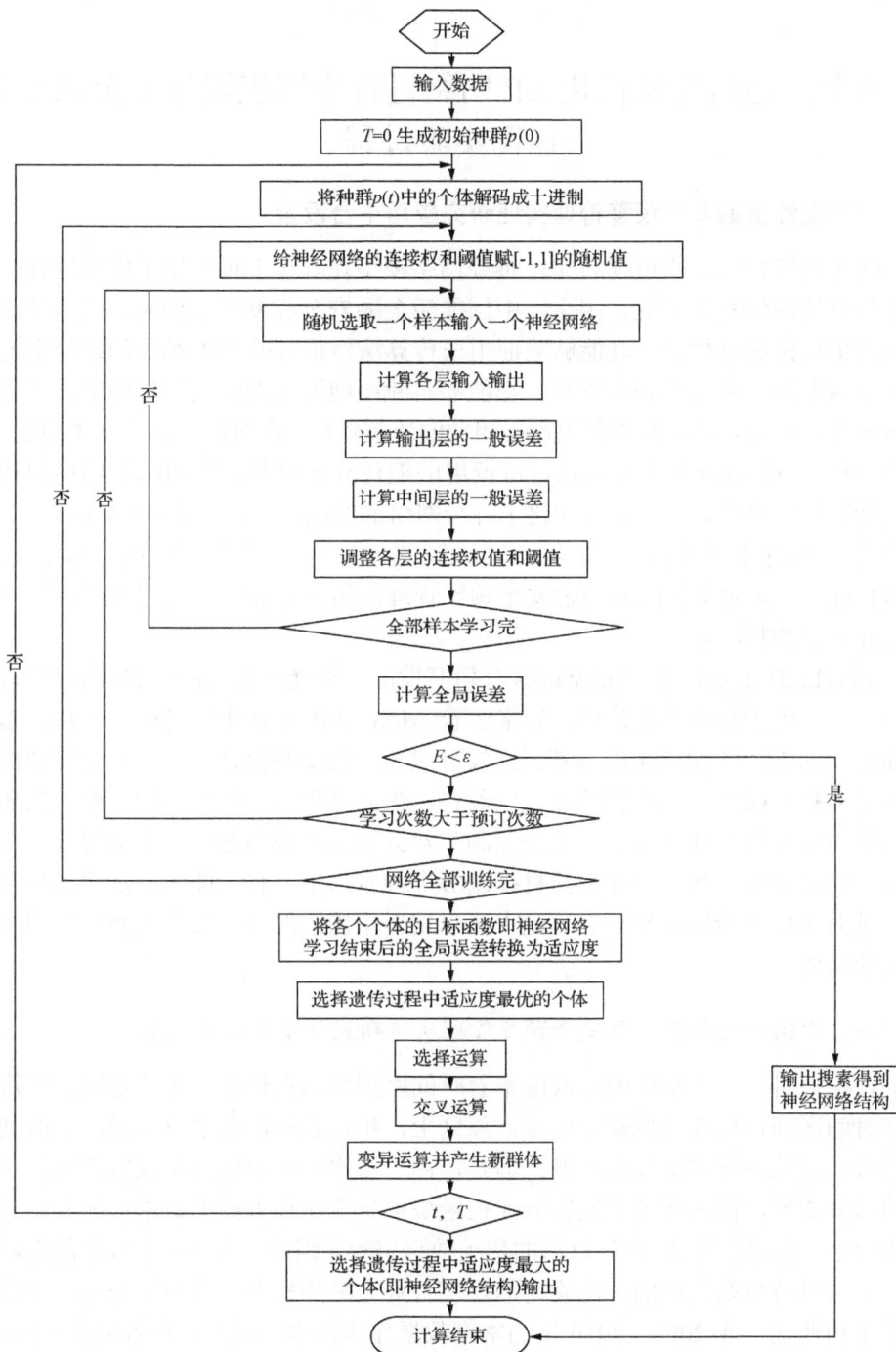

图 4-3　经遗传算法改进的 BP 神经网络在煤炭行业金融安全预警应用中的步骤

第六节　遗传算法优化 BP 网络进行中国煤炭行业金融安全预警实验过程

一、中国能源金融安全预警管理实证研究应用平台设置

既然用遗传算法修正过的 BP 神经网络模型在理论上可以用于中国能源金融安全预警管理的实证研究，那么，中国能源金融安全程度到底如何，还需要对相关的历史数据进行检验。既能够验证用遗传算法修正过的 BP 神经网络模型能够用于中国能源金融安全预警管理，也能够对我国能源金融安全运行的现在和未来的态势进行测度，以提供能源决策层相关的决策依据。在对经济预警数据检验中，因为 MATLAB（matrix laboratory）可调用的遗传算法对其神经网络的结构和初始权值能够进行设定，从而大大简化了神经网络的结构，因此，MATLAB 语言工具在数学、金融和其他涉及复杂数值计算的领域得到了广泛应用。作者选用 MATLAB7.0 来对中国能源金融安全预警管理采用的神经网络进行训练，以提高预警和预测的精度。

MATLAB 最初是由 MathWorks 公司开发的一种交互式、面向对象的程序设计语言，专门用于矩阵数值计算。后来随着 MATLAB 的逐步市场化，其功能越来越强大。到 MATLAB7.0 版本其已经发展成为一门集数值计算、符号运算和图形处理等多种功能于一体的科学计算软件包。为满足很多专业用户的需求，其还包括诸如科学计算、动态仿真、系统控制、数据采集、模糊逻辑、金融财政、图形处理、信号处理、数据统计和器材控制等多种专用工具箱，能够满足用遗传算法修正过的 BP 神经网络模型在理论上可以用于中国能源金融安全预警管理的实证研究的需要。

（一）中国煤炭行业金融安全预警管理实证研究样本数据的选取

理论上讲，样本数据的选取应本着时间序列数据在价格、统计范围、经济规律和时间区间可比性的原则来确定，原则上，指标数据涵盖的范围越广、时间序列越长，越能够准确地反映问题。但是，由于煤炭行业金融安全预警研究属于全新的研究课题，国内相关煤炭行业在投融资的资金运作方面的数据监测和统计区间比较小，无法获得 2003 年以前的相关数据资料。因此，本书样本数据的选取以第三章通过分位数回归的方法确定的煤炭行业金融指标变量为数据来源，选取煤炭开采和洗选行业 2003～2016 年的季度数据作为样本。同时，作者把这 14 年的数据分为两个子样本集：训练样本集和测试样本集。训练样本集包括 2003～2015 年样本，测试样本则由 2016 年样本数据构成，原始数据见表 4-10。

表 4-10　煤炭开采与洗选行业金融安全预警管理训练样本集原始数据

日期	GDP 增长率	CPI 定基数据	企业景气指数	汇率波动率	贷款增长率	财政比率	资产负债率	利息保证倍数	资产报酬率
2003 年 1 季度	0.108	2.0379	1.312	0.0100	0.0203	1.3378	0.5598	2.60	0.0037
2003 年 2 季度	0.097	2.0134	1.166	0.0105	0.0228	1.1334	0.5712	3.10	0.0128
2003 年 3 季度	0.101	2.0006	1.330	0.0097	0.0152	1.0568	0.5675	3.42	0.0230
2003 年 4 季度	0.100	2.0567	1.360	0.0087	0.0062	0.8809	0.5695	3.45	0.0323
2004 年 1 季度	0.104	2.0942	1.359	0.0096	0.0174	1.5424	0.5701	4.25	0.0062
2004 年 2 季度	0.109	2.1019	1.344	0.0072	0.0049	1.3269	0.5811	5.11	0.0223
2004 年 3 季度	0.105	2.1059	1.346	0.0055	0.007	1.1969	0.5897	5.64	0.0369
2004 年 4 季度	0.101	2.1217	1.347	0.0002	0.0074	0.9266	0.5978	5.92	0.0513
2005 年 1 季度	0.104	2.1535	1.325	0.0000	0.015	1.4941	0.5944	7.70	0.0105
2005 年 2 季度	0.105	2.1384	1.317	0.0000	0.0013	1.3226	0.6120	7.45	0.0322
2005 年 3 季度	0.104	2.1340	1.320	0.4120	0.0085	1.2000	0.6178	7.82	0.0518
2005 年 4 季度	0.104	2.1507	1.317	0.1412	0.0065	0.9328	0.6238	7.98	0.0694
2006 年 1 季度	0.114	2.1793	1.315	0.2527	0.0197	1.4781	0.6101	5.91	0.0085
2006 年 2 季度	0.120	2.1676	1.359	0.4440	0.0142	1.3693	0.6157	7.35	0.0278
2006 年 3 季度	0.118	2.1610	1.367	0.4162	0.0088	1.2759	0.6211	7.72	0.0468
2006 年 4 季度	0.116	2.1944	1.394	0.4693	0.0064	0.9589	0.6184	7.98	0.0660
2007 年 1 季度	0.130	2.2389	1.397	0.4609	0.0207	1.6164	0.6099	7.16	0.0099
2007 年 2 季度	0.134	2.2456	1.460	0.5538	0.0154	1.4575	0.6228	7.87	0.0315
2007 年 3 季度	0.134	2.2929	1.447	0.6943	0.0108	1.7505	0.6248	7.98	0.0529
2007 年 4 季度	0.130	2.3400	1.436	0.7573	0.0035	1.0309	0.6204	8.56	0.0771
2008 年 1 季度	0.106	2.4187	1.362	0.8268	0.0167	1.2201	0.6109	8.03	0.0146
2008 年 2 季度	0.101	2.4200	1.374	0.7628	0.0134	1.5212	0.6167	9.36	0.0496
2008 年 3 季度	0.090	2.4136	1.286	0.5600	0.0118	1.3437	0.6092	11.36	0.0954
2008 年 4 季度	0.068	2.3992	1.070	0.2341	0.0078	0.9798	0.6044	11.61	0.1254
2009 年 1 季度	0.061	2.4042	1.056	0.1286	0.0484	1.1429	0.5926	7.49	0.0127
2009 年 2 季度	0.079	2.3829	1.159	0.1580	0.026	1.1755	0.6020	8.48	0.0387
2009 年 3 季度	0.089	2.3830	1.244	0.0777	0.0113	1.1397	0.5990	9.06	0.0652
2009 年 4 季度	0.107	2.4152	1.306	0.0277	0.0079	0.8980	0.5996	9.78	0.0903
2010 年 1 季度	0.119	2.4571	1.329	0.0133	0.0214	1.3697	0.5894	11.30	0.0184
2010 年 2 季度	0.103	2.4630	1.359	0.1193	0.0156	1.2821	0.5923	12.06	0.0537
2010 年 3 季度	0.096	2.5135	1.379	0.5762	0.0124	1.1566	0.5951	11.81	0.0830
2010 年 4 季度	0.098	2.5279	1.380	0.6941	0.0117	0.9275	0.5896	11.70	0.1110
2011 年 1 季度	0.097	2.5673	1.389	0.6933	0.0133	1.1197	0.5887	11.80	0.1184
2011 年 2 季度	0.105	2.5745	1.378	0.7193	0.0146	1.1821	0.5914	12.01	0.1237

日期	GDP 增长率	CPI 定基数据	企业景气指数	汇率波动率	贷款增长率	财政比率	资产负债率	利息保证倍数	资产报酬率
2011 年 3 季度	0.098	2.5436	1.397	0.6762	0.0165	0.9566	0.6012	11.88	0.1330
2011 年 4 季度	0.096	2.5546	1.395	0.6986	0.0157	0.9635	0.6056	11.79	0.1400
2012 年 1 季度	0.124	2.6610	1.103	−0.0069	0.0176	1.2956	0.5871	7.60	0.0817
2012 年 2 季度	0.105	2.6365	1.093	0.0129	0.0164	1.1813	0.5969	7.60	0.3256
2012 年 3 季度	0.092	2.6635	0.908	0.2959	0.0133	0.8996	0.5981	6.04	0.6194
2012 年 4 季度	0.101	2.6856	0.978	−0.3812	0.0111	0.7528	0.6012	6.80	1.1317
2013 年 1 季度	0.103	2.7176	0.952	−0.2293	0.0150	1.2148	0.6127	4.21	0.0478
2013 年 2 季度	0.093	2.7142	0.720	−0.8450	0.0145	1.1382	0.6201	4.16	0.1841
2013 年 3 季度	0.103	2.8076	0.794	−0.4134	0.0132	0.9629	0.6262	3.94	1.0177
2013 年 4 季度	0.106	2.8312	0.847	−0.4138	0.0116	0.7516	0.6353	4.25	0.7664
2014 年 1 季度	0.084	2.7814	0.774	−0.1493	0.0148	1.2162	0.6446	2.83	0.0306
2014 年 2 季度	0.087	2.7783	0.705	0.5079	0.0149	1.0700	0.6514	2.57	0.1222
2014 年 3 季度	0.084	2.8553	0.712	−0.0446	0.0122	0.9456	0.6544	2.38	0.2243
2014 年 4 季度	0.074	2.8742	0.706	−0.2239	0.0099	0.8481	0.6568	2.47	0.4323
2015 年 1 季度	0.074	2.8208	0.713	0.0026	0.0278	1.2148	0.6624	1.63	0.0158
2015 年 2 季度	0.077	2.8152	0.679	−0.2000	0.0135	0.9954	0.6708	1.50	0.0594
2015 年 3 季度	0.066	2.9006	0.674	1.5866	0.0174	0.8280	0.6747	1.47	0.1366
2015 年 4 季度	0.064	2.9223	0.620	1.3807	0.0054	0.7469	0.6798	1.53	0.2594
2016 年 1 季度	0.070	2.5112	0.562	1.5463	0.0143	1.1018	0.6989	0.99	0.0086
2016 年 2 季度	0.073	2.4975	0.639	0.0180	0.0117	0.9583	0.7015	1.15	0.0419
2016 年 3 季度	0.078	2.5738	0.831	1.3845	0.0122	0.8066	0.6997	1.47	0.1275
2016 年 4 季度	0.0956	2.5936	0.959	1.7594	0.0076	0.8165	0.698	2.1156	0.3529

(二)中国煤炭行业金融安全预警指标数据的标准化处理

影响中国煤炭行业金融安全的因素较多,用于反映煤炭行业金融安全状态的指标各有不同风险因素的指向性。对于各类煤炭行业金融安全指标值,其在本书设定的煤炭行业金融安全预警指标体系中都有不同的量纲,给煤炭行业金融安全预警管理带来技术处理上的难题。所以在运用遗传算法优化的 BP 神经网络进行煤炭行业金融安全预警之前,首先对相关的 9 类指标数据进行归一化处理,将实际的各类指标煤炭行业在 2003~2015 年的数据转化为闭区间[-1,1]上的无量纲性指标值。这不但去掉了不同指标的量纲的影响,同时更重要的是,使 BP 神经网络在煤炭行业金融安全预警时有更好的训练结果。

作者对煤炭行业金融安全预警指标数据采取的是在 MATLAB 中通过调用 premnmx 函数来完成所有原始数据的归一化操作。煤炭行业金融安全预警训练样本集归一化的标准数据如表 4-11 所示。

表 4-11　煤炭开采和洗选行业金融安全预警管理训练样本集归一化标准数据

日期	GDP 增长率	CPI 定基数据	企业景气指数	汇率波动率	贷款增长率	财政比率	资产负债率	利息保证倍数	资产报酬率
2003 年 1 季度	0.2877	−0.9191	0.6479	−0.2967	−0.1932	0.1776	−1.0000	−0.7860	−1.0000
2003 年 2 季度	−0.0137	−0.9722	0.3000	−0.2963	−0.0870	−0.2298	−0.8101	−0.6916	−0.9839
2003 年 3 季度	0.0959	−1.0000	0.6893	−0.2970	−0.4098	−0.3824	−0.8717	−0.6312	−0.9658
2003 年 4 季度	0.0685	−0.8783	0.7612	−0.2978	−0.7919	−0.7330	−0.8384	−0.6255	−0.9493
2004 年 1 季度	0.1781	−0.7969	0.7595	−0.2971	−0.3163	0.5853	−0.8284	−0.4745	−0.9956
2004 年 2 季度	0.3151	−0.7802	0.7245	−0.2990	−0.8471	0.1558	−0.6451	−0.3121	−0.9670
2004 年 3 季度	0.2055	−0.7715	0.7283	−0.3004	−0.7580	−0.1032	−0.5018	−0.2121	−0.9411
2004 年 4 季度	0.0959	−0.7372	0.7317	−0.3048	−0.7410	−0.6419	−0.3668	−0.1592	−0.9156
2005 年 1 季度	0.1781	−0.6682	0.6776	−0.3050	−0.4183	0.4890	−0.4235	0.1769	−0.9879
2005 年 2 季度	0.2055	−0.7010	0.6598	−0.3050	−1.0000	0.1473	−0.1302	0.1297	−0.9495
2005 年 3 季度	0.1781	−0.7105	0.6676	0.0339	−0.6943	−0.0971	−0.0336	0.1995	−0.9147
2005 年 4 季度	0.1781	−0.6743	0.6595	−0.1888	−0.7792	−0.6295	0.0664	0.2297	−0.8835
2006 年 1 季度	0.4521	−0.6122	0.6548	−0.0971	−0.2187	0.4572	−0.1619	−0.1611	−0.9915
2006 年 2 季度	0.6164	−0.6376	0.7595	0.0602	−0.4522	0.2403	−0.0686	0.1108	−0.9573
2006 年 3 季度	0.5616	−0.6519	0.7786	0.0374	−0.6815	0.0542	0.0214	0.1806	−0.9236
2006 年 4 季度	0.5068	−0.5795	0.8429	0.0810	−0.7834	−0.5775	−0.0236	0.2297	−0.8895
2007 年 1 季度	0.8904	−0.4829	0.8500	0.0741	−0.1762	0.7328	−0.1652	0.0749	−0.9890
2007 年 2 季度	1.0000	−0.4683	1.0000	0.1505	−0.4013	0.4161	0.0497	0.2089	−0.9507
2007 年 3 季度	1.0000	−0.3657	0.9690	0.2661	−0.5966	1.0000	0.0830	0.2297	−0.9128
2007 年 4 季度	0.8904	−0.2635	0.9429	0.3179	−0.9066	−0.4340	0.0097	0.3392	−0.8699
2008 年 1 季度	0.2329	−0.0927	0.7667	0.3751	−0.3461	−0.0570	−0.1486	0.2392	−0.9807
2008 年 2 季度	0.0959	−0.0899	0.7952	0.3224	−0.4862	0.5430	−0.0519	0.4903	−0.9186
2008 年 3 季度	−0.2055	−0.1038	0.5857	0.1556	−0.5541	0.1893	−0.1769	0.8678	−0.8374
2008 年 4 季度	−0.8082	−0.1350	0.0714	−0.1124	−0.7240	−0.5359	−0.2569	0.9150	−0.7842
2009 年 1 季度	−1.0000	−0.1242	0.0381	−0.1992	1.0000	−0.2108	−0.4535	0.1372	−0.9840
2009 年 2 季度	−0.5068	−0.1704	0.2833	−0.1750	0.0488	−0.1459	−0.2969	0.3241	−0.9379
2009 年 3 季度	−0.2329	−0.1702	0.4857	−0.2411	−0.5754	−0.2172	−0.3468	0.4336	−0.8910
2009 年 4 季度	0.2603	−0.1003	0.6333	−0.2822	−0.7197	−0.6989	−0.3369	0.5695	−0.8465
2010 年 1 季度	0.5890	−0.0094	0.6881	−0.2940	−0.1465	0.2411	−0.5068	0.8565	−0.9739
2010 年 2 季度	0.1507	0.0034	0.7595	−0.2068	−0.3928	0.0666	−0.4585	1.0000	−0.9114
2010 年 3 季度	−0.0411	0.1130	0.8071	0.1690	−0.5287	−0.1835	−0.4118	0.9528	−0.8594
2010 年 4 季度	0.0137	0.1442	0.8095	0.2659	−0.5584	−0.6401	−0.5035	0.9320	−0.8098

续表

日期	GDP 增长率	CPI 定基数据	企业景气指数	汇率波动率	贷款增长率	财政比率	资产负债率	利息保证倍数	资产报酬率
2011 年 1 季度	-0.0137	0.2297	0.8310	0.2653	-0.4904	-0.2571	-0.5185	0.9509	-0.7966
2011 年 2 季度	0.2055	0.2454	0.8048	0.2867	-0.4352	-0.1327	-0.4735	0.9906	-0.7872
2011 年 3 季度	0.0137	0.1783	0.8500	0.2512	-0.3546	-0.5821	-0.3102	0.9660	-0.7708
2011 年 4 季度	-0.0411	0.2022	0.8452	0.2696	-0.3885	-0.5684	-0.2369	0.9490	-0.7583
2012 年 1 季度	0.7200	0.4332	0.1488	-0.3107	-0.3081	0.0935	-0.5460	0.1574	-0.8617
2012 年 2 季度	0.2043	0.3798	0.1271	-0.2943	-0.3569	-0.1343	-0.3824	0.1584	-0.4293
2012 年 3 季度	-0.1597	0.4385	-0.3143	-0.0616	-0.4913	-0.6957	-0.3624	-0.1363	0.0916
2012 年 4 季度	0.0913	0.4865	-0.1486	-0.6185	-0.5824	-0.9883	-0.3107	0.0063	1.0000
2013 年 1 季度	0.1602	0.5558	-0.2095	-0.4935	-0.4166	-0.0676	-0.1194	-0.4813	-0.9218
2013 年 2 季度	-0.1154	0.5486	-0.7619	-1.0000	-0.4385	-0.2203	0.0042	-0.4914	-0.6801
2013 年 3 季度	0.1517	0.7512	-0.5848	-0.6450	-0.4928	-0.5696	0.1069	-0.5328	0.7979
2013 年 4 季度	0.2319	0.8025	-0.4590	-0.6453	-0.5636	-0.9905	0.2574	-0.4748	0.3523
2014 年 1 季度	-0.3757	0.6944	-0.6333	-0.4277	-0.4247	-0.0649	0.4121	-0.7422	-0.9523
2014 年 2 季度	-0.2935	0.6875	-0.7976	0.1128	-0.4220	-0.3562	0.5268	-0.7926	-0.7900
2014 年 3 季度	-0.3766	0.8548	-0.7810	-0.3417	-0.5356	-0.6040	0.5762	-0.8282	-0.6089
2014 年 4 季度	-0.6310	0.8958	-0.7952	-0.4891	-0.6356	-0.7983	0.6168	-0.8103	-0.2401
2015 年 1 季度	-0.6511	0.7797	-0.7786	-0.3028	0.1269	-0.0675	0.7095	-0.9700	-0.9785
2015 年 2 季度	-0.5627	0.7677	-0.8595	-0.4695	-0.4798	-0.5049	0.8500	-0.9930	-0.9013
2015 年 3 季度	-0.8528	0.9530	-0.8714	1.0000	-0.3172	-0.8383	0.9145	-1.0000	-0.7644
2015 年 4 季度	-0.9067	1.0000	-1.0000	0.8307	-0.8271	-1.0000	1.0000	-0.9874	-0.5467

二、中国煤炭行业金融安全预警研究指标权重的确定

从煤炭行业金融安全的定义来看，无论是狭义的信贷资金安全，还是广义上的煤炭行业投融资运作的资金安全，其安全的实现程度受到多种因素的影响而共同发挥作用。在煤炭行业金融安全预警指标体系中，个别指标超过临界值并不表明一定会发生煤炭投融资危机，为了有效和科学地联合运用煤炭行业金融安全预警指标，就需要对煤炭行业金融安全预警指标体系进行赋权。本书以 SPSS 软件为应用平台，用提取主成分分析方法对所获煤炭行业金融安全预警指标数据进行分析，并结合问卷调查和相关研究文献的成果综合确定。在煤炭行业金融安全投融资系统中，S_1、S_2 分别表示宏观经济子系统、煤炭开采及洗选行业子系统，在煤炭行业投融资安全系统中分别提取主成分，最终确定各煤炭行业投融资安全预警指标权重。煤炭行业投融资安全预警指标具体权重计算结果如表 4-12 所示。

表 4-12　中国煤炭行业投融资安全预警指标综合权重

指标	各指标相对子系统权重
GDP 增长率	0.17
CPI 定基数据	0.17
企业景气指数	0.16
汇率波动率	0.17
贷款增长率	0.17
财政比率	0.17
资产负债率	0.14
利息保证倍数	0.47
资产报酬率	0.39

三、中国煤炭行业金融安全预警 BP 神经网络的训练与学习

在煤炭行业金融安全预警 BP 模型训练前,首先设定煤炭行业金融安全预警网络的训练参数、学习函数、隐藏层和输出层的激活函数及学习率、可接受的误差平方和等参数。参数设定后才可以进行训练,在此,将 2003~2014年的季度数据作为训练样本,对煤炭行业金融安全预警的神经网络进行学习和训练,达到训练次数或误差要求后停止训练,然后,用 2015 年的季度数据进行检验。

网络的输入为 2003~2013 年归一化处理后的煤炭行业金融安全预警管理训练样本集的标准数据,期望输出为 2004~2014 年的煤炭行业金融安全预警指标的季度数据。将能源金融安全预警网络的实际输出与期望输出进行比较,如果满足误差要求则可进行检验。否则,通过调整煤炭行业金融安全预警网络参数,重新进行训练,直至达到误差精度。

经过煤炭行业金融安全预警网络训练,BP 神经网络达到了比较好的性能。现在用 2014 年的煤炭行业金融安全预警的样本数据对用遗传算法优化的 BP 神经网络模型进行检验,模型检验的期望输出为 2015 年的中国煤炭金融安全预警样本数据。

在完成中国煤炭行业金融安全预警训练、进行检验后,应用 postmnmx 函数对煤炭行业金融安全预警数据进行反归一化,并比较检测样本的期望输出和实际输出。煤炭行业样本的期望输出和实际输出数值如表 4-13 所示,煤炭行业样本的期望输出和实际输出误差曲线如图 4-4 所示。

表 4-13　煤炭开采与洗选行业金融安全预警测试数据及模型输出

指标	GDP增长率	CPI定基数据	企业景气指数	汇率波动率	贷款增长率	财政比率	资产负债率	利息保证倍数	资产报酬率
检验输入	0.084	2.7814	0.774	−0.1493	0.0148	1.2162	0.6446	2.83	0.0306
	0.087	2.7783	0.705	0.5079	0.0149	1.0700	0.6514	2.57	0.1222
	0.084	2.8553	0.712	−0.0446	0.0122	0.9456	0.6544	2.38	0.2243
	0.074	2.8742	0.706	−0.2239	0.0099	0.8481	0.6568	2.47	0.4323
期望输出	0.074	2.8208	0.713	0.0026	0.0278	1.2148	0.6624	1.63	0.0158
	0.077	2.8152	0.679	−0.2000	0.0135	0.9954	0.6708	1.50	0.0594
	0.066	2.9006	0.674	1.5866	0.0174	0.8280	0.6747	1.47	0.1366
	0.064	2.9223	0.620	1.3807	0.0054	0.7469	0.6798	1.53	0.2594
实际输出	0.0732	2.8293	0.7198	0.0028	0.0281	1.2150	0.6625	1.6250	0.0157
	0.0771	2.8139	0.6809	−0.2035	0.0134	0.9961	0.6710	1.4970	0.0589
	0.0675	2.9010	0.6717	1.5828	0.0181	0.8269	0.6743	1.4720	0.1367
	0.0649	2.9260	0.6209	1.3769	0.0052	0.7471	0.6801	1.5294	0.2561

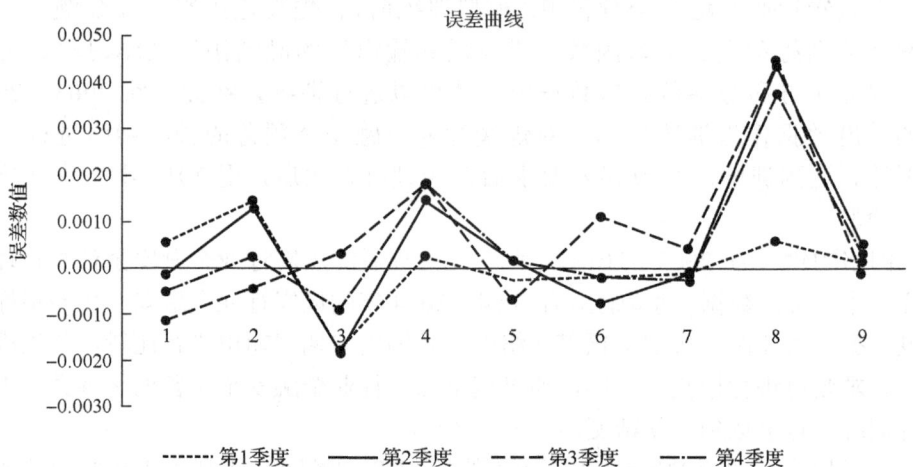

图 4-4　煤炭开采与洗选业四季度期望输出与网络输出误差曲线

以上图表显示了煤炭开采与洗选行业 2015 年四个季度的 GDP 增长率、CPI
定基数据、企业景气指数、汇率波动率、贷款增长率、财政比率、资产负债率和
利息保证倍数等 8 个指标的期望输出与网络实际输出的数值及其误差曲线。煤炭
开采及洗选业四季度实际输出与期望输出的差异曲线显示，煤炭开采及洗选业的
利息保证倍数远远大于电力行业，但是，利息保证倍数的误差较大，误差绝对值
为 0.0045，其他指标误差的绝对值最大为 0.0044，最小为 0.0001，期望输出较好
地拟合了实际输出。检验结果分析：总体来说，在用训练好的网络进行检验时，

除了利息保证倍数指标有些偏离外，绝大多数的指标拟合得很好，可以用于检测中国能源金融安全预警。而利息保证倍数指标偏离大的原因还是和其数据来源的时间序列较短及各季度能源行业的利息保证倍数相差较大有关。

四、遗传算法优化的 BP 神经网络模型对中国煤炭行业金融安全预警

经过以上的实证检验证明了遗传算法优化的 BP 神经网络模型具备较好的检验效果，可以用于中国煤炭行业金融安全预警管理。作者运用 2015 年的煤炭行业金融安全样本数据来预测 2016 年的煤炭行业金融安全数据，其具体预测数据结果如表 4-14 所示。

表 4-14　煤炭开采与洗选行业 2016 年金融安全预测数据

指标	GDP 增长率	CPI 定基数据	企业景气指数	汇率波动率	贷款增长率	财政收支比率	资产负债率	利息保证倍数	资产报酬率
预警输入	0.0737	2.8208	0.7130	0.0026	0.0278	1.2148	0.6624	1.6256	0.0158
	0.0770	2.8152	0.6790	−0.2000	0.0135	0.9954	0.6708	1.5034	0.0594
	0.0664	2.9006	0.6740	1.5866	0.0174	0.8280	0.6747	1.4665	0.1366
	0.0644	2.9223	0.6200	1.3807	0.0054	0.7469	0.6798	1.5331	0.2594
实际输出	0.0701	2.5112	0.5620	1.5463	0.0143	1.1018	0.6989	0.9940	0.0086
	0.0726	2.4975	0.6390	0.0180	0.0117	0.9583	0.7015	1.1506	0.0419
	0.0782	2.5738	0.8310	1.3845	0.0122	0.8066	0.6997	1.4733	0.1275
	0.0946	2.5936	0.9590	1.7594	0.0076	0.8165	0.6980	2.1156	0.2529

通过表 4-14 可以看出，相关指标的预测数据与 2016 年的总体走势吻合度较高，现作简要分析。

GDP 增长率：在 2016 第一季度 GDP 的增长率为 7.01%，可见，我国经济仍然保持较快的增长率。但是，相比 2015 年的第一季度要少 0.36 个百分点，可能与全我国经济发展也转弱的原因有关。在 2016 年的第二季度比 2015 年的 GDP 增长率低，第三和第四季度开始恢复了。

CPI 定基数据：从数据中可以发现，2016 年四个季度的 CPI 数据都明显低于2015 年，应该是由于 2016 年我国经济增速放缓，消费出现低迷的现象有关。

企业景气指数：在 2016 年的前两个季度企业景气指数低于 2015 年，我国放缓经济增长预期，劳动力成本增加等原因，我国企业的利润率同比下降较大。

汇率波动率：从比较两年的汇率波动率中可以发现，2016 年各季度汇率波动率同比明显大于 2015 年。随着近几年人民币对美元汇率的不断上升，已经达到了市场水平，但是综合国力的提升，以及国内外形势的变化，所以到了 2016 年，人民币对美元汇率相对波动较大，波动率将随之上升。

贷款增长率：2016 年，由于国家的经济形势比较乐观，新常态经济现状维持较好，央行通过适时紧缩货币政策来抑制经济的发展，所以，2016 年的贷款增长率将低于 2015 年。

财政收支比率：通过两年的财政收支比率比较，发现 2016 年的前三个季度都小于 2015 年。主要是由于 2016 年全国经济增长减缓，税收改革带来的减税原因，CPI 指数也在下滑，为了促进经济的平稳发展，政府会采取相对于 2015 年较为宽松的财政政策。

资产负债率：2016 年度四个季度的预警输出数值维持在 69%～71%，其总体数值和煤炭生产行业的实际数值相吻合，相比较 2015 年的数值有一定程度的上升，这和目前煤炭行业经过不断整合，一批大型的煤炭企业将占据主要的地位，煤炭行业生产经营状况将逐渐走向正规化、大型化。

利息保证倍数：2016 年四个季度的预警输出数值与 2015 年相比，第一、二季度稍有下降，第三、四季度稍有上升，但是幅度都比较小，主要和下半年付息压力较大有关，而从预警的长期发展来看，利息保证倍数偏低始终是制约煤炭行业金融安全状况的重要因素。

资产报酬率：2016 年度的预警输出数值比 2015 年有较大幅度下降，这与全国经济低迷的宏观形势相关。

对煤炭开采及洗选行业 2016 年预警指标的输出结果与期望输出和 2015 年的数值比较来看，也比较符合行业金融安全状况实际，说明煤炭金融安全的相关预警指标的预测数据与 2016 年的总体走势吻合度较高。该体系可以较好地用于能源金融安全状况预警，可以达到较准确的预测结果。

第七节　遗传算法优化的中国煤炭行业金融安全 BP 神经网络预警指数计算评价

一、中国煤炭行业金融安全预警指标预警区间的确定

金融系统是一个复杂系统，煤炭行业金融安全的预警研究是一个全新的课题。在确定煤炭行业金融安全预警指标体系的同时，通过专家调查的方法确定了各个指标的临界值，临界值只是这些煤炭行业财务金融安全预警指标的合理界限，在此基础上，还需要确定煤炭行业财务金融安全预警指标值的预警区间和预警的界限，即当某个指标数值为多大范围内变化时，代表煤炭行业金融状况是安全的、基本安全的、值得警戒的还是处于危险境地不安全的。应该说明的是，这些煤炭行业财务金融安全预警指标临界值和预警界限的确定目前并没有什么比较好的定量方法来确定，因为环境在变化，很难准确判断。因此，对

于煤炭行业金融安全预警指标的预警界限更多的是参考了历史数据、国际货币组织经验数据以及《巴塞尔资本充足率协议》等国际通用标准和国际惯例、相关问卷调查的专家学者的意见和一些金融安全预警研究成果来进行划分。本研究针对所选取的煤炭行业金融安全预警指标体系，划分的煤炭行业金融安全预警指标的预警界限如表 4-15 所示。

表 4-15　中国煤炭行业金融安全预警指标体系的预警界限区间

预警子系统	预警指标	安全阈值	风险贡献权重	煤炭行业金融安全状况指标区间			
				安全	基本安全	警戒	不安全
宏观经济安全运行子系统 S_1	GDP 增长率/%	6.5~9.5	0.17	[6.5,9.5]	[5,6.5]∪[9.5,11]	[3.5,5]∪[11,12.5]	[-100,3.5]∪[12.5,100]
	CPI 定基数据/%	2~5	0.17	<3	[3,5]	[5,7]	>7
	企业景气指数/%	>100	0.16	[130,200]	[100,130]	[50,100]	[0,50]
	汇率波动率/%	<3	0.17	[0,1.5]	[-5,0]∪[1.5,3]	[-10,-5]∪[3,5]	[-50,-10]∪[5,50]
	贷款增长率/%	12-20	0.17	[12,20]	[6,12]∪[20,30]	[0,6]∪[30,50]	<0∪>50
	财政比率/%	100	0.17	[98,102]	[90,98]∪[102,110]	[80,90]∪[110,120]	<80∪>120
煤炭开采及洗选行业金融安全运行子系统 S_3	资产负债率/%	60	0.25	[0,30]	[30,60]	[60,90]	>90
	利息保证倍数/倍	25	0.40	>25	[10,25]	[1,10]	<1
	资产报酬率/%	6	0.35	>6	[3,6]	[0,3]	<0

　　如果按照如上预警指标数值区间划分的话，2015~2016 年我国煤炭行业金融安全状况总体处于基本安全区域，从个别指标来看，呈现出安全隐患较重的是 CPI 定基数据、财政比率、汇率波动率以及煤炭行业的资产负债率。2016 年的我国经济格局发生重大变化，房地产价格不断升高，GDP 增长率下降，处在一种新常态的大格局之中，物价高企是困扰中国经济发展的最重要问题之一，通货膨胀也是今后中国经济面对的主要难题，由于本轮通胀成因背景的复杂，治理上更加困难。一是从国际上看，2008 年金融危机后，各国政府靠印钞票来应对危机，而其中美国的量化宽松货币政策是最主要的因素。美元泛滥导致国际原材料价格飞涨，而我国又是世界第二大进口国，其中不少是购买原材料，这也就形成了输入性的通胀。二是从国内因素来看，2009 年我国新增信贷 9.6 万亿元，出台相应的刺激政策，保证就业水平，保障社会稳定客观上造成了目前的通货膨胀。在通胀背景下银根紧缩、利率上涨、融资困难、资金成本加大，直接使得煤炭行业金融安全形势受到严重影响。而紧缩政策带来的经济下滑势必影响到对煤炭等能源的需求，使得煤炭等能源行业获利空间减少，加剧了煤炭行业金融不安全局面。从财政比

率来看，近乎紧缩的财政政策直接导致财政赤字减少，财政用于经济建设的支出减少，既可能使得煤炭等能源行业接受国家建设资金减少，也使得对煤炭等能源的需求量下降。汇率波动率的加大起因于人民币升值速度的加快，不仅使得我国煤炭等能源进口风险加大，而且给我国煤炭等能源企业境外能源项目投资运营带来了巨大的风险。煤炭行业的资产负债率均超过 60%警戒线，是行业长期以来存在的主要问题，尤其是经济的低迷导致的行业盈利能力低下，使得行业利息保障倍数远低于警戒值，给煤炭行业金融安全带来较大的负面影响(图 4-5)。

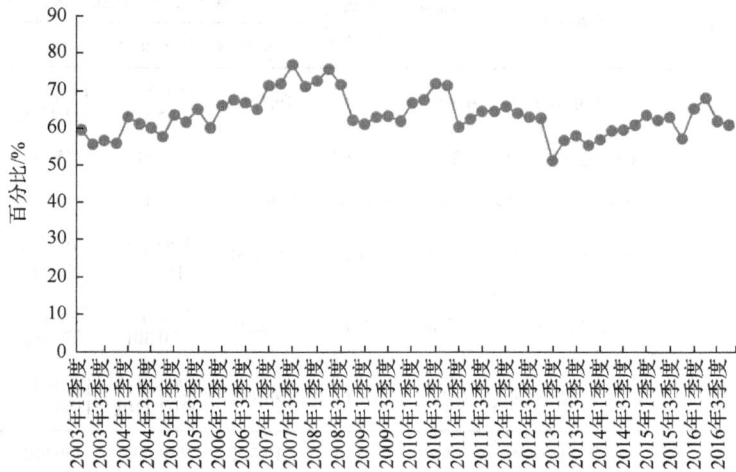

图 4-5　我国煤炭开采及洗选行业 2003～2016 年行业金融安全形势对应分数变化曲线

二、中国煤炭行业金融安全状态整体安全区间的确定

(一)煤炭行业金融安全预警指数综合处理

上述煤炭行业金融安全预警指标预警界限的确定只能说明单个指标所代表的煤炭行业金融风险因素的变化。从中国煤炭行业金融安全状态整体评价角度来看，由于各个煤炭行业金融风险因素都会对最终的煤炭行业金融安全整体态势产生影响，而各个分指标的不同变化又会对煤炭行业金融安全产生不同的影响，因此，有必要把各个指标变化的影响因素和影响程度综合起来，从整体上来判断中国煤炭行业金融安全状况，从而能够达到发出准确的预警信号的作用。因此，在研究中可以将经遗传算法优化的 BP 神经网络模型输出的 2003～2015 年各项煤炭行业金融安全指标数值，结合各指标权重计算出各季度的煤炭投融资预警的风险程度综合分数，将分数作为煤炭行业金融安全预警指数，根据指数数值确定整个煤炭行业投融资风险的程度，以此来判断煤炭业投融资安全形势，评价煤炭行业金融安全运行的整体状态。在计算得分时由于利息保证倍数的数值行业差距较大，在

计算时，统一按照利息保障倍数的实际数值除以 100 来进行计算，以保证数据的可比性。2003～2015 年煤炭行业的金融安全形势得分情况如表 4-16 所示，煤炭行业金融安全形势评价。

表 4-16　2003～2016 年煤炭行业金融安全形势得分情况

时间	煤炭开采及洗选业	时间	煤炭开采及洗选业
2003 年 1 季度	59.30	2010 年 1 季度	66.50
2003 年 2 季度	55.53	2010 年 2 季度	67.36
2003 年 3 季度	56.49	2010 年 3 季度	71.73
2003 年 4 季度	55.73	2010 年 4 季度	71.09
2004 年 1 季度	62.77	2011 年 1 季度	60.02
2004 年 2 季度	60.83	2011 年 2 季度	62.25
2004 年 3 季度	59.87	2011 年 3 季度	64.25
2004 年 4 季度	57.56	2011 年 4 季度	64.20
2005 年 1 季度	63.18	2012 年 1 季度	65.55
2005 年 2 季度	61.44	2012 年 2 季度	63.75
2005 年 3 季度	64.72	2012 年 3 季度	62.59
2005 年 4 季度	59.77	2012 年 4 季度	62.39
2006 年 1 季度	65.83	2013 年 1 季度	51.09
2006 年 2 季度	67.46	2013 年 2 季度	56.67
2006 年 3 季度	66.49	2013 年 3 季度	57.84
2006 年 4 季度	64.73	2013 年 4 季度	55.25
2007 年 1 季度	71.28	2014 年 1 季度	56.70
2007 年 2 季度	71.84	2014 年 2 季度	59.22
2007 年 3 季度	76.83	2014 年 3 季度	59.30
2007 年 4 季度	70.90	2014 年 4 季度	60.72
2008 年 1 季度	72.58	2015 年 1 季度	63.11
2008 年 2 季度	75.64	2015 年 2 季度	62.03
2008 年 3 季度	71.36	2015 年 3 季度	62.82
2008 年 4 季度	61.95	2015 年 4 季度	57.03
2009 年 1 季度	60.88	2016 年 1 季度	64.95
2009 年 2 季度	62.84	2016 年 2 季度	67.83
2009 年 3 季度	62.92	2016 年 3 季度	61.74
2009 年 4 季度	61.64	2016 年 4 季度	60.62

（二）中国煤炭行业金融安全等级划分及对应指数

根据以上计算出的各季度的各个分行业以及煤炭行业整体的能源投融资预警的风险程度综合指数，结合相关金融安全预警系统安全等级及对应指数分数值划分的标准，同时在神经网络系统中不断模拟煤炭行业金融安全预警各个变量各种可能状态下的预警指数变化，可以综合确定中国煤炭行业金融安全预警管理的不同安全等级及对应的预警指数分数区间如表 4-17 所示。煤炭行业金融安全预警指数分数取值在 0～100，预警指数越大，代表煤炭行业金融越安全，反之，越不安全。通过对所选定指标在不同时间内的数值变化，经过严密的统计分析，运用本研究给定的指标权重和临界值以及预警界限的确定，最终可以计算出中国煤炭行业金融安全状况的预警指数得分情况。得分和所确定的安全等级相对照，就可以判断当前中国煤炭行业金融安全状况所处的态势，可以给决策层以足够的信息来判断中国煤炭行业的资金运行情况以及资金安全情况，以便于采取适当的措施，减少金融风险，保证煤炭行业投融资目标的顺利实现。

表 4-17　中国煤炭行业金融安全等级及对应预警指数分数界定

指标安全区间			
安全	基本安全	警戒	不安全
100～75	75～50	50～25	25～0

三、预警结果分析与评价

从以上对煤炭行业金融安全形势评价得出的预警指数得分情况和中国煤炭行业金融安全等级对应预警指数分数界定来比较分析，可以看出，2003 年以来中国煤炭行业金融安全除了 2007 年第三季度得分超过 75 分以外，其他时间都处于基本安全的区间内，但是各个年份之间的差别较大。从整体发展来看，2003 年以来煤炭行业自身的行业金融安全评价指标的变化程度并不大，行业金融安全形势的变化主要还是受制于宏观经济形势的变化。将各年度煤炭行业金融安全预警指数整体得分和各年度煤炭行业金融安全运行实际情况对比来看，可以看出其预警指数得分分布与其当年的实际运行状况吻合度还是比较高的，如表 4-18。

表 4-18 2003～2016 年中国煤炭行业金融安全等级综合得分及实际运行态势

年份	煤炭行业金融安全形势综合得分	煤炭行业金融安全实际运行状况
2003	54～58	1997 年金融危机后经济逐渐恢复，宏观经济指标软着陆，煤炭需求逐渐增加，煤炭价格逐渐上涨，煤炭企业经营渐有起色，偿债能力、周转能力、盈利能力有提高，总体还较弱，行业金融安全情况较差
2004	59～61	经济稳定增长，宏观经济指标逐渐向好，煤炭需求、价格水平、经营管理能力稳步增长，煤炭行业金融安全状况逐渐好转
2005	61～70	延续 2004 年的恢复增长势头，煤炭行业金融安全状况逐渐好转
2006	67～72	中国经济出现迅猛增长迹象，煤炭需求量大增，能源需求、价格水平、经营管理能力增长，煤炭行业金融安全状况进一步好转
2007	70～89	随着中国经济的迅猛发展，煤炭金融安全状态进入到前所未有的大好阶段
2008	64～71	受全球金融危机影响，宏观金融安全态势恶化，经济发展受到影响，煤炭发展影响较大，煤炭金融安全形势逐渐严峻
2009	56～59	金融危机影响进一步体现，煤炭金融安全形势进一步恶化
2010	63～70	受到国家扩张性财政和货币政策影响，经济出现复苏迹象，煤炭金融安全状况有所好转，但是由于国际政治经济环境的不确定性事件增多，力度不大
2011	60～67	受制于欧洲各国以及美国主权债务危机影响，以及我国扩张性财政货币政策等内外部多重原因造成的通货膨胀压力，中国实行相对稳健偏紧的调控政策，煤炭金融安全态势比 2010 年稍有下降
2012	61～66	受世界经济和国内房地产市场调整等不确定因素影响，宏观经济形势错综复杂，通胀压力仍然较大，煤炭行业金融安全形势不容乐观
2013	51～58	受到下游需求不足以及进口增加的双重冲击，煤炭行业持续低迷。随着新技术的发展，天然气、风力、太阳能等新能源、清洁能源和绿色能源正逐步对传统的煤炭、石油等一次能源形成替代
2014	56～61	全国煤炭市场宽松，结构性过剩的态势还不会发生根本性变化，煤炭价格趋于平稳、呈现小幅波动趋势
2015	57～64	在国际经济、金融形势尚未完全稳定的外部环境下，我国的经济增长和发展依然会伴随着区域结构性风险、产业结构性风险、国际贸易和投资的结构性摩擦风险，经济下行压力依然较大。随着我国经济的转型升级和产业结构的调整，第三产业规模将增加，而电力、钢铁、建材、化工等产量增速或将受到限制，新能源的快速发展，都将使得煤炭需求继续下滑
2016	60～68	在当前中国经济增速放缓的大背景下，煤炭企业尚未适应。从煤炭行业现状分析情况获悉，产能严重过剩、价格大幅下跌，中国煤炭行业正遭遇"寒冬"

通过以上的实证比较分析可知，中国煤炭行业金融安全预警管理研究选择的预警方法模型能够发挥预警作用。其预警结果准确度较高，预警指标选择、指标权重的赋予比较合理，煤炭行业金融安全预警指标临界值以及煤炭行业金融安全指标安全预警指数区间数值的划分有效，能够对中国煤炭行业金融安全目标的实现提供预警管理功能。

本 章 小 结

在第三章中，通过专家调查和分位数回归的方法对中国煤炭行业金融安全风险的影响因素进行了分析计量，那么，这些确定的能够反映中国煤炭行业金融安全状况的指标的变化对于中国煤炭行业金融安全状况变化的作用如何，能不能够找出各个预警指标和整体煤炭行业金融安全状况的警戒界限，找出在煤炭行业金融安全不同预警界限内决策层调控中国煤炭行业金融安全状态的政策措施。需要用实证分析的方法来对中国煤炭行业金融安全预警管理的上述各个方面作出准确的评估。因此，本章内容主要采取统计分组方法，选择了能源行业中提供能源量最大的煤炭开采和洗选行业中若干综合性强、敏感性高的预警指标，构建一个具有较高综合性和可操作性的煤炭行业金融安全预警模型。煤炭行业金融安全预警指标体系选取以第三章构建的预警指标体系为准，采取 2003～2015 年度的相关季度数据为样本，把这 13 年的数据分为两个子样本集：训练样本集和测试样本集。训练样本集包括 2003～2013 年样本；测试样本则由 2014 年样本数据构成，对经遗传算法改进的 BP 神经网络在煤炭行业金融安全预警中的适用性进行了论证分析。利用 MATLAB R2015b 软件可以调用的遗传算法对中国煤炭行业金融安全预警的神经网络结构和各指标权值进行设定，在 MATLAB 中通过调用 premnmx 函数来完成所有煤炭行业金融安全预警指标数据的归一化操作。以 SPSS 软件为应用平台，用提取主成分分析方法对所获煤炭行业金融安全预警指标数据进行分析，在煤炭投融资安全系统中分别提取主成分，最终确定煤炭投融资安全预警指标权重。通过设定煤炭行业金融安全预警网络的训练参数、学习函数、隐藏层和输出层的激活函数，以及学习率、可接受的误差平方和等参数，将 2003～2013 年的季度数据作为训练样本，对煤炭行业金融安全预警的神经网络进行学习和训练，达到训练次数或误差要求后停止训练，采用 2015 年的季度数据进行检验，结果证明 BP 神经网络达到了比较好的性能。然后用 2014 年的煤炭行业金融安全预警的样本数据对用遗传算法优化的 BP 神经网络模型进行检验，模型检验的期望输出为 2015 年的中国煤炭行业金融安全预警样本数据。通过比较检测样本的期望输出和实际输出以及煤炭行业样本的期望输出和实际输出误差曲线，除利息保证倍数以外，绝大多数的指标拟合得很好，可以用于检测中国煤炭行业金融安全预警，而利息保证倍数误差较大的主要原因还是数据之间的差距过大所致的缘故。因此，实证检验证明了遗传算法优化的 BP 神经网络模型具备较好的检验效果，可以用于中国煤炭行业金融安全预警管理。接下来，作者运用 2015 年的煤炭行业的金融安全样本数据来预测 2016 年的煤炭行业金融安全数据，通过各指标的预测结果分析，选择的 9 大指标中的预测结果与 2016 年走势吻合度较高，并分析了其变化的原因以及对煤炭行业金融安全的影响。为从总体上描述中国煤炭行业金融安全状况，针对所选取的煤炭行业金融安全预警指标体系，划分了煤炭行业金融安全预警指标的安全、基本安全、警戒和危险的预警分数界限，将经遗传算法优化的 BP 神经网络模型输出的 2003～2016 年各项煤炭行业金融安全指标数值，结合各指标权重计算出各季度的煤炭投融资预警的风险预警指数的综合分数，根据预警指数的分数值确定整个煤炭业投融资风险的程度，以此来判断煤炭业投融资安全形势，评价煤炭行业金融安全运行的整体状态。经过计算得出了 2003～2016 年煤炭行业金融安全预警指数对应分数及其变化曲线。对于煤炭行业金融安全形势而言，季度得分最低 51 分，最高 77 分，总体处于基本安全区间。通过计算中国煤炭行业金融安全状况的得分情况和所确定的安全等级相对照，可以判断当前中国煤炭行业金融安全状况所处的态势，可以给决策层提供足够的信息来判断中国煤炭行业的资金运行情况以及资金安全情况，以便于采取适当的措施，减少煤炭行业金融风险，保证煤炭行业投融资目标的顺利实现。

第五章 中国煤炭行业财务金融安全运行
主要问题分析

第一节 中国煤炭市场发展现状分析

一、我国煤炭市场发展现状

截止到 2015 年年底，全国煤炭总规模 57 亿吨，其中，正常生产及改造的煤矿 39 亿吨，停产煤矿 3.1 亿吨，新建改扩建煤矿 15 亿吨，其中约 8 亿吨属于未经核准的违规项目。如果按照煤炭行业有效产能 47 亿吨、2015 年原煤产量 37 亿吨计算，中国煤炭产能利用率只有 78.8%(图 5-1)。受产能过剩影响，煤炭价格持续下滑，企业盈利严重恶化，亏损企业数量大幅增加。从 2001 起，煤炭行业的盈利能力如同坐上过山车，随着行业的景气度上升，利润总额从 2001 年的 42 亿元，跳升至 2011 年的历史高点 4342 亿元，增长近 10 倍，随后随着行业产能过剩的影响，利润总额大幅下滑，2015 年仅为 441 亿元，只相当于 2004 和 2005 年水平；销售净利率与利润总额走势相似，2010~2011 年维持在 14%的高盈利水平，随后大幅下滑，2015 年仅为 1.8%，跌幅为达 87%。

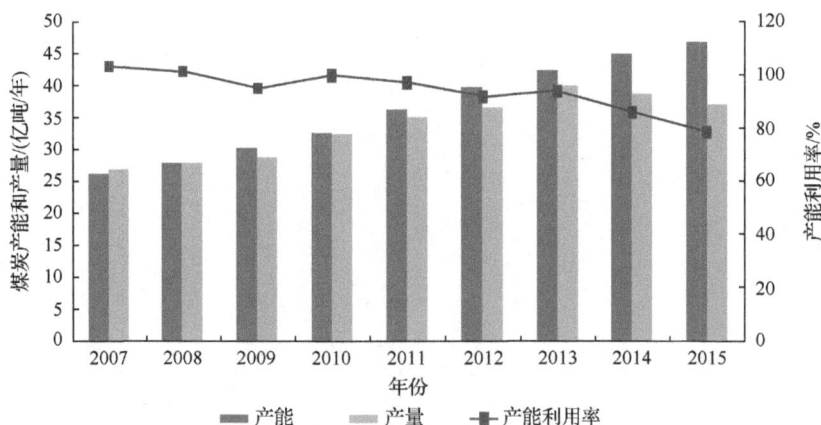

图 5-1　历年全国煤炭产能和产量情况

2015 年我国煤炭消费量占能源消费总量的 64.0%，水电、风电、核电、天然气等清洁能源消费量占能源消费总量的 17.9%。随着能源结构的调整，煤炭在中国的份额将从目前的超过 60%降至未来的 50%以下。在《中国煤炭消费总量控制规划研究报告》中，2020 年中国煤炭消费总量的目标应约束在 27.2 亿吨标煤以内，总能耗控制在 47.4 亿吨标煤。要达到上述煤炭控制目标，煤炭占能源消费总量的比重将降低至 57.4%，较 2014 年下降 8.2%。

　　党的十六大以来，我国积极推进由煤炭工业大国向煤炭工业强国转变，煤炭市场经历了由低迷期、恢复期，到紧缺期、基本平衡期等不同发展阶段，产需规模迅速扩张，产量保持了年均 2 亿吨的高速增长，基本与经济增速同步，煤炭发展步入了所谓的"黄金十年"。在当时，我国的煤炭行业实现了所谓的从"量的崛起"转向"质的繁荣"的那种欣欣向荣的景象，很多人因煤炭而一夜暴富，成为所谓的成功企业家；但大量消耗的背后却得面临环境污染所带来的苦果，各种"矿区塌陷"、"水资源污染"、"PM2.5 超标"的报导及现状扑面而来，随着我国经济的崛起以及我国人民对于生活质量的要求日渐提高，国家对于环境保护的相关要求也日渐严厉，从而有了如今煤炭行业的"控产限产"以及循环经济发展理论，从此煤炭行业步入了寒冬。由图 5-2、图 5-3 可以看到，经济改革新常态下，煤炭需求进入重大转折期，煤炭消费供需，出现下滑。2012 年起，中国煤炭下行形势持续疲软。2015 年，煤炭市场供大于求矛盾愈加突出，在煤炭供应出现下降，同时煤炭市场需求也在减少。主要原因有以下几点：

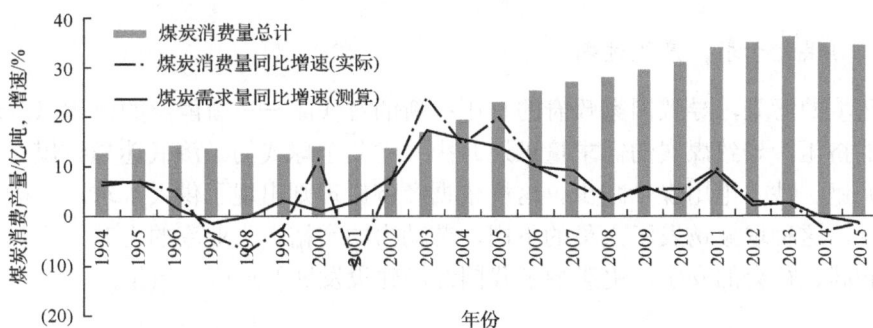

图 5-2　1994～2015 年煤炭需求量测算同比增速与实际消费量同比增速对比

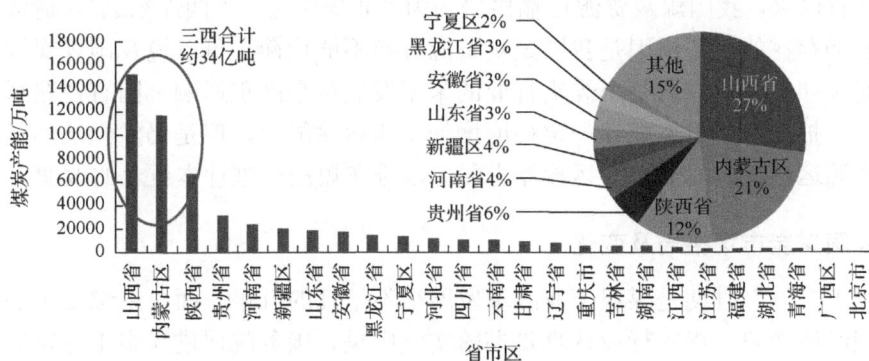

图 5-3　2015 年煤炭总产能分布情况

（一）到国家宏观制度的制约

首先由于煤炭行业属于地下作业，所以安全隐患多，国家对煤炭行业加强了安全整顿，无论是从设备上还是从安全防护措施都加大了力度，如建立了井下避难硐室、投入全自动井下监测仪等，这样增加了吨煤成本。其次由于煤炭污染严重，导致近几年来雾霾现象十分严重，尤其是华北地带，产煤大区，这地区的雾霾已经影响了人们的生活，国家下大力气砍掉小产能，限制大产能企业，这样使煤炭行业的产量受限，进而影响其企业的经营。再有新能源的出现如核能、太阳能、风能等产业的出现大大地挤压了煤炭的产量，也占有了煤炭一定的利润空间。

（二）受到世界煤炭市场的制约

随着我国加入 WTO 以后，我们就成为世界经济组织的一员，那么在世界市场经济这个平台里，信息的流动性与资源的共享性发展迅速，国外的矿石、铁粉、煤炭以其品质好、质量高、价格低等优点打入我国市场，实践证明国外的煤炭等非常适合我国的经济建设。虽然我国也有少量的煤炭出口，但是净差额为进口量远远大于出口量。这对于国内煤炭行业来讲，已经是雪上加霜了。

（三）供大于求，产能过剩

环境的污染，导致国家政府的打压；新的替代品——新能源的诞生以及进口市场的挤压，导致煤炭的需求量迅速减少；尤其全球式的经济低迷导致煤炭行业的下游钢、铁、电用煤量减少。这样依据经济原理则出现了供大于求，产能过剩的现状。这种现象诱发了人员的下岗、劳动力的富裕、失业率的上升，影响了家庭的和睦、社会的安宁，更影响了我国经济建设发展的速度与质量。

（四）运输存在瓶颈

一直以来，我国煤炭资源运输格局均为"北煤南运"、"西煤东运"，造成这种现状长期存在的主要原因是我国煤炭资源分布不够均衡，可以说我国煤炭运输正处于瓶颈期，必然会对整个煤炭行业的未来发展带来严重影响。国有铁路系统通过进一步扩能后，虽然能够一定程度增加铁路运输能力，但是仍然无法满足我国煤炭资源运输的实际需求，运输能力弱，很难在短期内进行本质上的改变。

二、我国煤炭市场格局及变化

"十二五"时期是煤炭工业改革发展很不平凡的五年。面对错综复杂的国内外宏观经济形势，煤炭行业认真贯彻落实党中央、国务院促进煤炭工业发展的一系列决策部署，坚持以提升煤炭工业发展的科学化水平为主攻方向，深化煤炭市场化改革，依靠创新驱动，加快产业结构调整和转型发展，保障国家能源安全稳定供应，有力地支撑了国民经济持续快速发展。

在煤炭行业发展方面，"十二五"期间煤炭供应能力增强、产业结构不断优化。全国煤矿数量减少，大型煤矿比重增加（图 5-4）。2015 年年底，全国煤矿数量 1.08 万处，其中，年产 120 万吨以上的大型煤矿 1050 处，比 2010 年增加 400处，产量比重由 58%提高到 68%；年产 30 万吨以下的小型煤矿 7000 多处，比 2010年减少了 4000 多处，产量比重由 21.6%下降到 10%左右。大型现代化煤矿比重不断提高，全国煤炭供应保障能力显著增强。另外大基地建设也在稳步推进，14 个大型基地产量占全国总产量的 92.3%左右，比 2010 年提高 4.3 个百分点。产量超过亿吨的煤炭省区 8 个，产量比重 84.1%，提高了 8 个百分点。产业集中度也稳步提高。前 4 家煤炭企业产量 8.68 亿吨，占全国的 23.6%，比 2010 年提高 1.6 个百分点；前 8 家企业产量 13.1 亿吨，占全国 35.5%，增加了 5.4 个百分点。神华、同煤、山东能源、陕煤化、中煤、兖矿、山西焦煤、冀中能源、河南能源等 9 家企业产量超亿吨，比 2010 年增加 4 家，产量 14.1 亿吨，占全国的 38.2%，提高了 13 个百分点。"十二五"期间产业转型发展迈出新步伐。煤炭企业创新发展模式，初步形成了以煤为主，电力、现代煤化工、清洁能源生产、新能源开发、高端装备制造、现代物流、节能环保、金融服务等相关产业横向重组、纵向延伸、融合发展的新格局。煤炭企业参股、控股电厂权益装机容量 1.5 亿千瓦，占全国火电装机容量的 1/6 左右。一批大型煤炭企业非煤产业超过 60%以上。

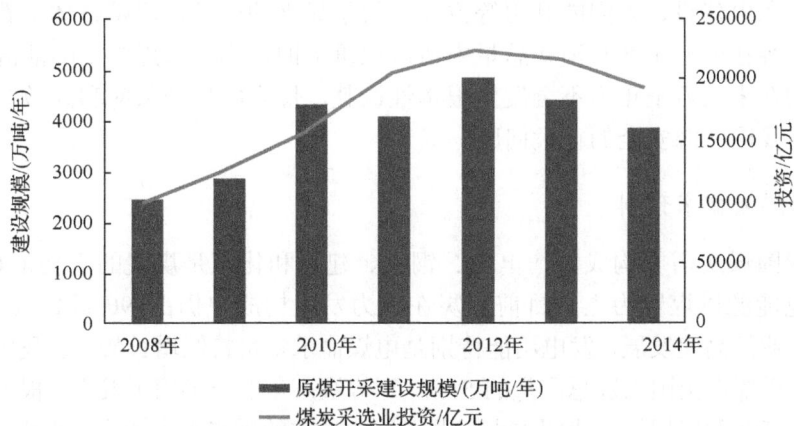

图 5-4　煤炭行业投资以及建设规模

"十三五"时期，煤炭行业发展面临历史性拐点。预计到 2020 年，我国非化石能源消费比重达 15%左右，天然气消费比重达 10%左右，煤炭消费比重下降到 58%左右。从国内看，经济发展进入新常态，从高速增长转向中高速增长，向形态更高级、分工更优化、结构更合理的阶段演化，能源革命加快推进，油气替代煤炭、非化石能源替代化石能源双重更替步伐加快，生态环境约束不断强化，煤炭行业提质增效、转型升级的要求更加迫切，行业发展面临历史性拐点。我国仍处于工业化、城镇化加快发展的历史阶段，能源需求总量仍有增长空间。立足国内是我国能源战略的出发点，必须将国内供应作为保障能源安全的主渠道，牢牢掌握能源安全主动权。煤炭占我国化石能源资源的90%以上，是稳定、经济、自主保障程度最高的能源。煤炭在一次能源消费中的比重将逐步降低，但在相当长时期内，主体能源地位不会变化。

能源革命是一个长期的过程，2020年之前是能源结构的优化期，主要推动煤炭的清洁高效和持续的开发利用，淘汰落后产能，提高发电比例，尤其是可再生能源逐渐补充能源缺口。2030年以后的20年是能源革命的定型期，要力争到2050年，煤炭、油加气和非化石能源占比是4∶3∶3。

根据2017能源工作会议要求，2017年要着力优化能源供给结构：持续化解防范产能过剩，重点淘汰30万吨以下的落后产能，严控新增产能。同时，高度重视煤电过剩问题，进一步加大调控力度，该减速的减速，该刹车的必须刹车，特别是那些高耗能、高污染、未取得合法审批建设手续的项目。凡是开工建设手续不齐备的，一律停建。

三、国内煤炭市场供需预测

我国是世界上少数几个以煤炭为主要能源的国家，尽管我国在水电开发、沼气建设、风电建设、太阳能利用等方面取得了显著的成效，但是整体上看，我国可再生能源在能源生产和消费总量中所占比重依旧很小。以煤为主的能源生产和消费结构在未来若干年内不会发生根本性调整，煤炭的生产供应和高效利用就成为了保障我国能源安全的重大问题。

(一)煤炭需求预测

从我国煤炭需求构成看，电力、钢铁、建材和化工是煤炭的主要消耗行业。我国发电能源以煤炭为主，目前煤炭在火力发电构成中仍占90%以上。随着我国电力工业的高速发展，发电用能特别是电煤需求量呈持续增长势头。我国火力发电及供热用煤占全国煤炭总产量的51%，即煤炭产量的一半用于发电。根据"十二五"电力工业发展规划，我国电力行业发展所导致的煤炭需求量依旧很大。

我国钢铁工业能源消耗结构中，煤炭占主导地位，主要是炼焦用煤、燃料煤和高炉喷吹用煤，电力其次，其他能源份额很少。由于我国石油天然气资源匮乏，并且考虑进口燃料油的巨大成本，今后相当时期内炼焦煤和动力煤将占钢铁工业能耗的70%左右。

我国已成为世界上建材生产和消费大国，水泥、平板玻璃、建筑陶瓷、卫生陶瓷产量已连续多年位居世界第一位。建材行业也是高耗能行业之一，建材行业的主要产品有水泥、平板玻璃、建筑陶瓷、卫生陶瓷以及各类墙体材料、化学材料等，其中水泥约占50%。水泥主要消耗的能源品种是煤炭和电力，其中，煤炭消耗占水泥能源消费总量的70%以上。

化工产品中五个高耗能产品是合成氨、烧碱、纯碱、电石和黄磷，五个产品的能耗占化学工业总能源消费量的65%左右。我国化学工业能源结构以煤焦为主，煤焦占化工总能耗的45%左右，电力占39%。化学工业用煤包括氮肥厂生产合成氨使用的无烟块煤以及供热用的燃料煤。我国目前吨氨能耗1900千克标准煤，比世界先进水平高出230~330千克标准煤。我国合成氨生产以煤、焦炭为主是造成能耗高的重要原因。

表5-1给出了中国煤炭工业发展研究中心对2020年的全国煤炭需求量预测值，2020年我国煤炭需求量为34.4亿吨，从国内四大行业的需求量来看，电力行业的煤炭需求量最大，其需求量占国内总需求量的一半以上，其次是钢铁行业，其需求量占国内煤需求量20%左右。

表5-1　全国煤炭需求预测　　　　　　（单位：万吨）

年份	2005（实际）	2010（实际）	2015（实际）	2020（预测）
全国煤炭需求量	216900	318000	338000	344000
一、国内需求	212300	303500	309000	345000
电力	112600	170000	195000	220000
钢铁	27500	54500	39000	38000
建材	29000	48000	31000	30000
化工	9700	14100	22000	36000
其他	33500	16900	22000	21000
二、净出口	4600	14500	2000	−1000
出口	7200	1900	8000	8000
进口	2600	16400	6000	9000

注：预测数据来源于中国煤炭工业发展研究中心。

（二）煤炭产量预测

我国煤炭的供应能力主要包括两个方面：一是分析现有和在建煤矿供应能力；二是预测新增煤炭产能。现有的煤炭供应省份主要是山西、陕西、内蒙古自治区自治区、宁夏回族自治区和新疆维吾尔自治区，现有的煤矿和新开工的煤矿主要分布在以上几个省区，表5-2给出了中国煤炭工业发展研究中心对2020年的全国煤炭产量预测值，其预测2020年全国煤炭产量为34.4亿吨。

表 5-2 　全国煤炭产量预测 　　　　　　　　　　　　　（单位：万吨）

年份	2005（实际值）	2010（实际值）	2015（实际值）	2020（预测值）
全国总计	21.9	32.4	36.85	34.4
一、调出地区	10.7	20.45	18.8	21.6
山西省	5.8	7.41	8.2	8.8
陕西省	1.6	3.55	3.3	3.8
内蒙古自治区自治区	2.57	7.82	5.7	6.6
宁夏回族自治区	0.28	0.57	0.95	1.43
新疆维吾尔自治区	0.44	1.10	0.67	0.99
二、调入地区	5.9	4.21	6.3	6.4
北京	0.09	0.03	0.03	0.03
天津	0	0.00	0	0
河北	0.8	0.56	0.76	0.76
山东	1.35	0.86	1.45	1.45
上海	0	0	0	0
江苏	0.27	0.13	0.21	0.21
浙江	0.01	0.00	0	0
安徽	0.8	0.76	1.44	1.53
福建	0.16	0.11	0.15	0.15
河南	1.56	1.23	1.5	1.5
湖北	0.12	0.05	0.1	0.1
湖南	0.49	0.36	0.43	0.43
江西	0.22	0.13	0.19	0.19
其他地区	5.3	7.74	6	6.4

注：预测数据来源于中国煤炭工业发展研究中心。

（三）未来我国煤炭生产布局分析

我国的煤炭生产布局经过多年的规划，布局原则为稳定调入区生产规模，增加调出区开发规模，适度开发自给区资源。由表 5-3 可知，我国的煤炭供应主要有晋、陕、蒙、宁供应，同时，随着新疆煤炭资源开发力度的加大，新疆将成为我国重要的能源开发战略基地。

表 5-3 　我国煤炭功能区划分

功能区	范围	特点
煤炭调入区	东北、京津冀鲁、华东四省一市、华中东四省、广东、广西、海南	资源少、开发强度大、人口稠密、土地资源稀缺、不易加大开发规模、应加强持续资源勘探，稳定生产规模
煤炭调出区	晋、陕、蒙、宁	资源丰富，开采条件好，以建设大型煤矿为主，应加快资源勘探与增加储备，加大开发规模，增加对调入区的补给能力
煤炭自给区	重庆、四川、贵州、云南、新、甘、青、藏	资源丰富，部分地区远离东部煤炭市场，应立足供应本区市场，提高资源勘探程度，适度进行开发

第二节 中国煤炭市场金融安全状况综合评价

在第三章中，通过专家调查和分位数回归的方法对中国煤炭行业金融安全风险的影响因素进行了分析计量，第四章在第三章构建的预警指标体系基础上构建了出一个综合性强的煤炭行业金融安全预警模型。从模型结果可以看出，2003 年以来中国煤炭行业金融安全大多数都处于基本安全的区间内，但是各个年份之间的差别较大。从整体发展来看，2003 年以来煤炭行业自身的行业金融安全评价指标的变化程度并不大，行业金融安全形势的变化主要还是受制于宏观经济形势的变化。

具体看来，2001～2015 年，随着煤炭行业"黄金十年"的开启，企业大规模扩张，负债总额持续上涨，2015 年达到历史峰值 3.68 万亿元，是 2001 年的 13.6 倍，同比增速最高超过了 40%，2012 年后，随着煤炭行业产能过剩现象的日益凸显，同比增速开始持续回落。从资产负债率来看，2003～2007 年，煤炭行业"黄金十年"刚刚起步，企业大规模扩张，资产负债率从 56% 迅速抬升至 61%，之后一直维持在该水平；2008～2010 年，资产负债率开始下行，从 61% 降至 58%，我们认为煤炭行业此时利润丰厚，现金流较为充沛，可以相对有效偿还自身债务；2011～2015 年，资产负债率一路上扬，甚至打破了之前年份的历史高点，截至 2015 年资产负债率已达到 68%。资料显示，2017 年上半年，华东、陕西、内蒙古自治区、山西、西北地区样本企业上半年盈利表现显著改善；华东、陕西、内蒙古自治区、西北地区的平均债务负担小于行业平均水平，山西债务负担虽有小幅下降，但仍高于行业平均水平。

从 2008～2014 年的统计数据来看，我国的资产负债率基本上要高于国际均值 2 个百分点左右；又因为我国的煤炭产量占国际市场份额的比重较大(约 50%)，在国际资产负债率计算均值中的权重也较大，所以，推测如果与国外其他国家煤炭市场相比的话，我国煤炭行业的资产负债率将高于国外其他国家市场 4～5 个百分点。如图 5-5～图 5-8 所示，2001～2015 年，煤炭行业的财务费用快速增长，2014 年达到历史峰值 865.5 亿元，单个年份的同比增速甚至超过了 50%。从期间费用率来看，管理费用率和销售费用率自 2001 年以来均出现了大幅下降，管理费用率从 16% 下降至 6.5% 左右，销售费用率从 8.7% 下降至 2.7% 左右，这些成效来自于企业管理机制以及降本增效等措施取得的成效；但财务费用率则在 2011 年之后出现了大幅抬升，从 1.5% 增长至 3.4%。

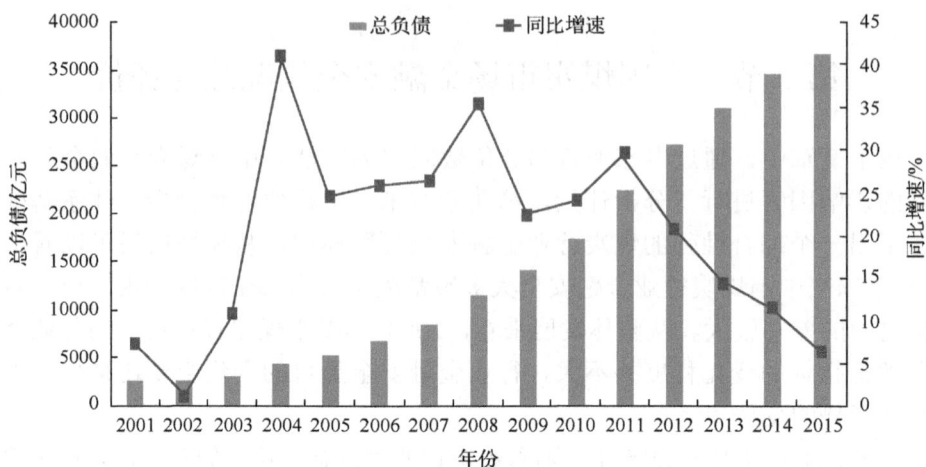

图 5-5　2001～2015 年总负债及同比增速情况

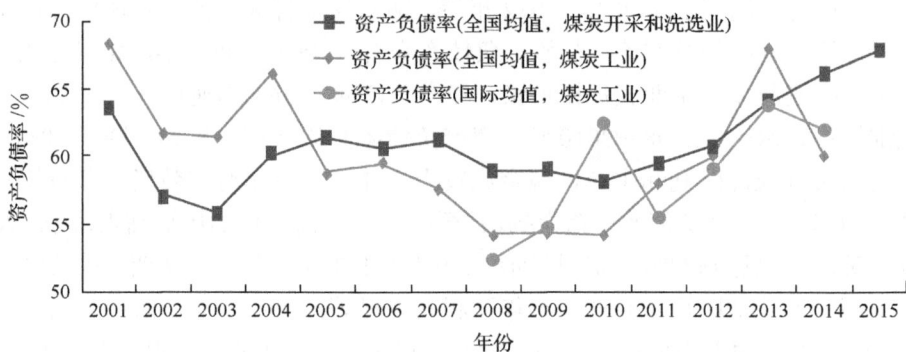

图 5-6　2001～2015 年资产负债率变动情况

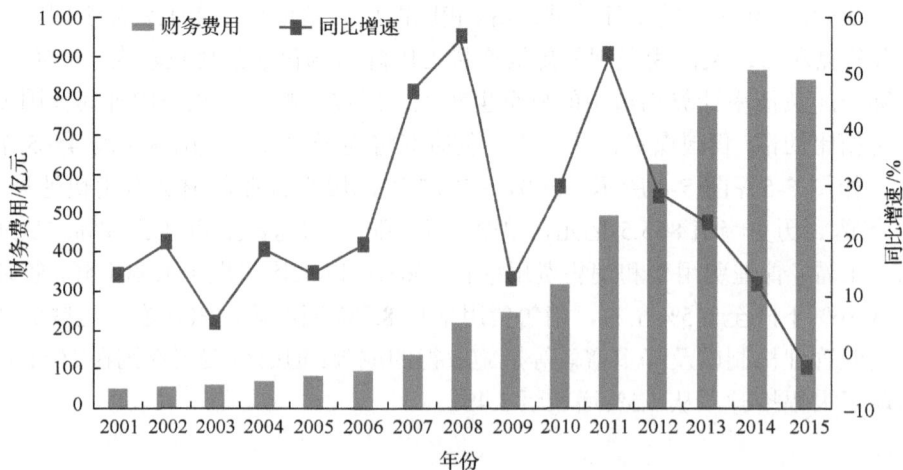

图 5-7　2001～2015 年财务费用及同比增速情况

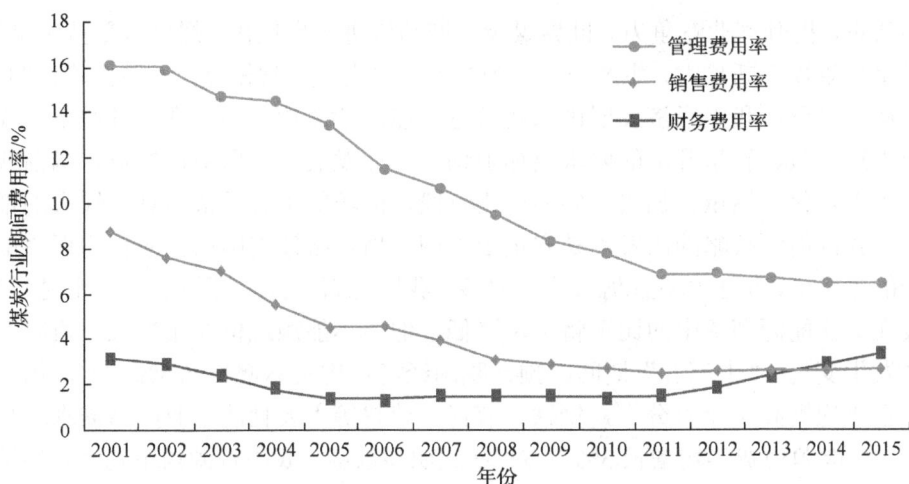

图 5-8 2001～2015 年煤炭行业期间费用率走势图

第三节 中国煤炭金融安全隐患和危机分析

尽管当前企业账面利润得到改善，但在负债率高企、融资成本上升、银根收紧的背景下，资金周转仍然捉襟见肘。报告显示，截至 2017 年 6 月末，已披露财务报表的 50 家发债煤企样本企业全部债务达到 2.8 万亿元，同比增长 5.94%，增速略高于上年同期水平。截至 2017 年 6 月末，样本企业资产负债率达到 74.1%，尽管较 2016 年末的 74.81%略有改善，但仍处于较高水平。

"十三五"期间，我国煤炭工业发展将面临更加复杂的内外部环境。放眼国际，世界经济在深度调整中曲折复苏、增长乏力，国际能源格局发生重大调整，能源结构清洁化、低碳化趋势明显，煤炭消费比重下降，消费重心加速东移，煤炭生产向集约高效方向发展，企业竞争日趋激烈，外部风险挑战加大。

从国际上来看，能源格局发生重大调整，煤炭消费中心也正加速向亚洲转移。受能源需求增长放缓，油气产量持续增长，非化石能源快速发展等因素影响，能源供需宽松，价格低位运行。能源供给多极化，逐步形成中东、中亚-俄罗斯、非洲、美洲多极发展新格局。发达国家能源消费受日趋严苛的环保政策、廉价天然气等因素影响呈持续下降的趋势；而发展中国家能源消费则保持较快增长态势，印度和东南亚地区经济较快增长，电力需求旺盛，成为拉动世界煤炭需求的重要力量，为我国煤炭企业"走出去"带来了新的机遇。但与此同时，全球煤炭新建产能陆续释放，煤炭供应充足，市场竞争日趋激烈。为应对市场竞争，主要产煤国家提高生产技术水平、关停高成本煤矿、减少从业人员、压缩生产成本、提高产品质量，提升产业竞争力。世界煤炭生产结构进一步优化，煤矿数量持续减少，煤矿平均规模不断扩大，生产效率快速提升，煤炭生产规模化、集约化趋势明显。

从国内看，我国经济发展进入新常态，能源革命也在加快推进过程中，煤炭行业提质增效、转型升级的要求更加迫切，行业发展面临历史性拐点。当前我国仍处于工业化、城镇化加快发展的历史阶段，能源需求总量依旧具有较大的增长空间。我国能源战略的出发点是立足于本国国情，必须将国内供应作为保障能源安全的主渠道，牢牢掌握能源安全主动权。我国化石能源资源的90%以上是煤炭，煤炭在一次能源消费中的比重将逐步降低，但主体能源地位在相当长一段时间内不会发生变化。"十三五"期间，预计我国经济年均实际增长 6.5%以上，第三产业比重年均提高 1 个百分点，钢铁、有色、建材等主要耗能行业产品需求增长空间有限，能源消费年均增长 3%左右，增速明显放缓。我国资源约束趋紧，环境污染严重，人们对清新空气、清澈水质、清洁环境等生态产品的需求迫切。我国是二氧化碳排放量最大的国家，已提出 2030 年左右二氧化碳排放达到峰值的目标，国家将保护环境确定为基本国策，推进生态文明建设，煤炭发展的生态环境约束日益强化，必须走安全绿色开发与清洁高效利用的道路。煤炭工业取得了长足进步，但发展过程中不平衡、不协调、不可持续问题依然突出。

(1)结构性矛盾突出。煤炭生产效率低，人均工效与先进产煤国家差距大。煤矿发展水平不均衡，先进高效的大型现代化煤矿和技术装备落后、安全无保障、管理水平差的落后煤矿并存，年产 30 万吨及以下小煤矿仍有 6500 多处。煤炭产业集中度低，企业竞争力弱，低效企业占据大量资源，市场出清任务艰巨。

(2)安全生产形势依然严峻。煤矿地质条件复杂，水、火、瓦斯、地温、地压等灾害愈发严重。东中部地区部分矿井开采深度超过 1000 米，煤矿事故多发，百万吨死亡率远高于世界先进国家水平。煤炭经济下行，企业投入困难，安全生产风险加剧。

(3)体制机制有待完善。煤矿关闭退出机制不完善，人员安置和债务处理难度大，退出成本高。煤炭企业负担重，国有企业办社会等历史遗留问题突出。部分国有煤炭企业市场主体地位尚未真正确立，市场意识和投资决策水平亟待提高。

(4)清洁发展水平亟待提高。煤炭开采引发土地沉陷、水资源破坏、瓦斯排放、煤矸石堆存等，破坏矿区生态环境，恢复治理滞后。煤炭利用方式粗放，大量煤炭分散燃烧，污染物排放严重，大气污染问题突出，应对气候变化压力大。

(5)科技创新能力不强。煤炭基础理论研究薄弱，共性关键技术研发能力不强，煤机成套装备及关键零部件的可靠性和稳定性不高。煤炭科技研发投入不足，企业创新主体地位和主导作用有待加强，科技创新对行业发展的贡献率低。

第四节　中国煤炭市场可持续发展建议

2016 年，能源领域风起云涌，"十三五"开局之年各项规划出台并落地，以去产能、补短板为重点的能源供给侧结构性改革全面推开，能源发展的思路举措更加明确，供给侧结构性改革初见成效，发展新动力新动能不断积聚，补短板工程有序实施能源革命稳步推进。

煤炭行业发展仍处于可以大有作为的重要战略机遇期，也面临诸多矛盾叠加、风险隐患增多的严峻挑战。必须切实转变发展方式，加快推动煤炭领域供给侧结构性改革，着力在优化结构、增强动力、化解矛盾、补齐短板上取得突破，提高发展的质量和效益，破除体制机制障碍，不断开拓煤炭工业发展新境界。

(1)优化生产开发布局。以大型煤炭基地为重点，统筹资源禀赋、开发强度、市场区位、环境容量、输送通道等因素，优化煤炭生产布局。首先是加快对现有资源枯竭、开采难度大的大型煤炭基地外煤实行关闭退出的策略，尽快恢复矿区环境治理，严格控制煤矿建设生产，到 2020 年，大型煤炭基地外煤炭产量控制在 2 亿吨以内；其次是有序降低冀中、河南、晋中、蒙东、云贵、宁东等大型煤炭基地的生产规模，因为这些地区的资源储量有限，地质条件复杂，煤矿开采深度大，很多区域的生态环境承载能力有限，做好资源枯竭煤矿关闭退出，加快处置资源整合煤矿，适度建设接续矿井；最后是有序推进陕北、神东、黄陇、新疆大型煤炭基地建设，因为这些区域炭资源丰富，煤层埋藏浅，地质构造简单，生产成本低。"十三五"期间，煤炭铁路运力总体宽松，预计 2020 年，全国煤炭铁路运输总需求约 26～28 亿吨。考虑铁路、港口及生产、消费等环节不均衡性，需要铁路运力 30～33 亿吨。铁路规划煤炭运力 36 亿吨，可以满足"北煤南运、西煤东调"的煤炭运输需求。西部地区煤炭外调量较快增长。煤炭铁路运输以晋陕蒙煤炭外运为主，全国形成"九纵六横"的煤炭物流通道网络。

(2)加快煤炭结构优化升级，分"四步走"策略。第一步，严格控制新增产能。从 2016 年起，原则上 3 年内停止审批新建煤矿项目、新增产能的技术改造项目和产能核增项目。未经核准擅自开工的违规建设煤矿一律停建停产，承担资源枯竭矿区生产接续、人员转移安置等任务确需继续建设的，须关闭退出相应规模的煤矿进行减量置换。第二步，有序退出过剩产能。加快依法关闭退出落后小煤矿，以及与保护区等生态环境敏感区域重叠、安全事故多发、国家明令禁止使用的采煤工艺的煤矿并且建立问责考核机制，督促地方和企业细化实施方案，加快实施进度，引导过剩产能加快退出。第三步，以提高质量和效益为核心积极发展先进产能；第四步，坚持市场主导、企业主体和政府支持相结合的原则，推进企业兼并重组以此整合分散的矿业权，提高集约化程度，实现互惠互利、风险共担。

（3）以绿色发展为信念，推进煤炭清洁生产。在严格执行环保标准的基础上，采用先进环保理念和技术装备，因地制宜推广充填开采，减轻对生态环境影响同时加强生产煤矿回采率管理。以经济效益、社会效益、生态效益协同提高为目标，促进煤炭与共伴生资源的综合开发与循环利用，发展矿区循环经济。构建政府主导、政策扶持、社会参与、开发式治理、市场化运作的治理新模式，加大历史遗留矿山地质环境问题治理力度。

（4）按照"清洁、低碳、高效、集中"的原则，促进煤炭清洁高效利用。加强对商品煤质量的管理，完善商品煤的标准体系，严格限制有害指标，健全质量监管体系。另外发展清洁高效煤电，提高电煤在煤炭消费中的比重，推进重点耗煤行业节能减排，鼓励煤－化－电－热一体化发展，提升能源转换效率和资源综合利用率。加强先进技术攻关和产业化，提升煤炭转化效率、经济效益和环保水平，发挥煤炭的原料功能，推进煤炭深加工产业示范。在大气污染防治重点地区实施煤炭消费减量替代，加强散煤使用管理，积极推广优质无烟煤等洁净煤，在民用煤炭消费集中地区建设洁净煤配送中心，完善洁净煤供应网络。

（5）坚持以人为本、生命至上理念，提升安全保障能力，要做到以下三点。第一，建立责任全覆盖、管理全方位、监管全过程的煤矿安全生产综合治理体系，健全安全生产长效机制，进一步明确各方监管责任，合理划分各级执法责任，充分运用市场机制，推进煤矿安全生产，逐步建立煤矿安全生产责任保险体系；第二，利用物联网、大数据等推进煤矿安全监控系统升级改造，构建煤矿作业场所的事故预防及应急处置系统，深化煤矿灾害防治，提升安全准入门槛，加强过程控制，推进煤矿排查治理安全生产隐患，重点推进灾害严重矿区致灾因素排查；第三，对职业健康监护加大资金投入，建立健全煤矿职业病危害防治体系，有效保障职工工伤保险待遇，切实解决困难职工医疗和生活问题。

（6）坚持创新发展理念，加强煤炭科技创新，推动煤炭技术革命。首先要加强基础研究和关键技术攻关，支持煤矿灾害机理、煤炭安全绿色开发和清洁高效利用、煤层气赋存规律、煤系伴生资源协同开发等基础理论研究，强化煤炭科技原始创新能力。其次以提高效率为核心，加强煤炭集成创新，推动物联网、大数据、云计算等现代信息技术在煤炭行业的集成应用，服务煤炭生产、灾害预防预警、煤炭物流、行业管理等工作。然后，积极引导社会投资，推动智慧煤矿、煤炭清洁高效利用和转化、煤层气开发利用等重大示范工程建设，加快国产技术装备应用，形成具有自主知识产权的核心技术和装备体系。最后，完善科技创新机制，深入实施创新驱动战略，激发煤炭科技创新活力，加快煤炭科技人才培养，加强煤矿职工技能培训，为煤炭科技发展提供基础保障。

（7）深化煤炭行业改革，完善煤炭税费体系，将不合理收费全部取缔并对重复税费进行整合，将各项税收优惠政策全面落实，减轻煤炭企业负担。完善煤矿关闭退出相关标准,指导煤矿有序退出。加大政策扶持力度,支持通过企业内部分流、转岗就业创业、内部退养、公益性岗位安置等方式,多渠道分流安置煤矿职工。减少行政性干预,发挥企业家创新精神和企业主体作用,引导国有煤炭企业发展由依靠政府和政策支持向依靠创新和市场竞争转变,提高企业经营决策水平。健全煤炭企业公司法人治理结构,建立完善现代企业经营管理制度。鼓励企业创新管理模式,压缩管理层级,精简机构人员,降低运营成本。严格管控投资风险,加强内部精细化管理,着力推进管理人员能上能下、员工能进能出、收入能增能减的国有企业三项制度改革。推动具备条件的国有煤炭企业发展混合所有制,创造条件推进集团公司整体上市,促进企业转换经营机制,提高国有资本配置和运行效率。

(8)发展煤炭服务产业,围绕结构深度调整,积极推动煤炭转型发展,加快发展煤炭现代物流,健全煤炭市场交易体系,加强行业服务能力建设,推进环渤海、长三角等大型煤炭储配基地和煤炭物流园区建设,实现煤炭精细化加工配送。发展煤炭绿色物流,推进封闭运输,减轻对环境影响。加强物流环节收费监管,清理不合理收费,降低煤炭物流成本。加快物联网、移动互联等先进技术在煤炭物流领域的应用,推动煤炭物流标准化建设,提高煤炭物流专业化管理和服务能力。进一步完善煤炭产运需衔接机制,促进传统产运需衔接方式向现代交易模式转变。积极引导各类市场主体参与煤炭交易市场建设,加快建设区域性煤炭交易市场,培育1、2个全国性煤炭交易中心。完善煤炭交易市场运行机制,发展煤炭期货交易,创新煤炭金融服务,降低交易成本,优化煤炭资源配置。同时提升行业服务能力,推进煤炭统计监测体系建设,及时向社会发布产业发展信息。支持煤炭企业和科研院所组建战略研究机构,为政府宏观管理和企业经营决策提供支撑。

(9)推进全方位国际合作,统筹国际国内两个大局,充分利用两个市场、两种资源,以"一带一路"建设为统领,遵循多元合作、互利共赢原则,全方位加强煤炭国际合作,提升煤炭工业国际竞争力。坚持市场化原则,巩固和发展与主要煤炭资源国和消费国的长期稳定贸易关系。低热值煤、高硫煤等劣质煤进口。完善煤炭出口政策,鼓励优势企业扩大对外出口。积极参与全球煤炭资源优化配置,提高优质煤炭资源供应潜力,提高我国在世界煤炭市场中的影响力。积极稳妥推进煤炭国际产能合作,鼓励优势煤炭企业根据资源条件、经济社会发展情况、政策环境等选择投资目标,推进境外煤炭资源勘探开发。发挥政策性银行和开发性金融机构的积极作用,通过银团贷款、出口信贷、项目融资等多种方式,加大对符合条件的煤炭国际产能和装备制造合作的融资支持。

(10)全方位加强行业保障机制。研究修订《煤炭法》,健全煤炭法律法规体系。修订煤炭产业政策,提高办矿标准,完善产业调控政策体系。加强行业监管,理顺煤炭管理职能,健全集中统一、上下协调的管理体制,加强煤炭资源、开发、安全生产、经营全过程管理。完善煤炭工业发展规划、煤炭资源勘查规划、矿区总体规划等有机衔接、协调配合的机制,强化规划、产业政策、标准的引导和约束作用。加大金融支持力度,坚持区别对待、有控有扶的原则,不搞"一刀切",引导金融机构对具备竞争力的优质骨干煤炭企业继续给予信贷支持,支持符合条件的煤炭企业以采矿权、应收账款等资产进行抵质押担保,通过发行债券等方式融资。积极综合运用债务重组、破产重整或破产清算等手段,妥善处置煤炭企业债务和不良资产。

本 章 小 结

中国煤炭行业经历了过山车式的十年发展,经历过辉煌,更多的是品尝辛酸苦涩。在保证国家能源安全的贡献中也承受了环境污染源的压力,行业产能过剩的苦涩更是今后几年行业发展要面对的巨大难题。"十三五"期间,国内外经济形势和能源格局将会波动剧烈,前进的曲折性增强。煤炭在继续发挥我国能源主体作用的同时,也因为环境承载能力、经济增速缓慢、经济结构调整、能源科技发展、绿色环保理念的深入而面临着较大的发展压力。煤炭行业必须完成全行业促转型、调结构、增动能的任务,为完成煤炭供给侧结构性改革目标、化解煤炭过剩产能、推进煤炭产业脱困发展和转型升级提供了强大动力。本章从对过去十年中国煤炭市场的发展情况进行总结的基础上对现阶段我国煤炭行业的现状及发展趋势进行分析。根据第四章构建的煤炭行业金融安全预警模型对所获煤炭行业金融安全预警指标数据进行分析计算得出了 2003～2016 年煤炭行业金融安全预警指数,据此对中国煤炭市场金融安全状况进行综合评价,并由此阐述了我国煤炭市场中存在的金融安全隐患和危机。最后根据一系列的现实情况为中国煤炭市场的可持续发展提供建议。

第六章 山西省煤炭行业金融安全预警 管理实证研究

第一节 山西省煤炭行业财务安全状况分析评价

由于山西省煤炭行业相关财务数据并不完整，所以本书使用山西省煤炭行业上市公司公开的财务数据衡量山西省煤炭行业财务状况，山西省煤炭上市公司主要包括大同煤业、阳泉煤业(国阳新能)、西山煤电、潞安环能、兰花科创、山煤国际、安泰集团、煤气化、山西焦化等公司。

一、山西省煤炭行业规模分析

分析中，选取主营业务收入、净利润、总资产、营业利润、总利润这五个指标来衡量山西省煤炭行业规模发展状况，见图 6-1 和表 6-1 所示。

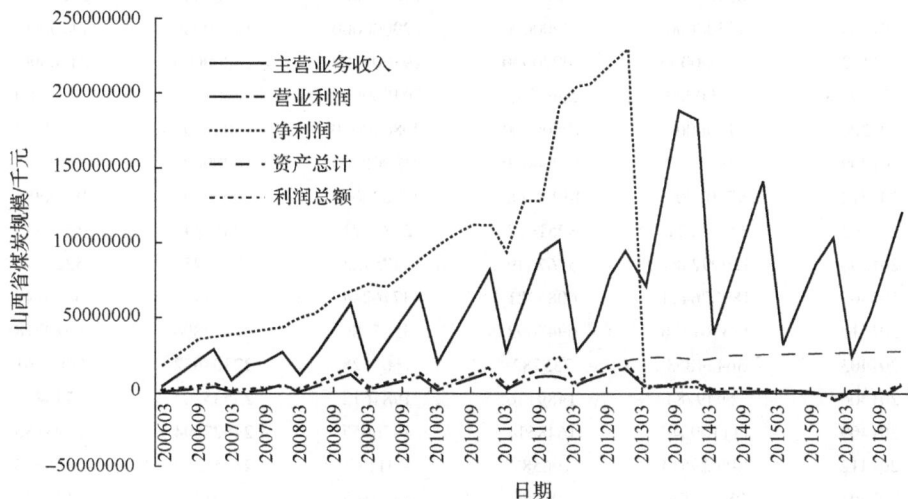

图 6-1 山西省煤炭行业规模分析图

表 6-1 山西省煤炭行业规模分析表 （单位：千元）

日期	主营业务收入	净利润	总资产	营业利润	总利润
200603	4070000	537000	18700000	732000	728000
200606	9950000	1340000	25400000	1960000	1950000
200609	19900000	2590000	34600000	3680000	3670000

续表

日期	主营业务收入	净利润	总资产	营业利润	总利润
200612	28800000	3550000	37200000	5090000	5050000
200703	8290000	1010000	38800000	1510000	1500000
200706	17100000	194000	40300000	2900000	2880000
200709	20600000	1940000	42000000	2900000	2880000
200712	26700000	2760000	43800000	4060000	4050000
200803	11200000	1510000	49100000	2010000	2000000
200806	25300000	4240000	53600000	5610000	5590000
200809	44100000	8160000	63300000	10900000	10800000
200812	60300000	12200000	67500000	16100000	16000000
200903	14800000	2990000	71800000	3860000	3870000
200906	31100000	5050000	70600000	6790000	6760000
200909	47600000	7540000	77400000	10200000	10100000
200912	65700000	9560000	89200000	12900000	12800000
201003	17600000	2880000	97500000	3890000	3860000
201006	39200000	6280000	105000000	8500000	8440000
201009	63500000	9440000	112000000	12900000	12700000
201012	82600000	12000000	111000000	16000000	15800000
201103	24200000	2600000	92400000	3570000	3550000
201106	60900000	7480000	128000000	10200000	10200000
201109	93300000	10900000	129000000	14700000	14700000
201112	102000000	10070000	193000000	24800000	24300000
201203	26200000	5560000	204000000	6640000	6640000
201206	41300000	10500000	208000000	13000000	13000000
201209	78400000	13000000	219000000	16900000	15800000
201212	97300000	14900000	229000000	20000000	19000000
201303	68733521	3251992	2287171	22818446	3250336
201306	126992381	5267649	3475725	22546731	5223717
201309	189776444	6086281	3776234	22753958	6036149
201312	183701596	6948692	3545480	22177806	6929878
201403	36424853	735782	1663128	22308652	2002261
201406	76949284	1489136	1987612	23535262	2744462
201409	111109349	1648514	1876057	24527594	2893135
201412	145029544	196587	−41171	24256803	1446574
201503	28541978	−96986	−456507	24691206	−132084
201506	58614623	73521	−490588	25035070	12632
201509	87920447	−499548	−1274550	25484604	−576076
201512	103219388	−4186374	−4975942	25279688	−4007818
201603	20814393	−509970	68598	25456410	219011
201606	48638961	−992196	−556228	25516610	−326639
201609	81461271	−884554	−640235	26418802	−203408
201612	119685544	2914692	1301693	26591370	3267017

从以上数据分析中可知,自 2006 年开始,以上市公司为代表的山西省煤炭行业的总资产处于快速增长的时期,2006 年年底总资产为 372 亿元,到 2011 年三季度末增加到 1290 亿元,年增长率达到 57.8%;但是,从净利润和总利润上看,其增加的幅度较资产增长幅度小,2006 年全行业净利润为 35.5 亿元,2010 年全年为 120 亿元,2006 年全行业总利润为 50.5 亿元,2010 年全年为 158 亿元,年均增长率分别为 35.59%和 32.996%,低于行业资产总量的平均增幅,显示随着行业规模的增长,行业经营能力和素质提升的空间仍然很大。

二、山西省煤炭行业资产结构分析

分析中,选取流动资产占比、固定资产占比、无形资产占比、和长期资产占比这四个指标来衡量山西省煤炭行业资产结构状况,如表 6-2 和图 6-2 所示。

表 6-2 山西省煤炭行业资产结构分析表 (单位:%)

日期	流动资产占比	固定资产占比	无形资产占比	长期资产占比
200603	44.69	44.51	1.52	9.27
200606	46.06	35.76	1.89	16.29
200609	51.13	36.17	2.72	9.98
200612	49.27	38.4	2.35	9.97
200703	50.83	34.61	3.69	10.87
200706	48.92	34.86	3.67	12.56
200709	48.53	34.72	3.5	13.25
200712	46.51	37.54	3.71	12.24
200803	43.96	37.7	5.35	12.99
200806	46.97	37.07	4.86	11.09
200809	46.05	33.57	9.55	10.83
200812	39.53	38.91	11.34	10.21
200903	42.11	36.23	10.66	11
200906	45.33	30.83	10.88	12.97
200909	47.63	29.15	9.87	13.35
200912	44.87	28.69	12.97	13.47
201003	48.71	25.93	11.79	13.56
201006	49.4	26.82	10.84	12.94
201009	50.5	25.26	10.24	14
201012	47.21	27.87	12.13	12.79
201103	48.94	29.65	10.29	11.12
201106	51.85	21.86	10.93	15.37
201109	51.59	23.57	10.88	13.97

续表

日期	流动资产占比	固定资产占比	无形资产占比	长期资产占比
201112	52.6	28.33	10.31	10.41
201203	53.56	26.69	10.29	10.47
201206	50.93	26.23	11.89	12.56
201209	49.22	25.95	12.11	13.23
201212	43.87	25.83	14.24	15.76
201303	47.09	24.67	13.72	14.52
201306	45.38	24.20	13.75	16.67
201309	45.23	23.85	13.73	17.19
201312	38.34	26.66	14.01	20.99
201403	39.04	26.18	13.92	20.86
201406	42.95	25.87	13.87	17.31
201409	46.81	25.68	13.79	13.72
201412	40.97	28.19	14.92	15.91
201503	42.82	28.50	14.88	13.80
201506	43.60	28.52	14.79	13.09
201509	44.56	28.33	14.72	12.39
201512	40.40	32.43	14.61	12.56
201603	41.80	31.62	14.30	12.27
201606	40.88	31.48	14.55	13.09
201609	43.45	31.63	14.50	10.42
201612	42.40	31.58	14.47	11.55

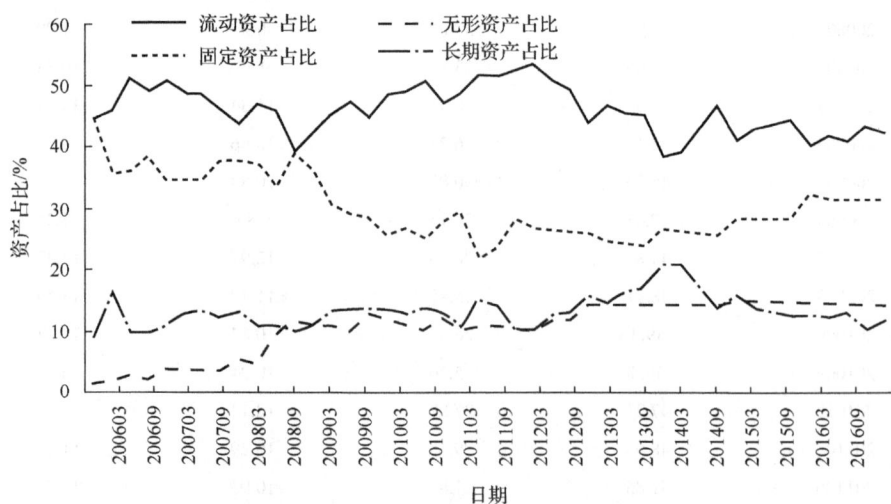

图 6-2　山西省煤炭行业资产结构分析图

　　从山西省煤炭行业的资产结构上看，流动资产占比在 2008 年 12 月份达到最低的 39.53%，最近几年的流动资产占比增加比较明显，主要原因是这几年煤炭市场的转好，以及煤炭企业对于流动资产的重视。流动资产平均占比为 47.42%，可见，山西省整个煤炭行业的流动性能力偏低，在煤炭价格多变的时期，容易产生财务风险。从无形资产占比上分析，无形资产占总资产比重从 2008 年第二个季度开始有了明显的上升，表明各煤炭企业对于企业的文化和品牌的价值的重视程度的增加。从固定资产占总资产占比的趋势上看，其比重在逐渐下降，主要原因是煤炭企业为了促使其资产流动性的增加，逐渐剥离其国有独资企业时期一些社会资产。

三、山西省煤炭行业流动资产构成分析

　　分析中，选取货币资金占比、应收票据占比、应收账款占比、其他应收款占比、预付账款占比这五个指标来衡量山西省煤炭行业流动资产构成状况，如表 6-3 和图 6-3 所示。

表 6-3　山西省煤炭行业流动资产结构分析表　　　　（单位：%）

日期	货币资金占比	应收票据占比	应收账款占比	其他应收款占比	预付账款占比
200603	47.96	19.69	13.33	4.81	4.43
200606	54.65	14.51	12.60	4.35	5.48
200609	54.31	22.56	7.23	3.92	3.27
200612	57.65	21.72	7.00	2.93	3.26
200703	53.43	20.83	8.80	5.19	4.11
200706	49.32	23.23	7.31	5.85	5.60
200709	47.80	20.48	5.83	11.25	6.63
200712	53.46	15.86	5.83	10.79	6.35
200803	53.93	15.33	7.16	7.20	7.83
200806	50.92	16.90	6.71	6.16	11.17
200809	49.80	22.39	6.12	6.59	6.26
200812	47.05	23.28	9.11	4.43	8.99
200903	44.98	24.79	9.88	4.45	9.32
200906	43.26	23.91	9.32	5.43	10.99
200909	43.43	22.34	6.85	10.09	11.08
200912	53.03	20.35	6.11	7.28	8.50
201003	52.16	19.17	5.68	8.48	9.02
201006	48.87	20.61	5.18	8.88	7.53
201009	47.80	20.19	9.59	8.09	6.86
201012	53.46	21.61	5.34	7.02	5.85

日期	货币资金占比	应收票据占比	应收账款占比	其他应收款占比	预付账款占比
201103	49.55	16.59	11.84	5.79	6.88
201106	47.21	24.68	7.15	6.25	7.12
201109	43.50	28.07	7.39	6.48	7.63
201112	41.07	22.93	10.06	3.71	11.16
201203	39.70	17.74	14.49	2.91	12.50
201206	35.26	16.78	17.04	3.53	15.89
201209	39.90	16.72	21.00	5.20	15.73
201212	40.25	20.84	20.13	4.11	12.38
201303	35.30	17.31	27.29	4.92	15.19
201306	33.84	17.28	28.09	4.34	16.45
201309	30.91	19.73	26.72	4.78	17.86
201312	33.38	26.43	22.09	5.05	13.04
201403	32.65	17.44	29.20	6.02	14.69
201406	36.30	16.09	28.86	5.65	13.10
201409	37.70	14.52	27.55	5.31	14.92
201412	35.59	20.24	23.33	11.36	9.48
201503	33.36	15.04	28.84	11.74	11.02
201506	35.95	13.76	28.75	10.97	10.58
201509	35.49	12.20	29.33	10.90	12.08
201512	38.98	15.15	27.94	8.31	9.62
201603	35.39	13.34	29.75	10.78	10.75
201606	34.59	16.28	27.84	9.52	11.77
201609	35.80	17.55	26.16	9.74	10.75
201612	41.79	22.28	24.87	5.06	6.01

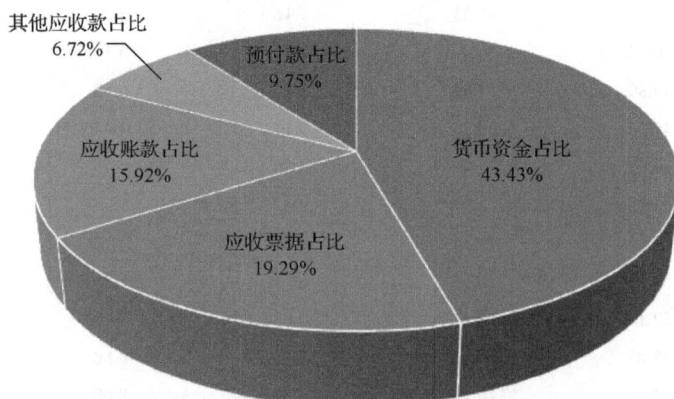

图 6-3　山西省煤炭行业流动资产结构分析图

流动资产结构体现了公司获得流动性资金的成本高低，从以上数据可知，山西煤炭企业的货币资金和应收票据占比之和达到了 70% 左右，比较高，显示山西省煤炭企业的流动性结构良好，得益于近年来煤炭市场的景气程度，煤炭企业的现金流量比较充裕，同时，也说明了资产的使用停滞现象较严重，在降低风险的同时也降低了获利能力。

四、山西省煤炭行业负债结构分析

分析中，选取长期负债占比、流动负债占比、资产负债率三个指标来衡量山西省煤炭行业负债结构状况，如表 6-4 和图 6-4 所示。

表 6-4　山西省煤炭行业负债结构分析表　　　　　（单位：%）

日期	长期负债占比	流动负债占比	资产负债率
200603	33.43	66.57	47.95
200606	41.17	58.83	49.45
200609	36.84	63.16	50.87
200612	32.97	67.03	49.62
200703	36.38	63.62	49.96
200706	38.78	61.22	51.02
200709	38.63	61.37	50.52
200712	34.35	65.65	49.51
200803	31.84	68.16	52.41
200806	30.77	69.23	53.90
200809	27.94	72.06	56.53
200812	26.23	73.77	45.25
200903	26.35	73.65	44.12
200906	19.40	80.60	44.02
200909	25.11	74.89	44.45
200912	32.00	68.00	50.81
201003	33.08	66.92	49.65
201006	29.89	70.11	50.79
201009	29.83	70.17	49.52
201012	30.22	69.78	49.10
201103	28.67	71.33	47.67
201106	25.81	74.19	49.61
201109	25.81	74.19	47.65
201112	22.52	78.85	54.78
201203	21.49	78.51	53.72

日期	长期负债占比	流动负债占比	资产负债率
201206	20.48	79.42	54.76
201209	22.57	77.43	55.83
201212	25.86	74.04	59.86
201303	26.19	73.81	58.76
201306	29.25	70.75	57.85
201309	30.96	69.04	58.42
201312	26.06	73.94	60.29
201403	28.67	71.33	59.45
201406	29.09	70.91	61.09
201409	29.65	70.35	62.59
201412	30.31	69.69	63.81
201503	31.85	68.15	64.25
201506	33.24	66.76	64.54
201509	36.01	63.99	65.34
201512	29.78	70.22	68.07
201603	30.76	69.24	67.96
201606	30.53	69.47	68.19
201609	30.00	70.00	69.16
201612	26.34	73.66	69.19

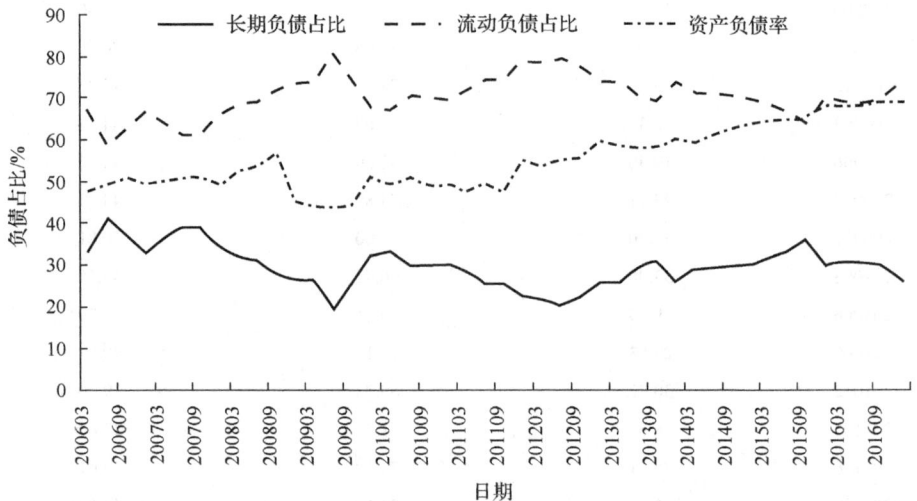

图 6-4　山西省煤炭行业负债结构分析

从公司的资产负债率上看，资产负债率一直保持了 50%左右，低于全国煤炭行业资产负债率水平，全国煤炭行业资产负债率 2009 年和 2011 年分别为 59.96% 和 58.96%，资产负债率相比较全国煤炭行业总体水平来看还是比较低的，行业负债结构中流动负债占比在 70% 左右，对于公司流动资产的周转能力要求较高，考虑到行业货币资金和应收票据占比也在 70% 以上，总体上负债结构与资产结构的匹配性比较良好。当公司需要扩大规模、加快发展时，则资产负债率会进一步升高，这样可能会导致财务风险，因此，公司应该更多地通过推动股权融资来提高公司的资本实力，使公司的财务结构更加合理化。

五、山西省煤炭行业偿债能力分析

分析中，选取流动比率、速动比率、负债股权倍数这三个指标来衡量山西省煤炭行业偿债能力发展状况，如表 6-5 所示。

表 6-5　山西省煤炭行业偿债能力分析表

日期	流动比率	速动比率	负债股权倍数
200603	1.40	1.21	0.95
200606	1.58	1.37	1.02
200609	1.59	1.41	1.08
200612	1.48	1.33	1.03
200703	1.60	1.41	1.00
200706	1.57	1.34	1.04
200709	1.57	1.34	1.02
200712	1.43	1.23	0.98
200803	1.23	1.03	1.10
200806	1.26	1.02	1.17
200809	1.13	0.96	1.30
200812	1.18	0.99	0.83
200903	1.30	1.09	0.79
200906	1.28	1.05	0.79
200909	1.43	1.18	0.80
200912	1.30	1.13	1.03
201003	1.47	1.25	0.99
201006	1.39	1.16	1.03
201009	1.45	1.24	0.98
201012	1.38	1.20	0.96
201103	1.44	1.21	0.91
201106	1.41	1.20	0.98
201109	1.46	1.25	0.91

日期	流动比率	速动比率	负债股权倍数
201112	1.22	1.08	0.82
201203	1.27	1.14	0.86
201206	1.17	1.04	0.82
201209	1.14	1.01	0.79
201212	0.99	1.03	0.78
201303	1.09	0.97	1.42
201306	1.12	0.99	1.37
201309	1.12	1.00	1.41
201312	0.88	0.77	1.52
201403	0.94	0.81	1.47
201406	0.96	0.83	1.57
201409	0.99	0.86	1.67
201412	0.87	0.76	1.76
201503	0.90	0.79	1.80
201506	0.92	0.81	1.82
201509	0.95	0.84	1.89
201512	0.76	0.68	2.13
201603	0.80	0.72	2.12
201606	0.77	0.70	2.14
201609	0.78	0.70	2.24
201612	0.71	0.64	2.25

由表 6-5 可知，自 2006 年以来，山西省煤炭行业偿债能力变化情况不大，流动比率一直维持在 1.4 左右，速动比率维持在 1.2 左右，而负债股权倍数维持在 1 左右，对比来看，速动比率维持较好，流动比率偏低，这与煤炭行业本身资源开采的行业特点也是吻合的。从总体上来衡量，近年来，山西省煤炭行业的偿债能力还是比较强的，尤其是 2009 年以后完成省内煤炭行业产业重组后，原有财务能力较弱的中小煤炭企业大量被整合以后依托母公司的资金支持、注入管理等措施行业财务能力有了较大改善。

六、山西省煤炭行业资产周转能力分析

分析中，选取总资产周转率、流动资产周转率、应收账款周转率这三个指标来衡量山西省煤炭行业资产周转能力发展状况，如表 6-6 所示。

表 6-6　山西省煤炭行业资产周转能力分析表　　（单位：次数/年）

日期	总资产周转率	流动资产周转率	应收账款周转率
200603	0.22	0.49	3.65
200606	0.39	0.85	6.75
200609	0.57	1.12	15.53
200612	0.77	1.57	22.40
200703	0.21	0.42	4.78
200706	0.42	0.87	11.88
200709	0.49	1.01	17.34
200712	0.61	1.31	22.49
200803	0.23	0.52	7.24
200806	0.47	1.01	14.99
200809	0.70	1.51	24.68
200812	0.89	2.26	24.77
200903	0.21	0.49	4.97
200906	0.44	0.97	10.43
200909	0.62	1.29	18.87
200912	0.74	1.64	26.88
201003	0.18	0.37	6.51
201006	0.37	0.75	14.54
201009	0.57	1.12	11.73
201012	0.74	1.57	29.47
201103	0.26	0.54	4.52
201106	0.48	0.92	12.82
201109	0.72	1.40	18.97
201112	0.69	1.04	17.82
201203	0.73	1.02	6.70
201206	0.75	0.99	18.02
201209	0.76	1.01	19.05
201212	0.74	1.13	20.03
201303	0.30	0.64	2.62
201306	0.54	1.15	4.70
201309	0.83	1.84	7.56
201312	0.83	1.93	8.89
201403	0.17	0.41	1.93
201406	0.33	0.82	3.36
201409	0.46	1.08	4.51
201412	0.60	1.45	6.54
201503	0.12	0.30	1.30
201506	0.23	0.59	2.35
201509	0.35	0.87	3.42
201512	0.41	1.06	4.20
201603	0.08	0.22	0.89
201606	0.19	0.52	2.01
201609	0.31	0.85	3.52
201612	0.45	1.22	5.39

山西省煤炭行业资产周转能力指标中，总资产周转率变化不大，年周转率维持在 0.7 左右，对比全国煤炭行业 2009 年和 2011 年总资产周转次数 0.80 和 0.87 相比基本持平。流动资产周转率和应收账款周转率波动幅度较大，流动资产周转次数维持在 1.5 左右，应收账款周转次数维持在 25 左右，相比较全国煤炭行业 2009 年和 2010 年相应数据来看，全国煤炭行业 2009 年和 2010 年的流动资产周转次数分别为 2.1 和 2.07，全国煤炭行业 2009 年和 2010 年的应收账款周转次数分别为 13.7 和 13.94，从数据上分析，山西省煤炭行业的资产周转能力是比较强的，显示财务管理能力较强，也增加了山西省煤炭行业经营的安全性。

七、山西省煤炭行业财务状况与国内主要煤炭经营区域比较

由于目前我国煤炭产销大省多集中在山西省、山东省、河南省、内蒙古自治区、陕西省五省，选取了反映煤炭行业规模对比、偿债能力、盈利能力、营运能力和成长能力五个方面的共计 17 个指标来进行国内主要煤炭经营区域的财务能力对比情况，相关数据资料如表 6-7 所示。

表 6-7　2011 年中国煤炭行业及煤炭五大区域经营水平对比分析

指标	中国	山西省	内蒙古自治区	山东省	河南省	陕西省
销售收入/亿元	23770.31	5792.41	2989.36	2259.93	2178.95	1814.66
总资产/亿元	53788.47	16406.8	6310.94	6675.23	3328.68	3746.73
利润总额/亿元	405.07	−134.99	318.47	80.9	−39.89	200.54
规模以上企业数量/家	5924	1193	383	382	788	488
资产负债率/%	20.25	19.68	37.82	25.99	8.28	42.32
债务股权倍数/倍	1.70	−2.33	10.65	3.58	−1.83	11.05
利息保障倍数/倍	0.75	−0.82	5.05	1.21	−1.20	5.35
销售毛利率/%	16.84	16.45	27.44	20.63	7.64	29.73
销售利润率/%	1.70	−2.33	10.65	3.58	−1.83	11.05
资产报酬率/%	0.75	−0.82	5.05	1.21	−1.20	5.35
总资产周转天数/天	418.53	549.95	413.61	406.32	388.92	445.46
流动资产周转天数/天	176.09	248.35	173.13	164.43	155.86	229.08
产成品周转天数/天	11.33	15.5	11.39	16.34	6.79	10.62
应收账款周转天数/天	26.18	26.38	37.11	13.2	14.63	51.99
销售收入同比增长率/%	−21.6	−18.8	−14.8	−34.67	−21	−8.31
利润总额同比增长率/%	−71.56	−354.03	−33.87	−51.82	−135.82	−44.55
资本累积率/%	−4.4	−4.95	−0.16	0.73	−13.92	2.69

数据来源：国家统计局、银联信。

从 2012 年煤炭行业规模指标来看,无论是总资产、销售收入、利润额还是企业数量,山西省在五大煤炭产销区域中均位居第一位。在偿债能力方面,山西省煤炭行业的偿债能力指标低于全国平均水平,在五大煤炭产销区域中仅仅优于山东省煤炭行业偿债能力,位居第四位,显示财务风险应该引起重视。在盈利能力方面,山西省煤炭行业的盈利能力指标中资产报酬率最低,不仅低于全国平均水平,而且也低于其他四个省区煤炭行业的资产报酬率,销售毛利率和销售利润率指标优于全国平均水平,低于内蒙古自治区自治区和陕西省的相应指标,位居第三位。在营运能力方面,相较于其他重点地区,山西省营运能力整体较弱,产成品周转天数为 15.5,说明产成品周转能力较低,且低于全国平均水平,同时,总资产周转天数为 549.95,低于全国平均水平,应收账款周转天数为 26.38,低于全国平均水平。在成长能力方面,山西省成长能力较强,销售收入同比增长 50.18%,高于其他重点地区,且高于中国平均水平。综合来看,山西省煤炭行业经营水平在五大煤炭产销区域中居第三位,较陕西省和内蒙古自治区自治区稍差。

第二节 山西省煤炭行业金融安全预警管理实证研究方法

一、山西省煤炭行业金融安全指标数据选择及来源

由于山西省煤炭行业的全行业金融数据并不完整,所以,在研究山西省煤炭金融安全预警管理时,使用第五章中所列举的山西省煤炭行业上市公司财务数据作为衡量山西省煤炭行业金融安全状况的财务指标,数据来源于 CCER 经济金融数据库,相关指标由作者计算得来,根据相关数据的可获取性和金融安全指标评价的相关性,山西省煤炭行业财务指标选择如表 6-8 所示,主要包括反映山西省煤炭行业的偿债能力、盈利能力、营运能力、成长能力和负债结构的 15 项财务指标。本书对山西省煤炭行业的净利润取均值,各个季度的净利润值低于均值,本书则认为其有风险,高于均值,本书则认为没有风险,是否有风险用 1 和 0 表示。

表 6-8 山西省煤炭行业财务指标

指标	变量
偿债能力	债务股权倍数
	流动比率
	速动比率
盈利能力	销售毛利率
	销售利润率
	资产报酬率

续表

指标	变量
营运能力	总资产周转率
	流动资产周转率
	应收账款周转率
成长能力	销售收入增长率
	利润总额增长率
	资本累积率
负债结构	长期负债占比
	流动负债占比
	资产负债率

二、山西省煤炭行业金融安全预警管理研究的实证分析方法

本书选择 Logistic 模型挑选山西省煤炭金融安全财务指标，Logistic 模型是一种非线性分类的统计方法，采用最大似然估计法进行参数估计，不要求样本数据呈正态分布，解决了因变量不连续回归的问题，特别是因变量为分类变量时非常适合使用该模型进行研究。Logistic 回归 (logistic regression) 与多重线性回归实际上有很多相同之处，最大的区别就在于它们的因变量不同，其他基本都差不多，正是因为如此，这两种回归可以归于同一个家族，即广义线性模型 (generalized linear model)。这一家族中的模型形式基本上都差不多，不同的就是因变量不同，如果是连续的，就是多重线性回归，如果是二项分布，就是 Logistic 回归，如果是 poisson 分布，就是 poisson 回归，如果是负二项分布，就是负二项回归。Logistic 模型采用的是逻辑概率分布函数，含有 p 个因变量 Logistic 回归模型如下：

$$\text{Logit}(p) = \beta_0 + \beta_1 x_1 + \cdots + \beta_p x_p \tag{6-1}$$

本书选择二元 Logistic 回归模型，以山西省煤炭行业是否具有财务风险作为被解释变量，以山西省煤炭行业的财务指标作为解释变量，通过模型回归选择影响山西省煤炭行业财务风险的指标。然后运用经遗传算法优化的 BP 神经网络对山西省煤炭行业的财务数据进行预测，计算山西省煤炭行业的安全得分，同时对山西省煤炭行业进行安全评价。

三、山西省煤炭行业金融安全财务指标与煤炭行业金融安全状况相关性分析

根据以上对于回归分析模型的选择，运用二元 Logistic 回归模型，以山西省煤炭行业是否具有财务风险作为被解释变量，对于被解释变量前文已经定义为对

山西省煤炭行业的净利润取均值，各个季度的净利润值低于均值，本书则认为其有风险，高于均值，本书则认为没有风险，是否有风险用 1 和 0 表示。而山西省煤炭行业金融安全的解释变量已经定义为上述确定的反映山西省煤炭行业的偿债能力、盈利能力、营运能力、成长能力和负债结构的 15 项财务指标，通过二元 Logistic 回归模型来回归选择影响山西省煤炭行业金融风险的指标，选择的标准是通过回归系数大小的评判。

表 6-9　山西省煤炭行业金融安全财务指标二元 Logistic 回归结果

指标	变量	回归系数
偿债能力	债务股权倍数	−2.60**
	流动比率	−4.50
	速动比率	7.93
盈利能力	销售毛利率	6.27
	销售利润率	14.19
	资产报酬率	−42.84**
营运能力	总资产周转率	14.86**
	流动资产周转率	−3.70
	应收账款周转率	−0.22
成长能力	销售收入增长率	−0.55
	利润总额增长率	−0.27**
	资本累积率	3.99*
负债结构	长期负债占比	36.41**
	流动负债占比	3.75*
	资产负债率	−26.65**

注：**,*分别表示在 5%和 10%置信水平下显著。

由表 6-9 的回归系数计算结果可知，在偿债能力指标中，债务股权倍数与山西省煤炭行业财务安全回归系数显著；在盈利能力指标中，资产报酬率与山西省煤炭行业财务安全回归系数显著；在营运能力指标中，总资产周转率与山西省煤炭行业财务安全回归系数显著；在成长能力指标中，利润总额增长率与山西省煤炭行业财务安全回归系数显著；在其负债结构指标中，各指标均与山西省煤炭行业财务安全回归系数均显著，可见，山西煤炭行业的负债结构与其金融安全关系密切，因此，债务股权倍数、资产报酬率、总资产周转率、利润总额增长率、资本累积率、长期负债占比、流动负债占比和资产负债率等 8 个指标被选择在以下分析 BP 神经网络预警预测时使用。其中，债务股权倍数、长期负债占比、流动负债占比和资产负债率等 4 个指标主要作为山西省煤炭行业融资风险指标；资产报酬率、总资产周转率、利润总额增长率、资本累积率等 4 个指标主要作为山西省煤炭行业投资风险指标。

第三节　山西省煤炭行业金融安全预警管理实证

一、山西省煤炭行业金融安全预警管理实证研究的基本结构

山西省煤炭行业金融安全预警管理实证研究的基本结构和上文中对于中国煤炭行业金融安全预警管理实证研究的基本结构相同，采取统计分组方法，选择山西省煤炭开采和洗选行业中若干综合性强、敏感性高的煤炭行业金融安全预警指标，构建一个具有较高综合性和可操作性的煤炭行业金融安全预警模型。以能够在全国能源金融安全预警管理系统之内实现对山西省这样的煤炭产销重点区域内的煤炭行业金融安全信息进行监控、运行评价和预警管理的目标，在这个预警管理系统中，应该能够对山西省这样的煤炭产销大省的区域性煤炭行业金融安全风险进行确认与识别，从中能够选择出代表区域性煤炭行业金融安全状况的指标体系作为分析的自变量，找出影响区域性煤炭行业金融安全状况的风险因素作为分析的因变量，作为构建区域性煤炭行业金融安全预警体系的基础。通过对这些指标体系的监控，保证从不同角度对区域性煤炭行业金融运行态势作出描述，从这些指标时间序列的变动中，发现区域性煤炭行业金融运动规律，掌握区域性煤炭行业金融运行中的不规则变化。通过各种主客观方法设定区域性煤炭行业金融安全预警指标预警的权重和临界值后，在选取特定样本的基础上，借助以遗传算法修正过的 BP 神经网络方法的计量分析方法，通过真实分析建立预警指标即自变量与中国煤炭行业金融危机发生可能性即因变量之间直接的或间接的函数关系。最后对模型计算出来的区域性煤炭行业金融安全预警指数进行综合评价，选择区域性煤炭行业金融控制对策。

二、山西省煤炭行业金融安全预警研究指标权重的确定

山西省煤炭行业金融安全预警管理实证研究应用平台的设置与第四章中国煤炭行业金融安全预警管理实证研究应用平台的设置基本相同，考虑到宏观经济环境安全的影响因素在中国煤炭行业金融安全预警管理实证研究中已经得到了体现，在山西省煤炭行业金融安全预警实证研究中着重对山西省煤炭行业的融资风险指标和投资风险指标作为解释变量来研究。同样的，第四章在进行中国煤炭行业金融安全预警管理实证研究之前，首先对煤炭行业金融安全预警指标体系进行了赋权。为了科学合理地研究清楚山西省煤炭行业金融风险因素对山西省煤炭行业金融安全目标实现的影响程度，从煤炭行业金融安全的定义来看，无论是狭义的信贷资金安全、还是广义上的煤炭行业投融资运作的资金安全，其安全的实现

程度受到多种因素的影响而共同发挥作用。在煤炭行业金融安全预警指标体系中个别指标超过临界值并不表明一定会发生煤炭投融资危机，因此，为了有效和科学地联合运用煤炭行业金融安全预警指标，就需要对煤炭行业金融安全预警指标体系进行赋权。在本研究中以 SPSS 软件为应用平台，采用提取主成分分析方法对所获山西省煤炭行业金融安全预警指标数据进行分析，并结合问卷调查和相关研究文献的成果综合确定。在相关指标中提取主成分，最终确定山西省煤炭行业金融安全各指标在影响山西省煤炭行业金融安全状况中的权重，具体结果如表 6-10 所示。

表 6-10　山西省煤炭行业金融安全预警研究指标权重

指标	权重
债务股权倍数	0.12
资产报酬率	0.14
总资产周转率	0.13
利润总额增长率	0.12
资本累积率	0.13
长期负债占比	0.12
流动负债占比	0.12
资产负债率	0.12

三、山西省煤炭行业金融安全预警 BP 神经网络的训练与学习

山西省煤炭行业金融安全预警 BP 神经网络训练和学习和全国煤炭行业金融安全预警 BP 神经网络训练与学习类似，也要先设定山西省煤炭行业金融安全预警网络的训练参数、学习函数、隐藏层和输出层的激活函数，以及学习率、可接受的误差平方和等参数。参数设定后才可以进行训练，在此，将 2006～2015 年的季度数据作为训练样本，对山西省煤炭行业金融安全预警的神经网络进行学习和训练，达到训练次数或误差要求后停止训练，然后，用 2011 年的季度数据进行检验。网络输入为 2006～2015 年归一化处理后的山西省煤炭行业金融安全预警管理训练样本集的标准数据，期望输出为 2007～2016 年的山西省煤炭行业金融预警指标的季度数据。用 2015 年的山西省煤炭行业金融安全预警的样本数据对用遗传算法优化的 BP 神经网络模型进行检验，模型检验的期望输出为 2016 年的山西省煤炭行业金融预警样本数据。

表 6-11　山西省煤炭开采与洗选行业 2016 年金融安全预警测试数据及模型输出

指标	债务股权倍数	资产报酬率	总资产周转率	利润总额增长率	资本累积率	长期负债占比	流动负债占比	资产负债率
预警输入	0.80	0.13	0.62	0.50	0.10	0.25	0.75	0.44
	1.03	0.14	0.74	0.26	0.15	0.32	0.68	0.51
	0.99	0.04	0.18	−0.70	0.09	0.33	0.67	0.50
	1.03	0.08	0.37	1.19	0.08	0.30	0.70	0.51
期望输出	0.98	0.11	0.57	0.51	0.06	0.30	0.70	0.50
	0.96	0.14	0.74	0.24	−0.01	0.30	0.70	0.49
	0.91	0.04	0.26	−0.78	−0.17	0.29	0.71	0.48
	0.98	0.08	0.48	1.86	0.39	0.26	0.74	0.50
实际输出	0.99	0.10	0.64	0.63	0.09	0.28	0.71	0.52
	1.03	0.12	0.71	0.32	0.09	0.27	0.73	0.53
	1.06	0.08	0.42	0.12	0.05	0.28	0.73	0.50
	1.08	0.10	0.51	1.34	0.28	0.28	0.77	0.47

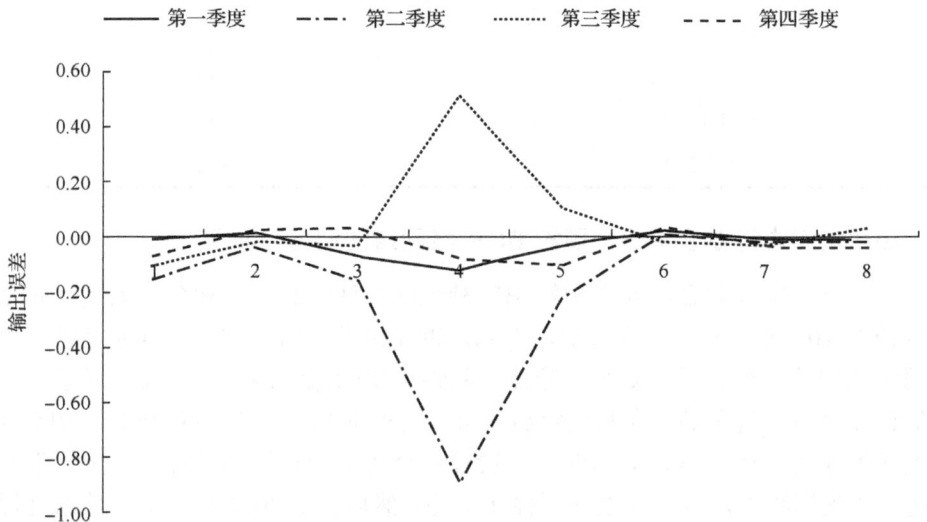

图 6-5　山西省煤炭开采与洗选业 2016 年四季度期望输出与网络输出误差曲线

　　表 6-11 和图 6-5 显示了山西省煤炭生产行业 2016 年四个季度的债务股权倍数、销售毛利率、销售利润率、资产报酬率、总资产周转率、利润总额增长率、资产负债率和长期负债占比等 8 个指标的期望输出与网络实际输出的数值及其误差曲线。由图 6-5 可见，除了第三季度、第四季度的利润总额增长率指标期望输出与网络实际输出的数值误差较大以外，其他各指标在各个季度的期望输出与网络实际输出的数值均较为吻合，说明山西省煤炭行业金融安全预警 BP 神经网络

的训练与学习较好，可以用于山西省煤炭行业金融安全预警指数的计算与安全预警工作管理。

四、遗传算法优化的 BP 神经网络模型的山西省煤炭行业金融安全预警

经过以上的实证检验证明了遗传算法优化的 BP 神经网络模型具备较好的检验效果，可以用于山西省煤炭行业金融安全预警管理。本书运用 2015 年的山西省煤炭行业的金融安全样本数据来预测 2016 年山西省煤炭行业金融安全数据，其具体预测数据结果如表 6-12 所示。从预测结果分析来看，主要财务指标中分季度来看，债务股权倍数相比较 2015 年数据有所增加，资产报酬率有所下降，总资产周转率逐渐趋于稳定，周转速度在加快，利润总额增长率虽然较低但已经趋于稳定，资本累积率增加，长期负债占比、流动负债占比和资产负债率指标相比较 2011 年数据变化不大。总体来看，模型输出的预测数据还是比较符合 2011 年以来由于经济增速下滑带来的能源需求下降引发的煤炭行业整体增长能力下滑现状的，也反映了山西省煤炭行业在发展过程中不是高枕无忧，高速增长进程的财务风险是应该引起高度关注的，尤其是煤炭行业重组后，大集团管理和国际化投融资战略的变化带给煤炭企业经营管理上的挑战是相当大的，如果山西省煤炭行业对此变化不能及时加以应对的话，可能带来相当大的财务隐忧。

表 6-12　山西省煤炭行业 2016 年金融安全预测数据

指标	债务股权倍数	资产报酬率	总资产周转率	利润总额增长率	资本累积率	长期负债占比	流动负债占比	资产负债率
期望输入	0.98	0.11	0.57	0.51	0.06	0.30	0.70	0.50
	0.96	0.14	0.74	0.24	−0.01	0.30	0.70	0.49
	0.91	0.04	0.26	−0.78	−0.17	0.29	0.71	0.48
	0.98	0.08	0.48	1.86	0.39	0.26	0.74	0.50
预警输出	1.21	0.07	0.59	0.34	0.11	0.31	0.67	0.56
	1.23	0.08	0.65	0.21	0.12	0.33	0.69	0.59
	1.26	0.07	0.59	0.15	0.08	0.3	0.73	0.54
	1.2	0.09	0.53	0.41	0.31	0.29	0.75	0.49

五、山西省煤炭行业金融安全预警得分计算评价

(一)山西省煤炭行业金融安全预警指数综合处理

从山西省煤炭行业金融安全状态整体评价角度来看，由于各个财务指标都会对最终的山西省煤炭行业金融安全整体态势产生影响，而各个分指标的不同变化又会对山西省煤炭行业金融安全产生不同的影响，因此，有必要把各个指标变化的影响因素和影响程度综合起来，从整体上来判断山西省煤炭行业金融安全状况，

从而能够达到发出准确的预警信号的作用。因此，在研究中可以将经遗传算法优化的 BP 神经网络模型输出的 2003～2015 年各项山西省煤炭行业金融安全指标数值，结合各指标权重计算出各季度的山西省煤炭行业金融安全预警的风险程度综合分数，将分数作为山西省煤炭行业金融安全预警指数，根据指数数值确定山西省煤炭行业金融风险的程度，以此来判断山西省煤炭行业金融安全形势，评价山西省煤炭行业金融安全运行的整体状态。2006 年第三季度～2016 年第四季度山西省煤炭行业金融安全预警分数计算结果如表 6-13 所示，其分布情况如图 6-6 所示。对比表 4-16 和图 4-6 所显示的中国煤炭行业金融安全预警分数来看，其得分明显偏低且波动性很大，而且有一定的下跌趋势。显示了在山西省煤炭行业飞速发展的同时，财务安全状况并没有随之同步增长，反而出现了财务能力下降的状况。

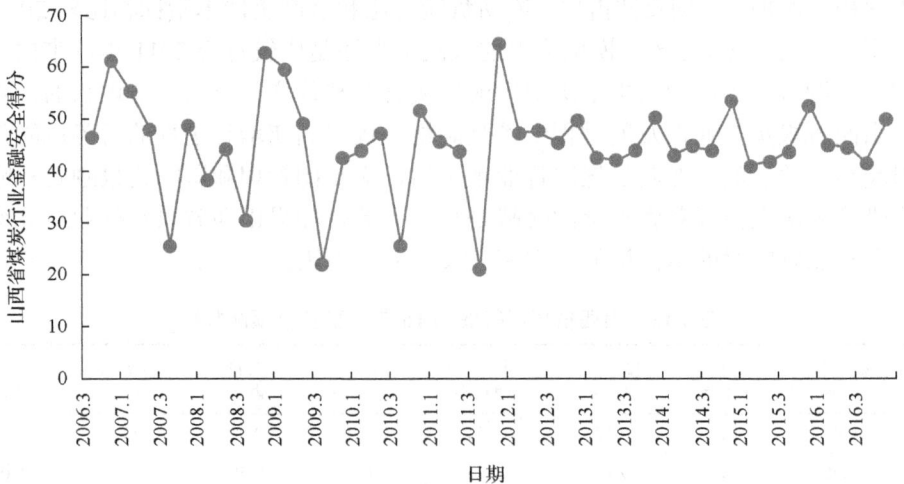

图 6-6　山西省煤炭行业金融安全预警分季度得分分布图

表 6-13　山西省煤炭行业金融安全预警分数表

日期	得分	日期	得分
2006 年 3 季度	46.60	2009 年 1 季度	59.54
2006 年 4 季度	61.15	2009 年 2 季度	48.96
2007 年 1 季度	55.27	2009 年 3 季度	21.85
2007 年 2 季度	47.80	2009 年 4 季度	42.62
2007 年 3 季度	25.41	2010 年 1 季度	44.06
2007 年 4 季度	48.60	2010 年 2 季度	47.13
2008 年 1 季度	38.23	2010 年 3 季度	25.55
2008 年 2 季度	44.27	2010 年 4 季度	51.73
2008 年 3 季度	30.43	2011 年 1 季度	45.61
2008 年 4 季度	62.68	2011 年 2 季度	43.73

续表

日期	得分	日期	得分
2011 年 3 季度	21.05	2014 年 2 季度	44.81
2011 年 4 季度	64.51	2014 年 3 季度	43.95
2012 年 1 季度	47.16	2014 年 4 季度	53.45
2012 年 2 季度	47.73	2015 年 1 季度	41.04
2012 年 3 季度	45.45	2015 年 2 季度	41.88
2012 年 4 季度	49.86	2015 年 3 季度	43.68
2013 年 1 季度	42.63	2015 年 4 季度	52.65
2013 年 2 季度	42.22	2016 年 1 季度	44.99
2013 年 3 季度	44.00	2016 年 2 季度	44.38
2013 年 4 季度	50.12	2016 年 3 季度	41.52
2014 年 1 季度	43.05	2016 年 4 季度	50.01

（二）山西省煤炭行业金融安全等级划分及对应指数

根据以上计算出的各季度山西省煤炭行业金融风险程度综合指数，结合相关金融安全预警系统安全等级及对应指数分数值划分的标准，同时在神经网络系统中不断模拟煤炭行业金融安全预警各个变量的各种可能状态下的预警指数变化，可以综合确定山西省煤炭行业金融安全预警管理的不同安全等级及对应的预警指数分数区间，山西省煤炭行业金融安全预警指数的临界区间分布和对中国煤炭行业金融安全预警指数一样的划分，如表 4-17 所示。预警指数分数取值在 0～100，预警指数越大，代表山西省煤炭行业金融越安全，反之，越不安全。通过对所选定指标在不同时间内的数值变化，经过严密的统计分析，运用本研究给定的指标权重和临界值以及预警界限的确定，最终可以计算出山西省煤炭行业金融安全状况的预警指数得分情况。得分和所确定的安全等级相对照，就可以判断当前山西省煤炭行业金融安全状况所处的态势，可以给决策层提供足够的信息来判断山西省煤炭行业金融的资金运行情况以及资金安全情况，以便于采取适当的措施，降低财务风险。

（三）山西省煤炭行业金融安全预警结果分析与评价

从以上对山西省煤炭行业金融安全形势评价得出的预警指数得分情况和中国煤炭行业金融安全等级对应预警指数分数界定来比较分析，可以看出看 2006 年以来到 2016 年年底，山西省煤炭行业金融安全除了 2006 年 4 季度、2007 年 1 季度、2008 年 4 季度、2009 年第 1 季度、2010 年 4 季度、2011 年 4 季度得分超过 50 分以外，其他时间都处于低于 50 分的警戒区间内。从整体发展来看，2006 年以来山西省煤炭行业自身的行业金融安全状况不容乐观。相比较全国煤炭行业金融安全预警分数来看，低于全国平均水平，将各年度煤炭行业金融安全预警指数整体得分和各年度煤炭行业金融安全运行实际情况进行对比来看，可以看出其预警指数得分分布与其当年的实际运行状况吻合度还是比较高的。

本 章 小 结

本章主要采用实证分析的方法来对山西省煤炭行业金融安全预警管理作出准确的评估。主要采取统计分组方法，选择了债务股权倍数、资产报酬率、总资产周转率、利润总额增长率、资本累积率、长期负债占比、流动负债占比和资产负债率等 8 个指标，构建了一个具有较高综合性和可操作性的山西省煤炭行业金融安全预警模型。利用 MATLAB R2015b 软件可以调用的遗传算法对山西省煤炭行业金融安全预警的神经网络结构和各指标权值进行设定，在 MATLAB 中通过调用 premnmx 函数来完成所有山西省煤炭行业金融安全预警指标数据的归一化操作。以 SPSS 软件为应用平台，采用提取主成分分析方法对所获山西省煤炭行业金融安全预警指标数据进行分析，在煤炭投融资安全系统中分别提取主成分，最终确定煤炭投融资安全预警指标权重。通过设定煤炭行业金融安全预警网络的训练参数、学习函数、隐藏层和输出层的激活函数以及学习率、可接受的误差平方和等参数进行学习和训练，运用 2015 年山西省煤炭行业的金融安全样本数据来预测 2016 年煤炭行业金融安全数据，通过各指标的预测结果分析，选择 8 大指标中的预测结果与 2016 年截止到第四季度的走势吻合度较高，并分析了其变化的原因以及对煤炭行业金融安全的影响程度。经过计算得出了 2006～2016 年山西省煤炭行业金融安全预警指数对应分数及其变化曲线，认为山西省煤炭行业金融安全形势不容乐观。

第七章　山西潞安环保能源开发股份有限公司金融安全运行评价

第一节　山西潞安环保能源开发股份有限公司简介

山西潞安环保能源开发股份有限公司(以下简称山西潞安环能公司)成立于2001年7月19日,系经山西省人民政府以晋政函〔2001〕202号文件批准,以山西潞安矿业(集团)有限责任公司作为主发起人设立的股份有限公司。主营原煤开采、煤炭洗选、煤焦冶炼;洁净煤技术的开发与利用;煤层气开发;煤炭的综合利用、地质勘探等。

山西潞安环能公司现有四对生产矿井、五座洗煤厂和1个全资子公司、18个控股子公司、3个参股子公司,资产总额345.72亿元。

山西潞安环能公司拥有国家级企业技术中心,是国家喷吹煤生产基地和优质动力煤生产基地,所属主体矿井均为行业高产高效矿井,综合机械化程度达到100%,生产的煤炭产品具有"低灰、特低硫、高发热量、超洁净"的环保特性。公司率先试验成功的综采放顶煤技术,被誉为"潞安采煤法",引领了世界厚煤层采煤方法的一次革命,对煤炭工业的发展作出了重要贡献。首创的潞安烟煤用于高炉喷吹技术,获国家发明专利、中国煤炭工业科技进步特等奖,并成为制定该产品国家标准的基准。

一、山西潞安环能公司产品和服务

目前山西潞安环能公司的主要产品和服务包括:原煤开采(只限分支机构);煤炭洗选;煤焦冶炼;洁净煤技术的开发与利用;煤层气开发;煤矸石砖的制造;煤炭的综合利用;勘查工程施工(钻探);固体矿产勘查;水文地质、工程地质、环境地质调查。公司所属各矿均为行业特级高产高效矿井,综合机械化程度达到100%。煤炭产品属特低硫、低磷、低灰、高发热量的优质动力煤和炼焦配煤,主要有混煤、洗精煤、喷吹煤、洗混块等4大类煤炭产品以及焦炭产品,主要应用于发电、动力、炼焦、钢铁行业。

二、山西潞安环能公司企业文化

长期以来，潞安环能公司大力打造强力的企业文化，凝聚精神，锻炼意志，从思想意识上坚定为企业奉献的主人翁精神，形成了具有鲜明特色的企业文化，总结下来主要有以下几个方面：

(1)潞安意识：差别产生差距，差距产生激励，激励产生共进，共进产生共赢。

(2)潞安作风：当机必断，言出必行，务实高效。

(3)潞安工作标准：一看企业综合实力和发展后劲，二看员工生活质量。

(4)潞安目标：五年两再造，十年五百亿。

(5)潞安愿景：人本潞安，科技潞安，绿色潞安，平安潞安。

(6)潞安战略：走新型工业化道路，打造三条产业链　建成能化大集团。

(7)潞安精神：艰苦奋斗，与天为党。

(8)潞安哲学：敢于扬弃过去，不断超越自我，实现质变飞跃。

(9)潞安宗旨：对股东负责，对员工负责，对社会负责，对未来负责。

(10)潞安核心理念：以人为本，煤化并举，走向世界。

三、山西潞安环能公司企业社会责任

(一)企业社会责任理念

山西潞安环能公司的社会责任战略综述为：秉承"对股东负责、对员工负责、对社会负责、对未来负责"的企业宗旨，以经济效益、环境效益和社会效益的有机统一为核心内容，以建设"五德"企业为履行社会责任的总目标，以各利益相关方的期望为基本出发点，将企业的社会责任融入所有的经营活动中，努力提升企业的可持续发展能力，实现高效、稳定、和谐的持续发展。

潞安环能社会责任的价值体现在三个方面：经济价值、社会价值和人力价值。而实现这三大价值需要五个方面的企业资本，即资金、设备等直接运营资本以及社会、环境等非直接运营资本。经济价值以财务数据形式体现，以货币形式度量企业的经营规模、经营效益和投资回报。人力价值体现为员工通过劳动和智力的付出为企业创造的收益。社会价值是公司通过回报社会所形成的社会认同和网络关系，在公司的产业链上为公司带来效益。经济价值是直接通过财务报表得以向公众展示，而人力价值和社会价值由于受会计核算的局限，只能通过社会责任报告的途径展现(图 7-1)。

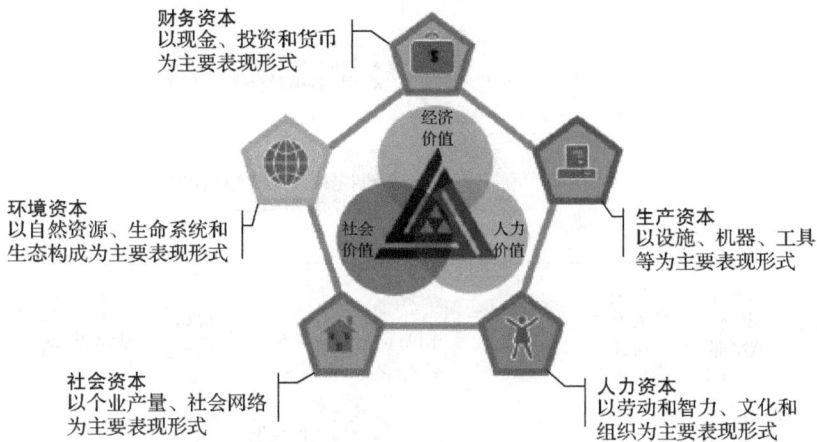

图 7-1　潞安环能企业社会责任理念价值识别体系

(二)建设"五德"企业

建设"五德"企业是潞安社会责任的总目标，五德指：泽济社会为仁、勇于担当为义、和谐共荣为礼、高新技术为智、诚布四海为信。

泽济社会为仁指维护良好的投资者关系、关爱员工、投身社会公益；勇于担当为义指做好规范治理、能源保障、保证生产安全健康；和谐共荣为礼指保护公司生产经营所在地生态环境、回馈社会；创新科技为智指通过战略规划、科技创新、技术投入保证高效生产和经营效率；诚布四海为信指保障产品品质，与客户、供应商、合作伙伴维持良好的关系。

(三)社会责任组织体系与互动关系

为了更加系统、有效地推行社会责任战略，山西潞安环能公司内部明确了从董事会、管理高层到各职能部门、子公司在社会责任履行和管理上的职责，形成了一体化的社会责任组织协作架构，并不断在实践中落实细化组织协作。

其中：董事会是社会责任的最终审批决策机构；公司管理高层是社会责任工作的执行领导机构；各业务部门是社会责任工作的具体开展部门；而董事会秘书处是社会责任工作的协调部门，并负责社会责任报告的编制。

公司与外部各利益相关方的协调由各个对口业务部门负责实施，董事会秘书处负责协调与监督，由董事会进行考核。无论是投资者、客户、供应商、员工还是社会团体，公司都要求与其保持良好的联系，及时地获取需求、对需求做出回应并收集反馈，通过这种动态的互动，实现公司整体价值的最优化(图 7-2)。

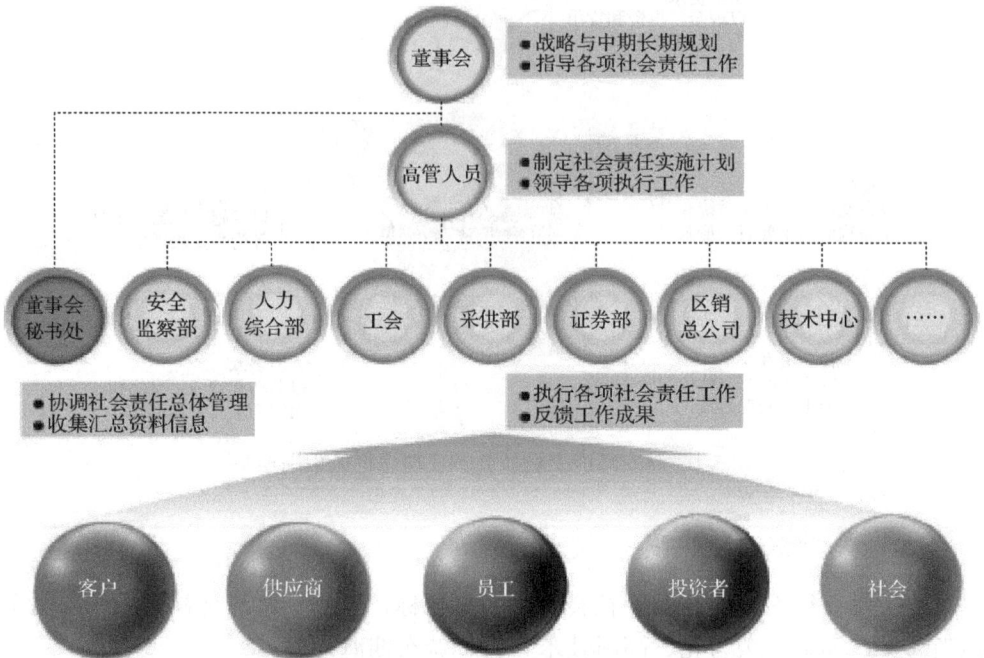

图 7-2　潞安环能企业社会责任管理组织协作和互动框架图

四、山西潞安环能公司公司治理结构

潞安环能不断完善公司治理结构，加强内控体系建设，梳理公司现有制度，健全管理制度，通过持续规范和优化，公司治理结构和治理水平不断完善提高。

(一)强化内控管理体系

2011 年，山西潞安环能公司以内控体系建设为重点，积极推进管理精细化，进一步完善绩效管理制度和流程，对下属矿井全面开展计划管理，加强各单位经济目标责任制的制定、执行和监督。同时，梳理质量体系管理流程，在矿井开展以精品矿井、精致作业、精良装备、精益管理、精锐队伍为主要内容的"五精工程"建设，以安全质量标准化控制为重点，构建高标准的安全质量标准化管理体系，努力建设安全质量标准化精品矿区，营造本质安全高效的生产大环境。

(二)投资者关系管理

山西潞安环能公司重视日常股东接待、咨询等工作，对股东来访调研意见和建议给予充分重视，与投资者保持良性互动关系，2011 年，接待机构投资者约 30 多家、92 多人次，公司也多次应邀参加机构投资者举办的策略会、研讨会进行积极互动，对行业发展趋势和我公司近况进行充分沟通并交换意见和建议。公司六月份还在太原召开了中期业绩说明会，与投资者保持密切交流。

五、山西潞安环能公司组织结构

山西潞安环能公司现有五阳煤矿、漳村煤矿、王庄煤矿、常村煤矿四对生产矿井、五座洗煤厂和余吾煤业有限责任公司、潞宁煤业有限责任公司、五阳弘峰有限责任公司、潞安天脊化工有限公司、潞安鸿州物资贸易开发有限公司、潞安温庄煤业有限责任公司、元丰矿产有限公司、潞安潞欣投资咨询有限公司、襄五煤炭经销有限公司九个控股子公司，参股潞安环能煤焦化工有限责任公司、山西潞安环能财务有限公司、山西天脊潞安化工有限公司(图7-3)。

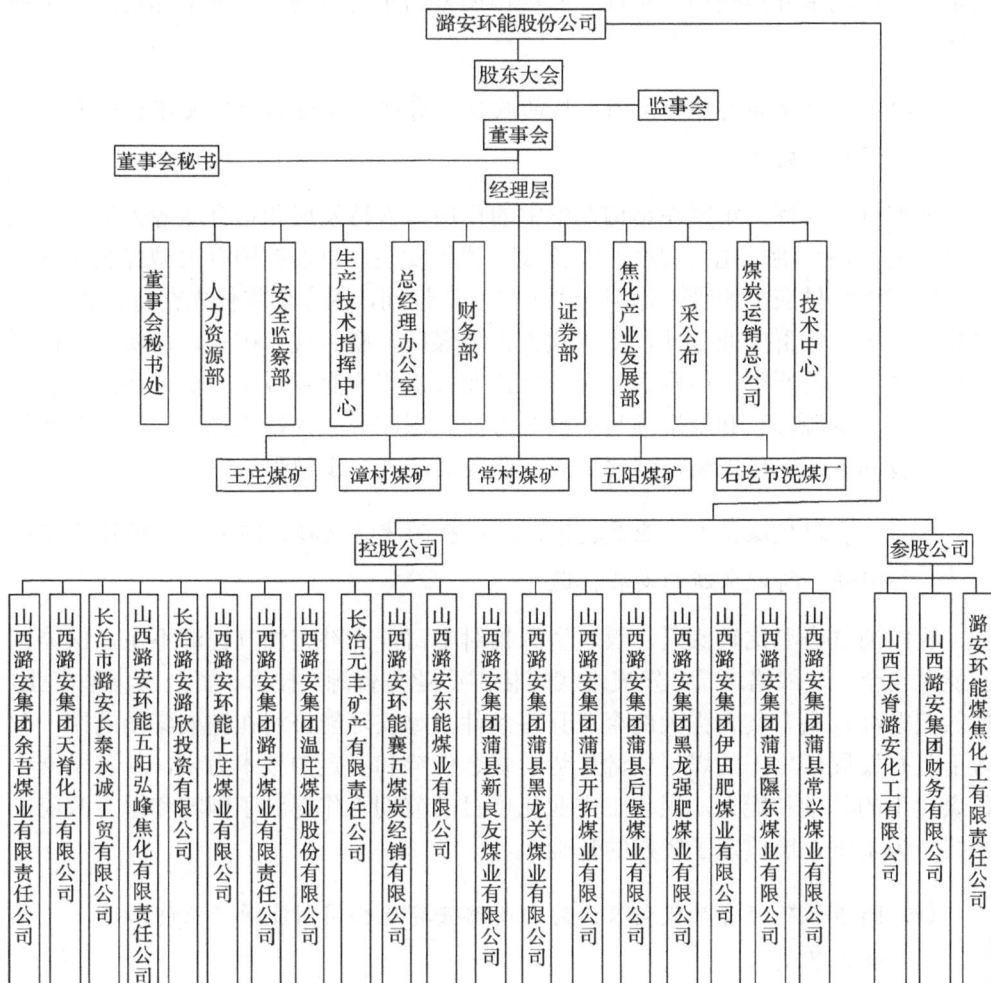

图 7-3　潞安环能组织结构图

第二节　山西潞安环能公司发展战略分析

一、山西潞安环能公司机遇分析

（一）后经济危机时代有利于山西潞安环能公司结构调整和发展煤炭主业

我国"煤为基础，多元发展"的能源战略长期难以改变，支撑这种格局，需要建设一批亿吨级大型煤炭生产基地和亿吨级大型煤炭企业。

受 2008 年以后世界金融危机影响，煤炭行业将经历一个"高速增长—增长下降—低迷盘整—增长恢复"的过程。对于潞安环能等实力型企业而言，这一过程则是实施低成本并购战略、实现产业结构调整的难得机遇，有利于加快煤炭主业发展。

（二）国家培育和支持大集团发展的政策，有利于推进山西潞安环能公司
　　　国际化战略

国家重视发挥大集团在结构调整中的作用，支持发展和培育能源大集团，鼓励煤、电、路、港、化相关产业联营或一体化发展，以发挥国有大型煤炭企业在保障国家煤炭供应中的骨干作用。"十二五"期间，国家仍将优先在晋、陕、蒙、宁建设煤电化集群产业基地，重点建设大型煤矿，整合现有矿权，落实一个矿区一个主体开发的原则；鼓励大型企业加快兼并重组小企业或小煤矿，淘汰煤炭落后产能；在资源接续和煤炭项目核准等方面，国家优先支持大型企业。这些政策措施，有利于潞安环能公司强化煤炭产业发展，进一步做强做大。

（三）发展现代煤化工产业是我国能源安全的战略选择，随着示范项目的成功
　　　实施，将迎来新的发展机遇

我国油气资源比较匮乏，煤炭资源相对丰富，为补充油气资源不足，保障国家能源安全，从战略考量，发展现代煤化工产业是资源、技术、资金密集型产业，准入门槛高，只有实力强大的企业具备条件。潞安环能公司在潞安集团的统一部署下具有发展煤化工的煤炭资源优势、资金优势和一定的技术力量，具备发展现代煤化工的基础和能力，煤化工产业化项目的前期工作得到了国家和地方政府的支持，为未来发展奠定了较好的基础。

（四）随着低碳经济时代到来，为山西潞安环能公司新能源产业迎来新
　　　的发展机遇

低碳经济时代的到来，将进一步加快能源结构调整步伐，为新能源产业带来

新的发展机遇和广阔的发展空间。国家十分重视煤层气开发利用，我国煤层气消费需求巨大，煤层气开发有利于煤矿安全生产。另外，2010年全球光伏行业复苏，预计到2020年，国内光伏装机容量2000万千瓦，市场前景看好。在潞安集团的统一部署下，煤炭资源的综合利用和新能源的发展将成为公司下一步发展的重中之重。

二、山西潞安环能公司挑战分析

(一)受金融危机和国内经济周期性调整影响，山西潞安环能公司发展面临挑战

蔓延全球的金融危机，使拉动经济增长的贸易、消费和投资都受到不同程度的冲击，世界经济增速放缓。由于受金融危机和经济周期影响，我国经济增速将有一定程度的放缓，未来几年，煤炭、电力、焦炭等产能过剩压力较大，能源价格上升受到制约，而政策性增支额度会进一步加大，同样对潞安环能公司实现战略目标形成挑战。

(二)低碳经济发展和节能减排政策力度的加大，增加了山西潞安环能公司
经营压力

煤炭、煤化工、电力、多晶硅等产业，均为资源依赖型产业，也是节能减排重点产业。未来几年，煤炭资源、水资源价格将会有所上升，资源成本将增大。同时，安全生产、节能减排、环境保护等约束性政策，各种煤炭基金征收政策等，使企业面临投资、成本增大的压力。上述情况，将对煤炭及上下游产业产生重要影响，山西潞安环能公司盈利水平将有不同程度下降，经营压力进一步增大。

(三)煤炭形成新的大集团竞争格局，对潞安环能战略实施形成挑战

近年来，国内五大电力集团和其他行业的一些企业大举进入煤炭生产领域。2009年，煤炭产量前10企业中，在山西和新疆地区开产煤炭的大型企业集团有神华集团、中煤集团、山西焦煤、同煤集团等，其中，潞安环能位列第9位，煤炭大集团的发展，一方面大幅提高了我国煤炭产业的集中度，提升了市场话语权，增强了我国煤炭稳定供应的可靠性，同时，也对企业在资源占有、规模扩张、传统市场维护和新市场开拓等方面带来挑战，市场竞争形势进一步复杂化。

(四)山西潞安环能公司产业延伸面临挑战

煤炭企业是资源型企业，在发展接续产业方面，大都选择了延伸煤炭产业链的方式，如发展电力、煤化工、建材产业等，这些都是高能耗、高污染、高耗水、高资金投入的产业，严格的环保政策、水资源匮乏和环境容量限制成为发展煤炭

下游产业的制约因素。

三、山西潞安环能公司优势分析

(一)优越的地理区位和丰富的资源,是山西潞安环能公司产业结构调整的良好条件

潞安环能公司位于山西省东南部的长治市,地处我国中西部地区、国家规划的大型煤炭基地之一的晋东基地,是西电东送、北煤南送的重要基地。潞安环能公司具有地理位置优越、煤层气储量丰富、水资源相对充沛的优势,可充分依托1000 千伏特高压输电线路工程,发展现代煤化工、新能源产业,实施产业结构优化和调整,实现可持续发展。

(二)综合经济实力的不断增强,在行业中处于重要地位,为山西潞安环能公司进一步发展奠定了基础

山西潞安环能公司自 2000 年组建以来,加快主业发展,不断推进结构调整和产业升级,资产规模快速增长,资本结构不断优化,经济效益持续提高,成为中国煤炭行业的重要企业。其综合实力和企业地位不断提高,为更充分地利用国家产业政策、高层次开展国内外经济技术合作提供了良好的基础和条件。

(三)丰富的资源和优良的煤质及产品,将使山西潞安环能公司保持较强的竞争力

山西潞安环能公司几年来积极实施省内资源整合和新疆地区资源扩张战略,具备建设亿吨级特大型煤炭企业的条件。潞安是国家重要的优质动力煤、化工原料煤和喷吹煤生产基地,其煤炭产品质量稳定、供货可靠,在市场享有较高的声誉。经过长时期的发展,公司在高发热量的优质褐煤、长烟煤储量的储备上也取得了较大的进展,实力良好的动力和化工用煤,为公司建设煤化工基地奠定了坚实基础。这些都将使潞安环能公司保持较强的竞争力。

(四)良好的组织结构和技术优势,为山西潞安环能公司大发展奠定了重要基础

山西潞安环能公司从煤炭产业到煤化工新兴产业,具有技术研发和生产管理团队、上下游协同配套的组织结构,使其成为能够提高从煤炭资源开发和洗选加工、煤化工生产到资源综合利用的生产技术管理、经营团队,而且其煤炭生产,煤焦化等产业技术水平位于行业前列。所有这些为潞安环能公司大发展奠定了重要基础。

（五）完善的融资平台，有利于山西潞安环能公司进一步开展资本运营和扩大产业规模

近几年来，在潞安集团的大力支持和统一部署下，山西潞安环能公司完善了"六渠道、公司"融资平台，通过规范上市公司和加强财务管理，成立了财务公司，统一内部资金管理。特别是上市公司的融资平台，长期以来与金融机构的良好合作，开拓了广阔的融资渠道。这些优势为大规模产业扩张实施资本经营和国际化资本运作提供了保障。

四、山西潞安环能公司劣势分析

（一）山西潞安环能公司产业链优势不突出，整体协同及增值效果有待提高

现有产业链条是以煤炭生产为中心、上下游布局的产业链，链条长，关联度高。但各产业环节之间的协同在取代外部市场方面尚未真正发挥出来。现代煤化工和新能源刚刚起步建设，其产业规模还较小。除煤炭产业外，其他产业尚未形成规模效益。因此，产业链耦合效应和产业协同优势尚未真正发挥出来，整体协同及增值效果尚不明显。

（二）山西潞安环能公司结构性矛盾比较突出，抗风险能力有待提高

产业布局不均衡，化工产业主要依赖于焦炭产品的生产和销售，市场波动大，抗风险能力不强。新能源产业受国家产业政策和国际市场及技术发展制约因素较大，抗风险能力较弱。

（三）山西潞安环能公司管理体制机制有待完善，人力资源结构需要优化

现有体制与产业布局不十分适应。与产业多元化结构和跨区域布局相适应的管控体系尚不健全，对各产业板块的深度整合不到位，专业化分工协作机制不合理。企业人力资源结构有待完善，现代煤炭综合利用产业发展的技术人员不足，新兴产业发展的创新体制和人才队伍建设有待加强。

（四）山西潞安环能公司煤矿接续项目资源勘查程度低，将有可能制约发展后劲

除整合的潞宁煤矿外，现有石圪节、王庄、五阳、漳村 4 对生产矿井剩余可采储量较少，稳定期较短，5 年后这些矿井的产量将大幅下降，而目前接替矿井的资源勘查程度低，届时如果勘查工作不能满足项目建设需要，将有可能制约煤炭产业发展后劲。

五、山西潞安环能公司发展战略

(一)山西潞安环能公司"十二五"规划战略目标

山西潞安环能公司"十二五"规划中,明确了"大焦化"发展战略,即着力构建以低碳循环、绿色和谐为特色的煤焦化产业格局,逐步实现向多种精细化工产业延伸,致力成为集煤炭生产经营和高精深煤化工于一体,具有强大竞争力的新型环保能源企业。以发展战略为指导,公司明确了"以人为本、实干创新、优势发展、厚报股东"的经营理念和"对股东负责、对员工负责、对社会负责、对未来负责"的企业宗旨。

"十二五"期间公司的指导思想是:牢牢把握全省转型跨越发展和"综改试验区"的政策机遇,对标世界最先进的煤炭企业,坚持"集约高效、安全和谐、绿色新型"的发展方向,做好"煤"文章,打好"循环经济"牌,立足高端谋发展,突出速度争跨越,努力实现"六个新",即:安全发展新水平,产业发展新高地,循环经济新品位,总量翻番新跨越,开放共赢新体制,全力打造现代化环保能源上市公司新典范。

(二)山西潞安环能公司经营发展战略

坚持走新型工业化道路,以市场为导向,以效益为中心,以科技创新为动力,以资本运营为手段;立足煤、延伸煤、超越煤;与时俱进,做强做大。

(1)实施重组扩张战略,占领优势资源,做强做大煤炭产业,放大环保、高效的比较优势及核心竞争能力。

(2)实施结构调整战略,大力发展煤炭深加工,构建煤炭生产与煤焦化两大板块,做强做大煤化工产业,形成煤—焦—化产业链,培育新的经济增长点和持续的盈利增长能力。

(3)实施科技创新战略,构建科技创新体系,走煤炭生产大型化、集约化、规模化发展之路,培植核心技术,增强科技创新能力。

(4)实施国际化战略,积极申办煤炭出口经营权,拓展国际市场,扩大煤炭出口份额,打造中国优质动力煤、优质喷吹煤基地和煤焦化工基地,提升"潞安"品牌知名度和影响力。

(三)潞安环能公司战略实施保障

1. 人力资源开发和培训激励计划

(1)强化内部培训。"十一五"期间,公司将在"以人为本、总量控制、结构优化、素质开发"的人力资源优化和配置理念指导下,通过创建学习型企业,不断加大对员工的培训力度。培训采取分层次、全方位的素质开发方式,主要途径有：选派人员到国内外知名企业考察学习；选派人员到清华大学、中国矿业大学等重点大学学习深造；聘请国内外知名专家、学者来公司讲学；依托潞安职工联合大学、太原理工大学等现有的培训基地进行员工培训。公司将不断完善培训选拔制度和培训推荐制度，努力发掘员工的各种潜能，培养造就适应市场竞争和公司快速高效发展要求的高素质员工队伍。

(2)不断引进外部人才。随着公司业务的全面拓展和提升，公司将通过外部招聘等方式引进多方面的人才，优化人才结构。引进的人才主要包括：一是资本运营等高级管理人才；二是市场营销及商务贸易人才；三是信息等高新技术人才；四是煤化工类和洁净煤技术人才；五是其他高技能人才。还将积极招收高校优秀毕业生，构建人才储备库，满足公司不断发展的需要。

2. 技术开发与创新计划

(1)技术开发与创新的原则与目标。公司技术开发与创新的原则是：依靠科技进步，提高经济效益；加强自主研发并充分利用外部的研发力量；以大幅度提高劳动生产率、产业升级、业务结构优化、产品创新为重点；技术创新与制度创新相互促进。

技术开发与创新的目标是：科技进步贡献率 2010 年达到 75%；科技成果转化率 2010 年达到 80%；科技投入占公司销售额的比重 2010 年达到 8%；主要经济技术指标争创国内同行业一流水平，把下属各矿建成具有世界先进水平的高度集约化生产矿井，通过发展煤炭深度加工转化和洁净煤技术开发，培育公司新的支柱业务。

(2)技术开发与创新的方式方法：

①建立产学研相结合的技术开发与创新制度，加速企业技术开发和科技成果产业化进程。要联合研发实力雄厚的高等院校和科研院所，进行新技术、新工艺、新产品开发，并采用有效机制来提高产学研结合的质效。

②重视引进、培养和使用各类拔尖技术人才。要实行激励性、灵活性强的政策，吸引一批博士、硕士以及具有高级专业技能的特殊人才来公司工作；同时在内部培养和造就大批高素质的科技人才，并为其充分发挥才能提供宽广空间。

③加强国内国际技术交流。要增进在国内和国际上的技术交流与合作，大力开发科技信息资源，及时掌握采矿、煤焦化工、洁净煤新技术成果。

④实行科研项目课题组负责制。充分发挥技术中心科研攻关的核心和组织作用，按需要即时组建专业结构合理、内外结合、强有力的科研项目工作团队，采用项目任务承包以及高风险高回报的项目开发机制，以促进早出成果、早见成效。

(3)技术开发与创新的主要方向：

①在采煤技术上，要继续完善提高具有潞安特色的综采放顶煤技术、高效机械化回收残采区开采工艺技术以及"三下"采煤技术研究。要完善提高煤巷综掘

机械化技术和巷道全锚支护技术，积极研究探索底层巷小煤柱和沿空送巷掘进技术，开发试验综采放顶煤工作面沿空留巷技术。

②在矿井运输提升技术上，要进行提升机低频拖动和可编程控制器电控系统改造；开发采用高能蓄电池单轨吊、新型卡轨车、胶套轮辅助运输设备，应用和完善轨道运输信集闭系统，不断提高辅助运输效率和动态管理水平。

③在煤矿机电技术上，要不断创新，合理引进与开发实用、高效、可靠的机电一体化新技术。要开展大功率、长距离胶带输送机多点驱动技术和集控技术改造，继续开发应用不同电压等级和功率的磁阻开关电机和工况监控技术，实现安全、减人、提效。

④在矿井通风与安全技术上，要加强瓦斯和煤尘的综合治理，研究解决煤层瓦斯抽放的技术难题，提高通风系统的安全性、可靠性、风量利用率及监测监控技术水平。

⑤在煤矿地质测量技术上，要研究潞安矿区3#煤层奥灰水防治技术；要积极采用地面三维多分量地震勘探等物探新技术，提高地质勘探精度；要发展信息化、智能化的安全生产管理技术，研究开发潞安矿区煤炭生产系统可控可视化系统、煤矿安全开采决策支持系统，为矿井安全高效开采提供更加强有力的保证。

⑥在多元化产业技术上，要根据潞安矿区的煤质特征，探索公司产品和业务结构调整优化、经济增长质效提高的最佳途径；加强选煤、配煤、型煤、水煤浆等煤炭加工及洁净燃用煤炭的技术经济研究和成果应用；加强煤炭焦化、液化、气化和型焦等煤炭转化的技术经济研究和成果应用；开发潞安矿区洁净煤技术，为进一步深入发挥"潞安"煤炭的环保高热值优势提供技术支撑。

3. 市场开发与营销网络建设计划

(1)树立现代营销观念。要整合各种营销资源，坚持以市场为中心，树立为客户服务的观点，从客户的需要出发，搞好售前、售中、售后服务，保持与客户的良好合作关系。

(2)强化品牌意识。要坚持做大、做精、做深、做新，进一步打造优质冶金用煤、化工用煤的"潞安"煤品牌，以及"潞安环能"企业品牌。

(3)实现营销网络化。要加大市场开发力度，不断巩固已有的市场，开发潜在的新市场，拓宽销售渠道，优化营销布局，对营销机构进行重组，使营销网络更加适应煤炭市场发展要求和客户需要。

(4)运用多种营销手段。要根据不同的产品特性、不同的营销对象，灵活采用品牌促销、公关促销、与客户共同进行产品适用性双向技改等不同的营销策略。要注重捕捉市场信息，及时调整营销策略；注重信息技术的应用，积极开展电子商务与网上营销等。

(5)建设现代营销团队。要通过招聘与培训等方式，通过不断强化激励与约束机制，建设一支具有市场调研、分析、开发、应变能力，事业心强、业务精、综合素质高，受公司信任和客户欢迎，能够创造一流业绩的营销人员队伍。

(四)潞安环能公司 2012—2013 年度重要工作

(1)进一步做大做强煤炭主业，打造煤炭类新型环保能源新基地。优化"三区"战略布局。努力形成"核心区、增长区、战略区"三区协同发展、梯次推进新格局，保障企业未来可持续发展。以主力矿井为主体的核心区，要抓好水平延深和扩区增产建设，王庄 540 水平、常村 470 水平、五阳扩区、漳村西扩区等重点工程要全面推进，确保今年的预定生产目标；以忻州宁武和临汾蒲县地区为主体的增长区，要加紧整合矿井现代化技改工程和邻区空白资源争取，继续坚持"两好两快"原则，加快具备条件的整合矿井竣工投产步伐，最终形成未来两地区双千万吨级规模；大力推进优势矿井、优势资源的战略区拓展，加快集团成熟矿井资产注入步伐，积极争取新建矿井、规划矿井资源。

提升企业核心竞争力。全力打造高端技术、集约高效发展新优势，突出抓好采煤、掘进核心工艺突破，做好厚煤层一次采全高、综放回采、固体和膏体充填开采、临时支护支架化等技术革新工作；加强新技术、新设备的引进和推广，加快机载临时支护，掘进工作面超前支架、液压锚杆钻车等技术设备推广应用效率；继续实施大超前生产布局，全面优化采掘衔接效率和工作面布置，积极探索建设高瓦斯矿井分区生产新模式、高效掘进新模式、高效回采新模式，全面提升以"三率"为标志的集约高效生产水平；强化对标管理，加快推动质量标准化矿井建设，加快推进"三好三高"队组建设，全力打造高端、高位、高标准的自动化矿井、数字化矿山、感知化矿区。

(2)进一步发挥焦化产能规模优势，打造千万吨级高端循环焦化产业新高地。以煤为基、多元发展，是应对未来煤炭市场变化的必由之路，是提升企业综合竞争力的必然选择。要坚持"焦化并举、以化为主"，坚持"以规模要市场、向循环要效益"，深刻把握省政府焦化产业发展思路，抢抓政策时机和市场机遇，全力加快千万吨级新型煤焦化循环经济园区建设。

(3)进一步提升安全生产管理水平，完善构建国际化的大安全新模式。坚持安全是企业"第一底线、第一要务、第一形象"，始终以如履薄冰、如临深渊的心态抓安全，强化各级干部职工"敬畏生命、敬畏责任、敬畏制度"的安全理念，深入对标国际先进企业，全面打造本质安全型、动态安全型、实质安全型企业，以高标准打造安全新高地，以大安全保障企业大发展。

重点完善"三大平台"。要进一步完善高标准的透明水文地质管理平台，实现超前预控、动态掌控、应急受控；完善动态的透明瓦斯管理平台，实现"井上抽采超前化、井下抽采模块化、采煤采气一体化、瓦斯治理系统化"，打造全国瓦斯治理的新典范；完善大超前的预警管理平台，切实将"三大六超前"体系落实到日常管理中，推进调度指挥、监测监控终端网络全覆盖，全面提升超前预警和快速应急反应能力。

注重建设"三大体系"。要建设扁平化、垂直化的安全组织管理体系，以分区、分级变化管理为抓手，建立大安全、大调度、大通风管理格局，对安全责任人实施双重监管制、轮换制，进一步深化安全管理"纵向到底、横向到边"；建设刚性化的监管执行体系，强化"九个从严"，实行刚性考核、刚性兑现，高标准、严要求、大力度、全覆盖，对安全生产事故和重大安全隐患实行"零容忍"；建设系统化的员工培训体系，抓好各级安全培训机构及培训教育信息化平台建设，完善集中培训、现场培训、拓展训练相结合的培训模式，全面提升员工安全素质。

（4）进一步提升经营管控能力，完善构建高质效持续盈利新模式。突出优势拓展市场。进一步发挥潞安喷吹煤和优质环保动力煤品牌和市场优势，加大各矿井配套洗煤厂工艺提升力度，加快自营铁路和战略装车点建设，优化效益煤品种结构和运输网络布局，打造全国乃至世界最大喷吹煤基地和中国优质动力煤基地；全面加快建设"以客户为中心，以市场为导向"的大营销格局，提升市场趋势预判和快速反应能力，优化客户布局和营销网络管理，进一步加强市场开拓和潜在用户挖掘，提升市场占用率，着力提升公司营销绩效。

深化价值管理提升绩效。进一步强化"危机意识、冬天意识、生存意识"，实施流程再造全面深化预算管理，进一步完善月度成本分析制度，完善构建投资、采购、经营单位"数字化"比对体系，强化刚性指标刚性考核，有序推进财务委派制，加强财务精细化、流程信息化经营管控能力。坚持"三优先、三严控"原则，优化投资方向和规模，最大限度地节约资金、提升质效。

加快推进实施再融资。要充分发挥上市公司融资平台和潞安资本市场品牌形象优势，不断创新金融工具和金融产品，不断拓展融资渠道和融资方式，做好资本市场政策及市场跟踪研究，抢抓政策时间窗口和市场机遇，积极探索实施公开增发、定向增发、可转债、短期长期企业债券、短期融资券、银行项目借款及流动资金借款等融资方案，进一步提高融资收益，降低融资成本，优化公司资本结构。今年的融资工作重点，要加快集团优质煤炭、焦化资产注入步伐，实现公司煤焦产业的跨越式发展。

（5）进一步提升企业创新水平，打造创新驱动型企业发展新模式。加强公司治理创新。要进一步优化公司法人治理结构，调整充实公司高管及专业委员会人才配备，加强董、监、高培训，规范高效组织"三会"运行；深化完善公司内控体系，科学重塑公司流程，积极开展缺陷整改，切实提升公司风险防范水平；进一步创新公司投资者关系管理，提升公司信息披露水平，做好公司定期报告和企业社会责任报告的编制工作，进一步拓展公司投资者基础，提升公司形象和市场价值。

大力推进智力创新。努力培育企业创新内生机制，营造人人"想创新、能创新、在创新"的企业创新文化，将高、中管理层年薪与创新工作、对标提升挂钩考核，为员工创新提供"六大支持"，鼓励员工开展岗位创新；坚持将人才队伍建设作为"一把手工程"，突出人才"德"的建设、竞争性选拔和自我价值提升"三个重点"，围绕经营管理人才、专业技术人才、高技能人才"三支队伍建设"，推进"十大人才工程"，为公司跨越大发展提供可靠、稳固、持续的智力支撑。

第三节　山西潞安环能公司金融安全状况分析评价

一、山西潞安环能公司规模分析

由表 7-1 和图 7-4 可知，潞安环能公司的总资产呈现上升趋势，截至 2016 年 12 月末，总资产达 57823582303 元。但是，其主营业务收入、净利润、营业利润和利润总额受季节性变化因素的影响很大，呈波浪形变化趋势。

表 7-1　潞安环能公司 2006～2016 年经营规模变化分析　　（单位：元）

日期	主营业务收入	净利润	总资产	营业利润	利润总额
200609	4768731683	603632972	8088876609	906462343	898823238
200612	7253919052	833973533	9232496044	1198760053	1182728600
200703	2309500722	237613662	8892770022	355140035	353560960
200706	4520231223	465959482	8913414502	698148546	695527986
200709	7101799204	714671698	9818836747	1068377417	1067038399
200712	9948549380	991557986	10223625645	1442944513	1432360682
200803	2950479601	340369607	13132763732	454340598	454069733
200806	7292998179	880779824	13428204504	1173078405	1169298617
200809	12472473242	1787279129	15848537931	2383837064	2376940454
200812	16669904253	3052971864	17207884141	4038711250	4028963102
200903	3908874770	711005469	18053685578	964123311	960130730
200906	8648267311	1228926622	17775648890	1663593657	1656960522
200909	13327295234	1863092854	19201879815	2514958002	2504885882
200912	18261086715	2180720018	21730038544	2960753031	2934140831
201003	3782277859	711519416	24072622921	975789818	962167506
201006	8588549873	1535247637	25033995014	2079194871	2054318556
201009	14444966236	2373998973	26146505246	3207522272	3176749694
201012	21427676688	3342654907	29363691333	4168749825	4128810414
201103	4519002920	959781155	30734298807	1210266963	1202652409
201106	10971708885	1927593771	33165020246	2544320153	2523675047
201109	16591881038	2824565249	33941374477	3681265833	3650325964

续表

日期	主营业务收入	净利润	总资产	营业利润	利润总额
201112	22426279900	3339618178	34571558231	4432162817	4350700522
201203	4806510355	894912647	35106043135	1155928559	1150269339
201206	10179608328	1739401236	34811036711	2270003921	2253993244
201209	14879654311	2137079606	35609027950	2786450150	2770660732
201212	20065299075	2049784303	39612803889	3044640176	3005320635
201303	4467554327	494603435	41203855542	699609206	693399529
201306	9474030544	769185328	42913283322	1114424289	1101059632
201309	13980389548	953868464	43400712744	1403896732	1397639668
201312	19199966280	1166054886	45601207708	1959975284	1950715886
201403	3142113251	171928656	45854869772	274634625	270625879
201406	7840166449	338379962	48283722505	515628482	501624629
201409	11905693905	413220999	50856049951	690687109	675058916
201412	16030317622	747356156	51506179140	1161826841	1150490513
201503	2738916310	19937128	52567122208	63912850	60528061
201506	6085411769	7256694	52266986447	85237112	82644038
201509	8778460607	10014052	51270421808	117051263	113468910
201512	11155397237	−41599406	50620106983	127883582	130411941
201603	2465067667	−29031984	51325631838	7599568	10154038
201606	5075852580	−27945160	50068471014	28986691	30549637
201609	7995467272	−32358524	54339954865	66226438	65364627
201612	14229368335	710000290	57823582303	1173479249	1254714577
均值	9760199938	1065119930	31838533916	1476031055	1465796896

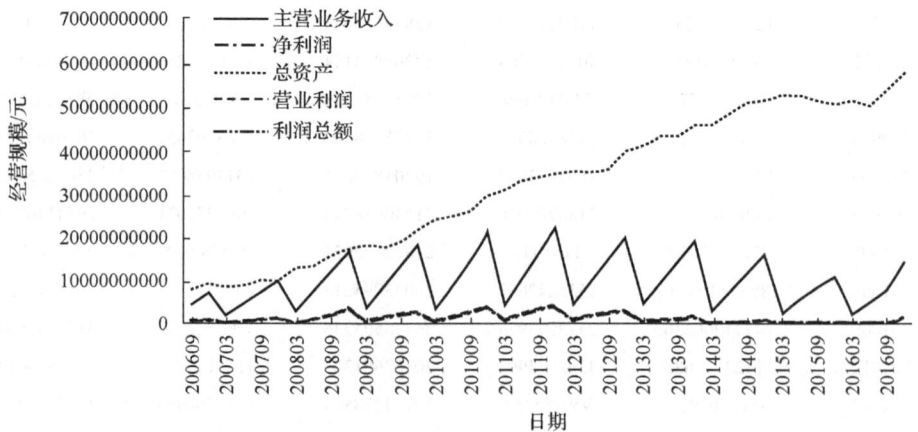

图 7-4　潞安环能公司 2006～2016 年经营规模变化图

二、山西潞安环能公司资产结构分析

由表 7-2 和图 7-5 可知，从资产构成情况上看，山西潞安环能公司的流动资产占总资产比例除了在 2008 年有一个明显的降幅之外，在 2011 年至 2016 年呈现逐年下降趋势；相应地固定资产占总资产比例在 2008 年上升比较明显，之后该比重则逐年下降，并于 2015 后呈现缓慢上升趋势。而无形资产占总资产比重则比较平稳，未发生比较大的波动。

表 7-2　潞安环能公司 2006~2016 年资产结构情况分析

日期	流动资产占比/%	固定资产占比/%	长期资产占比/%	无形资产占比%
200609	69.76	22.37	30.24	4.59
200612	64.26	26.60	35.74	3.04
200703	69.19	21.66	30.81	4.24
200706	69.40	21.05	30.60	4.16
200709	70.45	18.83	29.55	3.75
200712	66.79	21.67	33.21	4.89
200803	45.01	34.07	54.99	11.28
200806	45.24	34.13	54.76	10.94
200809	53.18	28.46	46.82	9.19
200812	43.34	34.90	56.66	10.58
200903	46.39	32.92	53.61	10.00
200906	51.72	25.74	48.28	10.52
200909	54.81	23.55	45.19	9.66
200912	58.19	21.11	41.81	8.54
201003	62.32	19.87	37.68	7.69
201006	63.64	19.05	36.36	7.40
201009	63.99	18.22	36.01	7.03
201012	53.87	24.71	46.13	13.24
201103	56.27	22.98	43.73	12.60
201106	60.32	20.82	39.68	11.64
201109	60.28	19.98	39.72	11.67
201112	51.55	20.22	48.45	16.58
201203	51.31	19.27	48.69	17.16
201206	49.70	18.82	50.30	18.38
201209	49.19	18.15	50.81	18.29
201212	39.18	18.54	60.82	23.25
201303	41.11	17.21	58.89	22.30
201306	42.77	16.12	57.23	21.52

日期	流动资产占比/%	固定资产占比/%	长期资产占比/%	无形资产占比%
201309	42.60	15.53	57.40	21.24
201312	41.06	17.95	58.94	20.03
201403	39.03	17.46	60.97	19.93
201406	41.00	16.69	59.00	18.97
201409	43.09	16.07	56.91	17.96
201412	37.74	20.23	62.26	17.69
201503	38.96	20.86	61.04	17.30
201506	37.48	21.00	62.52	17.35
201509	35.95	21.49	64.05	17.68
201512	33.00	27.38	67.00	17.82
201603	34.19	26.64	65.81	17.54
201606	31.24	27.45	68.76	17.93
201609	36.73	25.04	63.27	16.46
201612	39.85	31.93	60.15	15.09
均值	49.65	22.54	50.35	13.50

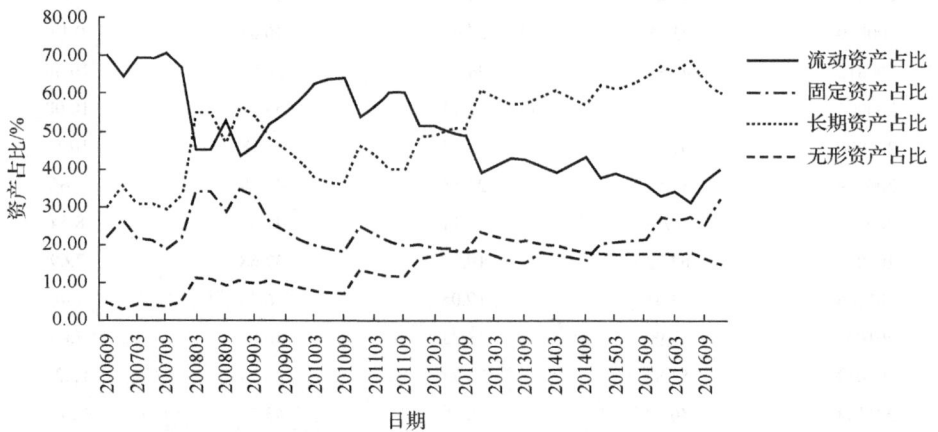

图 7-5　潞安环能公司 2006～2016 年资产结构变化图

三、山西潞安环能公司流动资产构成与分析

截至 2016 年年末，公司流动资产 23045257155 元，主要包括货币资金、应收票据、应收账款、其他应收款和存货。其中应收票据全部为银行承兑汇票；应收账款主要是公司有多年业务往来的客户正常销售结算款；存货主要是公司为适应市场需求，满足销售需要所做的必要产品储备，以及与之相应的辅助材料储备。

从 2006 年第二季度开始，公司货币资金和应收票据所占比重都达到了 70%以上，流动资产结构良好。潞安环能公司 2006～2016 年流动资产构成情况分析表如表 7-3 所示，相关数据分布图如图 7-6 所示。

表 7-3　潞安环能公司 2016～2012 年流动资产构成情况分析表

日期	货币资金/%	应收票据/%	应收账款/%	其他应收款/%	预付账款/%	存货/%
200609	58.35	29.44	2.79	1.39	3.42	4.54
200612	59.31	26.85	3.26	2.10	3.57	4.84
200703	57.68	25.35	4.68	5.09	2.12	5.07
200706	52.83	30.51	3.47	5.01	2.83	5.35
200709	40.83	28.30	2.38	19.81	4.11	4.49
200712	55.15	20.63	1.07	17.18	2.95	3.02
200803	50.96	24.91	6.08	5.24	6.25	6.57
200806	38.73	38.30	7.96	5.29	3.72	6.00
200809	30.59	40.71	5.41	11.20	4.90	7.20
200812	40.46	34.38	9.02	9.99	3.27	2.88
200903	32.75	38.49	10.05	9.16	5.13	4.43
200906	33.75	41.04	8.85	7.84	3.88	4.64
200909	32.56	46.62	6.32	6.94	3.84	3.72
200912	41.78	37.17	4.43	13.04	1.85	1.73
201003	41.00	29.13	4.61	15.27	6.48	3.50
201006	40.55	30.66	3.78	18.65	2.92	3.29
201009	39.47	31.65	3.75	14.85	7.16	3.12
201012	45.60	34.64	1.76	11.31	2.06	4.62
201103	38.97	36.17	3.67	11.85	2.82	6.49
201106	37.23	41.64	2.71	9.15	4.43	4.82
201109	32.25	43.99	4.66	8.69	5.86	4.54
201112	45.11	44.25	2.61	3.07	0.99	3.94
201203	47.90	35.56	5.02	3.55	2.57	5.39
201206	39.56	40.57	5.61	5.20	2.56	6.50
201209	43.57	36.04	6.89	4.63	3.41	5.43
201212	42.99	47.21	2.78	0.88	0.60	4.83
201303	42.87	39.26	8.86	2.02	0.68	5.65
201306	45.00	33.91	9.79	1.93	3.73	4.89
201309	38.99	40.64	8.49	1.95	3.33	6.02
201312	41.41	44.56	5.41	1.02	0.71	6.14
201403	43.40	31.08	10.89	1.65	2.72	9.53
201406	44.94	27.17	15.98	1.71	1.38	8.03

日期	货币资金/%	应收票据/%	应收账款/%	其他应收款/%	预付账款/%	存货/%
201409	46.55	26.91	16.10	1.69	1.40	6.59
201412	48.09	35.06	8.56	1.13	1.02	5.02
201503	45.76	28.16	13.15	1.32	2.46	7.25
201506	49.22	21.40	17.52	1.41	1.63	7.77
201509	42.25	19.25	26.27	1.13	1.92	8.29
201512	47.71	20.83	21.60	1.41	1.51	5.89
201603	41.88	21.16	25.51	1.48	2.78	5.97
201606	33.48	30.69	24.50	1.77	1.98	6.73
201609	37.20	33.32	17.74	1.51	2.62	7.13
201612	37.70	38.74	16.50	0.74	0.53	5.24
均值	43.06	33.53	8.73	5.85	3.02	5.45

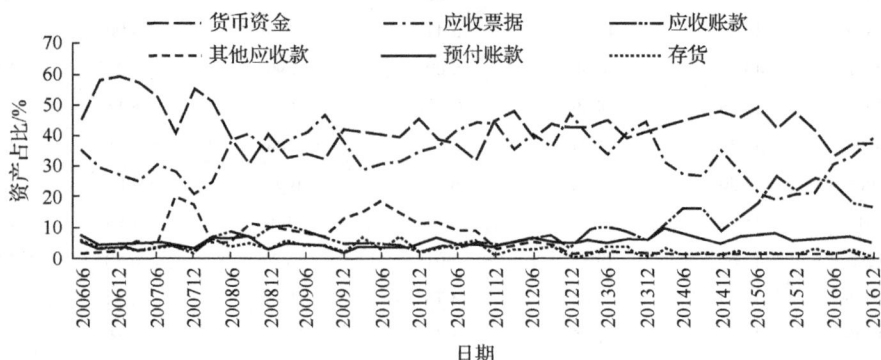

图 7-6　潞安环能公司 2006～2016 年流动资产结构分布分析图

四、山西潞安环能公司负债结构分析

2006～2016 年度，山西潞安环能公司的资产负债率、流动负债占比、长期负债占比指标如表 7-4 和图 7-7、图 7-8 所示。从公司的资产负债率上看，资产负债率一直保持了 50% 以上，作为非金融类的企业，这样的资产负债率明显偏高。如果当公司需要扩大规模、加快发展时，则资产负债率会进一步地升高，这样可能会导致财务风险，因此，公司应该更多地通过推动股权融资来提高公司的资本实力，使公司的财务结构更加合理化。

从公司的负债结构上看，流动负债占有很大的比重，流动负债的主要构成是应付账款和预收账款。预收账款比例较大的原因是预收取的煤款比较多，应付账款金额较大的原因是部分购料尚未支付所导致的。由于公司的货币资金和应收票据比较充足，且公司的煤炭销售状况比较好，短期偿还债务的风险相对较少。

表 7-4　山西潞安环能公司 2006～2016 年负债结构分析表

日期	资产负债率/%	流动负债占比/%	长期负债占比/%
200609	57.52	74.27	24.04
200612	60.29	77.3	17.29
200703	54.08	76.98	23.02
200706	53.77	74.42	25.58
200709	55.5	75.93	24.07
200712	54.26	77.4	22.6
200803	65.04	84.28	15.72
200806	65.17	77.98	22.02
200809	64.71	77.51	22.49
200812	51.56	81.86	18.14
200903	49.95	81.91	18.09
200906	51.63	90.93	9.07
200909	50	88.2	11.8
200912	55.9	83.32	16.68
201003	55.12	75.58	24.42
201006	56.47	77.08	22.92
201009	53.51	74.71	25.29
201012	56.56	76.15	23.85
201103	63.79	95.68	4.32
201106	57.62	79.72	20.28
201109	54.61	80.64	19.36
201112	54.53	84.99	15.01
201203	50.99	81.03	18.97
201206	50.73	76.32	23.68
201209	49.94	76.43	23.57
201212	58.17	70.48	29.52
201303	57.41	66.11	33.89
201306	59.18	64.09	35.91
201309	58.91	61.26	38.74
201312	62.01	70.41	29.59
201403	61.32	64.54	35.46
201406	62.6	64.68	35.32
201409	64.04	72.27	27.73
201412	64.07	72.73	27.27
201503	64.27	70	30
201506	63.74	67.61	32.39
201509	62.83	64.29	35.71
201512	65.3	75.68	24.32
201603	65.32	74.73	25.27
201606	64.59	76.79	23.21
201609	67.15	80.66	19.34
201612	68.91	81.98	18.02
均值	58.64	76.17	23.67

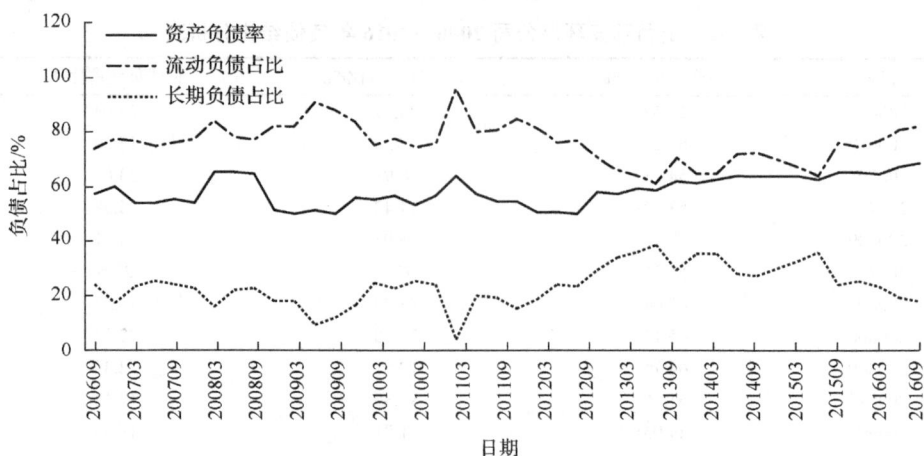

图 7-7　山西潞安环能公司 2006～2016 年负债结构分布图

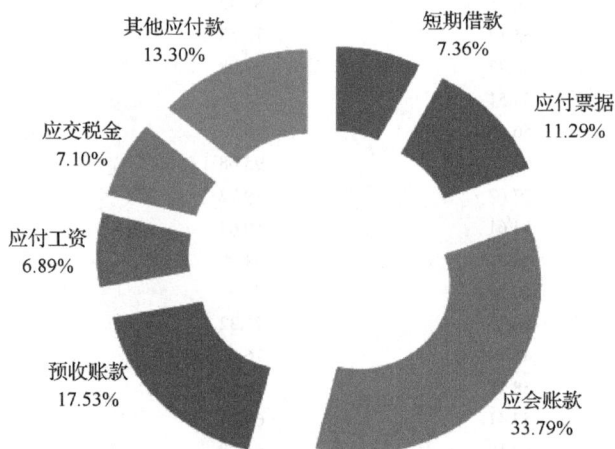

图 7-8　山西潞安环能公司 2006～2016 年应收和应付账款结构分布图

五、山西潞安环能公司偿债能力分析

2006～2016 年度，山西潞安环能公司的债务股权倍数、流动比率、速动比率指标如表 7-5 所示。债务股权倍数，又称债务股本比、负债股权比率、负债对所有者权益的比率，是衡量公司财务杠杆的指标，即显示公司资金来源中股本与债务的比例。从公司的债务股权倍数上看，公司在计算期内的平均债券股权倍数为 1.28，有点偏高，且在 2008 年的前三个季度出现了连续 1.8 倍以上的情况。

再从公司的流动比率和速动比率上看，平均流动比率为 1.18，平均速动比率为 0.87，这两项指标都偏低，表明公司存在流动性风险。但从公司的流动资产结构上看，公司的流动资产结构还比较合理，周转速度比较快，变现的能力强。

表 7-5　山西潞安环能公司 2006～2016 年偿债能力情况表

日期	债务股权倍数	流动比率	速动比率
200609	1.35	1.63	0.92
200612	1.52	1.38	0.92
200703	1.18	1.66	0.93
200706	1.16	1.73	0.92
200709	1.25	1.67	0.91
200712	1.19	1.59	0.94
200803	1.86	0.82	0.87
200806	1.87	0.89	0.9
200809	1.83	1.06	0.88
200812	1.06	1.03	0.94
200903	1	1.13	0.9
200906	1.07	1.1	0.91
200909	1	1.24	0.92
200912	1.27	1.25	0.96
201003	1.23	1.5	0.9
201006	1.3	1.46	0.94
201009	1.15	1.6	0.9
201012	1.3	1.25	0.93
201103	1.76	1.27	0.53
201106	1.36	1.31	0.91
201109	1.2	1.37	0.9
201112	1.2	1.27	0.91
201203	1.35	1.3	0.87
201206	1.03	1.28	0.92
201209	1	1.29	0.9
201212	1.39	0.96	0.91
201303	0.89	1.08	1.02
201306	0.93	1.13	1.07
201309	0.88	1.18	1.11
201312	1.15	0.94	0.88
201403	1.02	0.99	0.89
201406	1.08	1.01	0.93
201409	1.29	0.93	0.87
201412	1.30	0.81	0.77
201503	1.26	0.87	0.80
201506	1.19	0.87	0.80
201509	1.09	0.89	0.82
201512	1.42	0.67	0.63
201603	1.41	0.70	0.66
201606	1.40	0.63	0.59
201609	1.65	0.68	0.63
201612	1.82	0.71	0.67
均值	1.28	1.15	0.87

六、山西潞安环能公司资产周转能力分析

2006~2016 年度，山西潞安环能公司的总资产周转率、流动资产周转率、应收账款周转率指标如表 7-6 所示。从公司的总资产周转率上看，计算期的均值为 0.37，明显偏低，而流动资产周转率均值为 0.73，同样偏低。应收账款的周转率均值为 15.43，处于较高的水平。由以上数据可知，公司对于资产的管理水平不高，还有待改进。

表 7-6 山西潞安环能公司 2006~2016 年资产周转能力情况表

日期	总资产周转率	流动资产周转率	应收账款周转率
200609	0.59	0.84	30.24
200612	0.78	1.22	37.35
200703	0.26	0.38	8.01
200706	0.51	0.73	21.06
200709	0.72	1.03	43.11
200712			
200803	0.22	0.5	8.22
200806	0.54	1.2	15.07
200809	0.79	1.48	27.36
200812	0.97	2.24	24.79
200903	0.22	0.47	4.65
200906	0.49	0.94	10.63
200909	0.69	1.27	20.04
200912	0.84	1.44	32.63
201003	0.16	0.25	5.47
201006	0.34	0.54	14.27
201009	0.55	0.86	23.05
201012	0.73	1.35	77
201103	0.16	0.2	0.82
201106	0.33	0.55	20.2
201109	0.49	0.81	17.39
201112	0.49	0.87	21.02
201203	0.14	0.27	5.31
201206	0.29	0.59	10.5
201209	0.42	0.85	12.33
201212	0.51	1.29	46.5
201303	0.11	0.28	4.62
201306	0.23	0.56	8.5

续表

日期	总资产周转率	流动资产周转率	应收账款周转率
201309	0.34	0.82	13.97
201312	0.45	1.12	26.59
201403	0.07	0.17	2.12
201406	0.17	0.41	3.76
201409	0.25	0.59	5.24
201412	0.33	0.84	11.98
201503	0.05	0.14	1.26
201506	0.12	0.31	2.39
201509	0.17	0.46	2.7
201512	0.22	0.62	4.23
201603	0.05	0.14	0.61
201606	0.1	0.31	1.36
201609	0.15	0.44	2.24
201612	0.26	0.72	3.84
均值	0.37	0.73	15.43

七、山西潞安环能公司盈利能力分析

从表 7-7 的 2016 年末山西潞安环能公司主要业务收入构成分析中可以发现，公司的主营业务及煤炭开采业务收入占主营业务收入的比例达到了 95.12%，主营业务突出，但是主营业务过于集中，一旦煤炭市场发生较大的转变对于公司的发展会带来很大的影响。

表 7-7　2016 年末山西潞安环能公司主要业务收入构成分析表

项目	主营收入/万元	同比增减/%	主营收入占比/%	主营利润/万元
采掘业	1240000	26.14	86.96	498000
煤化工业	116000	47.21	8.16	23400
其他	69500	29.42	4.88	5893

衡量公司的盈利能力的指标主要有营业毛利率、总资产报酬率和加权净资产平均收益率三个指标，从图 7-9 山西潞安环能公司 2006～2016 年主要盈利指标分布示意图中可以看出，公司的盈利能力在 2006～2012 年表现不错，虽然在一些淡季会出现下降，但是总体来说，由于当时煤炭形势比较好，煤炭价格上升比较大，公司在此激励下生产规模大幅度提高，使得整个公司的盈利能力表现比较好；但是，从 2012 年开始公司的盈利能力开始走向下坡一直到 2016 年由于国家调控政策初见成效而有回暖迹象。

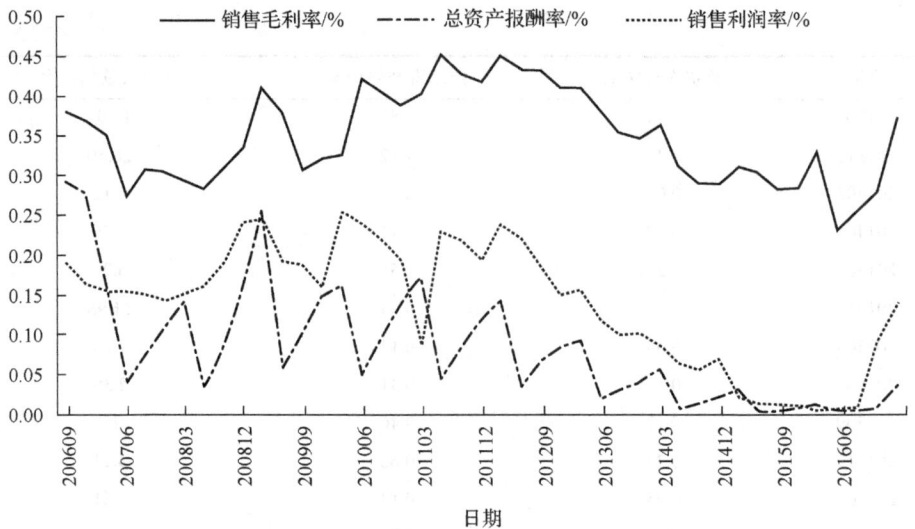

图 7-9　山西潞安环能公司 2006～2016 年主要盈利指标分布示意图

从表 7-8 的 2016 年末主要煤炭开采上市公司盈利能力比较表中可以看出，公司在 2012 年年底的主营业务毛利率为 37.04%，在同行业中排名第 2 位；总资产报酬率为 3.58%，在同行业中排名第 5 位；销售净利率为 4.99%，在同行业中排名第 5 位。因此，可以得出与同行业相比，潞安环能的盈利能力比较好，排名较为靠前。

表 7-8　2016 年末主要煤炭开采上市公司盈利能力比较表

股票代码	股票简称	销售毛利率/%	资产报酬率/%	销售净利率/%
900948	伊泰 B 股	28.55	4.94	9.3
600123	兰花科创	23.52	−2.06	−19.96
601088	中国神华	39.51	7.8	16.13
600508	上海能源	23.65	4.07	7.98
600188	兖州煤业	12.78	3.44	2.25
601699	潞安环能	37.04	3.58	4.99
600403	大有能源	6.53	−12.99	−39.89
600395	盘江股份	23.48	2.21	5.01
600546	山煤国际	7.64	5.42	1.33
000937	冀中能源	22.41	2.27	1.17
行业均值		22.511	1.868	−1.169

第四节　山西潞安环能公司金融安全预警管理实证研究

一、数据来源与方法说明

潞安环能于 2006 年上市，作者使用 2006～2012 年的季度数据，相关数据来源于 CCER 经济金融数据库，部分指标由作者计算得来，本部分的指标选择、实证方法和山西省煤炭行业金融安全预警管理实证部分的方法一致，此处不再说明。

二、潞安环能公司财务安全预警分析的指标选择

由 Logistic 回归可知，见表 7-9。偿债能力指标中债务股权倍数与潞安环能公司财务风险具有显著关系；盈利指标都与潞安环能公司财务风险具有显著关系；营运能力指标中只有总资产周转率与财务风险具有显著关系；成长能力指标中仅有利润总额增长率与财务风险具有显著关系；负债结构中长期负债占比和资产负债率和财务风险相关；所以作者在下部分运用 BP 神经网络进行预测时使用这些指标。

表 7-9　山西潞安环能公司金融安全指标回归结果

指标	变量	回归系数
偿债能力	债务股权倍数	2.08**
	流动比率	2.62
	速动比率	−6.70
盈利能力	销售毛利率	40.65**
	销售利润率	−54.12*
	资产报酬率	−50.46**
营运能力	总资产周转率	11.76**
	流动资产周转率	−5.41
	应收账款周转率	−0.07
成长能力	销售收入增长率	0.91
	利润总额增长率	−1.98***
	资本累积率	3.27
负债结构	长期负债占比	−6.12*
	流动负债占比	−4.07
	资产负债率	8.42***

注：***、**、*分别表示在 1%，5%、10%置信水平下显著。

三、潞安环能公司金融安全预警管理实证

(一)潞安环能公司财务基尼荣安全预警研究指标权重的确定

本研究以 SPSS 软件为应用平台,用提取主成分分析方法对所获煤炭金融安全预警指标数据进行分析,并结合问卷调查和相关研究文献的成果综合确定。在相关指标中提取主成分,最终确定各安全预警指标权重,见表 7-10。

表 7-10　山西潞安环能公司金融指标权重计算结果

指标	权重
债务股权倍数	0.15
销售毛利率	0.14
销售利润率	0.11
资产报酬率	0.12
总资产周转率	0.12
利润总额增长率	0.10
长期负债占比	0.10
资产负债率	0.15

(二)潞安环能公司金融安全预警 BP 神经网络的训练与学习

潞安环能公司财务安全预警 BP 神经网络训练与学习与全国煤炭行业类似,这里不再赘述,网络的输入为 2006～2009 年归一化处理后的潞安环能公司财务安全预警管理训练样本集的标准数据,期望输出为 2007～2010 年的潞安环能公司财务预警指标的季度数据。用 2009 年的煤炭金融安全预警的样本数据对用遗传算法优化的 BP 神经网络模型进行检验,模型检验的期望输出为 2011 年潞安环能公司财务安全预警样本数据。

表 7-11 和图 7-10 显示了潞安环能公司 2011 年四个季度的债务股权倍数、销售毛利率、销售利润率、资产报酬率、总资产周转率、利润总额增长率、资产负债率和长期负债比等 8 个指标的期望输出与网络实际输出的数值及其误差曲线。从中可以看出,其四季度实际输出与期望输出的差异绝对值最大为 0.23,误差绝对值的最小值为 0。

表 7-11　2011 年潞安环能公司金融安全预警测试数据及模型输出

指标	债务股权倍数	销售毛利率	销售利润率	资产报酬率	总资产周转率	利润总额增长率	长期负债占比	资产负债率
预警输入	1.23	0.42	0.25	0.03	0.16	−0.67	0.24	0.55
	1.30	0.41	0.24	0.07	0.34	1.13	0.23	0.56
	1.15	0.39	0.22	0.10	0.55	0.55	0.25	0.54
	1.30	0.40	0.19	0.12	0.73	0.30	0.24	0.57

续表

指标	债务股权倍数	销售毛利率	销售利润率	资产报酬率	总资产周转率	利润总额增长率	长期负债占比	资产负债率
期望输出	1.76	0.17	0.09	0.01	0.16	−0.71	0.04	0.64
	1.36	0.43	0.23	0.06	0.33	1.10	0.20	0.58
	1.20	0.42	0.22	0.09	0.49	0.45	0.19	0.55
	1.33	0.35	0.23	0.08	0.49	0.35	0.20	0.58
实际输出	1.72	0.40	0.17	−0.04	0.31	−0.53	−0.01	0.56
	1.30	0.48	0.19	0.02	0.42	1.06	0.06	0.59
	1.15	0.44	0.25	0.16	0.39	0.39	0.22	0.55
	1.30	0.40	0.26	0.10	0.54	0.27	0.26	0.56

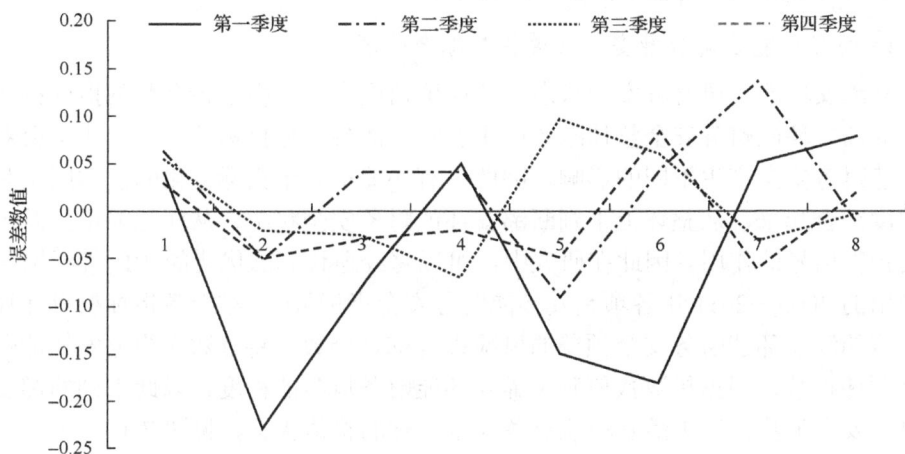

图 7-10　2011 年四个季度山西潞安环能公司财务安全期望输出与网络输出误差曲线

(三)遗传算法优化的 BP 神经网络模型的潞安环能财务安全预警

经过以上的实证检验证明了遗传算法优化的 BP 神经网络模型具备较好的检验效果,可以用于潞安环能财务安全预警管理。作者运用 2011 年潞安环能公司财务安全样本数据来预测 2012 年潞安环能公司的财务数据,其具体预测数据结果如表 7-12 所示。

表 7-12　2012 年潞安环能公司金融安全状况预测数据

指标	债务股权倍数	销售毛利率	销售利润率	资产报酬率	总资产周转率	利润总额增长率	长期负债占比	资产负债率
预警输入	1.76	0.17	0.09	0.01	0.16	−0.71	0.04	0.64
	1.36	0.43	0.23	0.06	0.33	1.10	0.20	0.58
	1.20	0.42	0.22	0.09	0.49	0.45	0.19	0.55
	1.33	0.35	0.23	0.08	0.49	0.35	0.20	0.58

指标	债务股权倍数	销售毛利率	销售利润率	资产报酬率	总资产周转率	利润总额增长率	长期负债占比	资产负债率
预警输出	1.89	0.13	0.08	−0.05	0.11	−0.65	0.02	0.71
	1.51	0.31	0.19	0.02	0.24	0.76	0.16	0.62
	1.39	0.30	0.17	0.06	0.41	0.65	0.17	0.60
	1.41	0.29	0.11	0.08	0.43	0.43	0.17	0.59

通过表 7-12 可以看出,相关指标的预测数据与 2012 年的总体走势吻合度较高。

(四)潞安环能公司金融安全程度得分

1. 潞安环能公司金融安全预警指数综合处理

从潞安环能公司财务安全状态整体评价角度来看,由于各个财务指标都会对最终的潞安环能财务安全整体态势产生影响,而各个分指标的不同变化又会对潞安环能财务安全产生不同的影响,因此,有必要把各个指标变化的影响因素和影响程度综合起来,从整体上来判断潞安环能财务安全状况,从而能够达到发出准确的预警信号的作用。因此在研究中,可以将经遗传算法优化的 BP 神经网络模型输出的 2003～2011 年各项潞安环能财务安全指标数值,结合各指标权重计算出各季度的潞安环能财务安全预警的风险程度综合分数,将分数作为潞安环能财务安全预警指数,根据指数数值确定潞安环能财务风险的程度,以此来判断潞安环能财务安全形势,评价潞安环能财务安全运行的整体状态。见图 7-11。

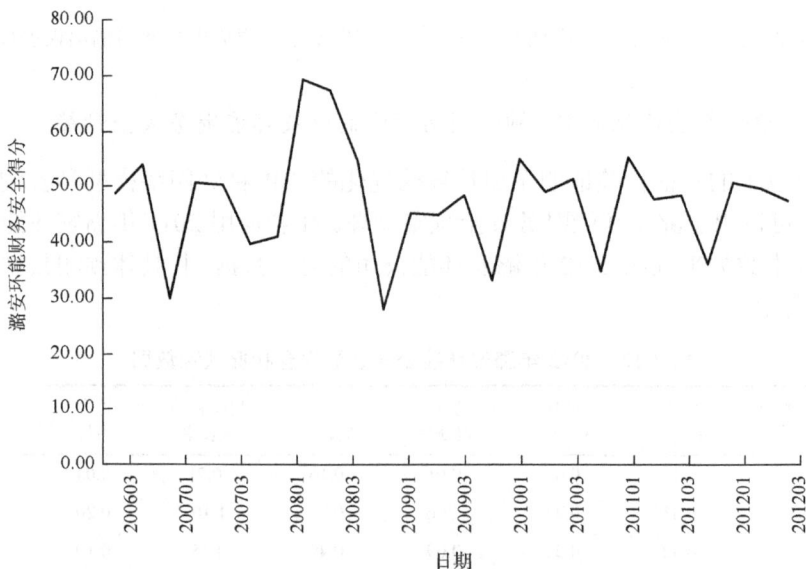

图 7-11　2006～2012 年潞安环能公司金融安全预警分数分布图

2. 潞安环能金融安全等级划分及对应指数

根据以上计算出的各季度潞安环能公司财务风险程度综合指数，结合相关金融安全预警系统安全等级及对应指数分数值划分的标准，同时在神经网络系统中不断模拟煤炭金融安全预警各个变量的各种可能状态下的预警指数变化，可以综合确定潞安环能财务安全预警管理的不同安全等级及对应的预警指数分数区间如表 7-13 所示。预警指数分数取值在 0～100，预警指数越大，代表潞安环能公司财务越安全，反之，越不安全。通过对所选定指标在不同时间内的数值变化，经过严密的统计分析，运用本研究给定的指标权重和临界值以及预警界限的确定，最终就可以计算出潞安环能公司财务安全状况的预警指数得分情况。得分和所确定的安全等级相对照，就可以判断当前潞安环能公司财务安全状况所处的态势，可以给决策层提供足够的信息来判断潞安环能财务的资金运行情况以及资金安全情况，以便于采取适当的措施，降低财务风险。

表 7-13　2006～2012 年潞安环能公司金融安全预警分数情况

日期	得分	日期	得分
2006 年 3 季度	48.69	2009 年 4 季度	48.62
2006 年 4 季度	53.86	2010 年 1 季度	33.33
2007 年 1 季度	30.02	2010 年 2 季度	54.87
2007 年 2 季度	50.60	2010 年 3 季度	48.96
2007 年 3 季度	50.33	2010 年 4 季度	51.27
2007 年 4 季度	39.79	2011 年 1 季度	34.68
2008 年 1 季度	41.03	2011 年 2 季度	55.27
2008 年 2 季度	69.25	2011 年 3 季度	47.85
2008 年 3 季度	67.29	2011 年 4 季度	48.42
2008 年 4 季度	54.63	2012 年 1 季度	36.12
2009 年 1 季度	27.88	2012 年 2 季度	50.70
2009 年 2 季度	45.15	2012 年 3 季度	49.76
2009 年 3 季度	44.85	2012 年 4 季度	47.39

本 章 小 结

本章主要可以概括为三点：首先，介绍了潞安环能股份有限公司自身的情况。潞安环能股份有限公司地处山西省长治市，拥有优越的地理位置。山西省作为煤炭生产的大省，潞安环能根据政府和自身的情况，制定了适合自身发展的战略目标。其次，分析了潞安环能股份有限公司的财务安全。潞安环能股份有限公司资金雄厚，资金结构合理，盈利能力较强。最后，对潞安环能股份有限公司的财务安全进行了实证。通过对所选定指标在不同时间内的数值变化，经过严密的统计分析，运用本研究给定的指标权重和临界值以及预警界限的确定，最终计算出得分情况。

第八章　保障中国煤炭金融安全的对策和建议

作者从第三章开始，依次对全国范围内的煤炭行业金融安全形势、山西省煤炭行业金融安全形势和山西潞安环能公司的金融安全形势进行了定量分析与评价，并且利用修正 BP 网络方法对全国、山西省和山西潞安环能公司近十年来的金融安全状况进行了实证预警研究和比较。通过对我国不同范围区域的煤炭行业金融安全预警状况的研究，根据煤炭金融安全状况监测评价预警结果和标准来评判，可以发现我国不同范围区域的煤炭行业金融安全度总体不高，处于基本安全和警戒的边缘。尤其是区域性煤炭行业金融安全形势和重要煤炭企业的金融安全形势更是不容乐观。从全国煤炭行业金融安全预警实证过程来看，全国煤炭行业金融安全被解释变量指标的变化更多地取决于 GDP 增长率、CPI 定基数据、汇率波动率等国家宏观经济状况方面解释指标的变化。尤其是从对山西省煤炭行业金融安全预警和山西潞安环能公司金融安全预警研究中，去除了宏观经济变量后，在山西省和山西潞安环能公司的各项煤炭行业金融安全评价指标的数据显示，其财务状况在国内各主要煤炭产销区域居于前列的情况下，经过实证研究计算出来的煤炭行业金融安全预警指数却低于全国煤炭行业金融安全预警指数，更加说明了煤炭企业自身经营管理能力的低下，也更加凸显了现阶段加强煤炭行业财务管理能力、提高煤炭企业自身经营素质与能力的迫切性。因此，必须要着眼于全国煤炭行业财务金融安全的大局，从国家能源安全战略的高度出发，从国家全局的角度、从各自不同煤炭产销区域的角度和重点煤炭经营企业的角度共同努力，有针对性地就如何加强我国煤炭金融安全预警管理工作、提高煤炭行业各层次投融资决策的科学性、防范和化解煤炭投融资风险、保证煤炭行业资金安全、实现国家整体煤炭金融安全的目标，进而为国家能源安全战略的实现和持续保持提出相应的对策及建议。

第一节　供给侧结构性改革制约下煤炭行业金融安全预警管理基础

一、供给侧结构改革对煤炭行业的中心任务对煤炭金融安全的影响

21 世纪头十年煤炭领域的盲目投资带来的产能过剩的恶果严重危害了煤炭行业的金融安全状况，煤炭行业因此付出了沉重的代价，今后若干年也还将处于

还债期间。在供给侧结构性改革中，去产能居于"三去一降一补"（去产能、去库存、去杠杆、降成本、补短板）五大任务之首，也是我国经济转型升级的关键所在。特别是在煤炭领域，去产能、调结构成为改善煤炭市场供需状况、切实转变煤炭行业发展方式、保证煤炭行业可持续性发展的首要任务。

按照中国煤炭工业协会统计数字截止到 2015 年年底全国煤炭总规模 57 亿吨，按照煤炭行业有效产能 47 亿吨、2015 年原煤产量 37 亿吨计算，煤炭产能利用率只有 78.8%。从煤炭产能地区分布来看，山西省以 15.3 亿吨占到中国煤炭产能的 27%，高居首位，2015 年煤炭产量 9.75 亿吨，产能利用率只有 63.7%。以山西省情况来看，煤炭行业的发展不仅面临着煤炭现有产能过剩与新形成的产能集中释放的矛盾，还面临着严重的煤炭产业集中度偏低与整体提升产业发展水平的矛盾、煤矿企业资金紧张与煤炭企业稳定发展的矛盾、保障煤矿安全生产与煤矿安全投入不足的矛盾以及加快煤炭转型升级与煤炭科技创新能力不足的矛盾。因此无论是全国的《煤炭工业发展"十三五"规划》、还是《山西省"十三五"煤炭工业发展规划》等地方性发展规划，均把去产能列为头等大事，在集约高效、安全保障、延伸循环、低碳清洁、生态环保几大分目标中均把集约高效目标放在了首位。以山西省来看"十三五"期间扣除国家认定的先进产能之后产能退出率要达到 12% 以上，从 2016 年以来执行情况看，去产能的目标能够超额完成。化解淘汰过剩落后产能 8 亿吨/年左右，通过减量置换和优化布局增加先进产能 5 亿吨/年左右。

但是在全社会去产能的热潮中，应该清醒地看到，已经形成的煤炭产能的减除，可以不生产煤炭，但是这些产能并不停止产生费用，原有的资金投入中的债务负担仍然存在，利息支出仍然持续，职工工资、社保基金、税费，采掘工程欠账、设备维护等仍然需要大量的支出，去产能的部分矿井的收入来源断绝，但是仍然会产生大量支出，无疑会给原本就负债率高、还贷与倒贷压力大的煤炭企业集团造成更为严重的财务负担，加大金融风险，因此在落实 8 亿吨化解淘汰落后产能过程的金融风险不容忽视。

同时通过减量置换和优化布局增加先进产能 5 亿吨的目标势必还要通过煤炭投资行为来实现，考虑到全国经济结构转型的调整带来的能源需求水平的整体下降，以及页岩气、可燃冰等新型清洁能源的兴起，尤其是以前基本没列入能源发展范畴的可燃冰的工业化开采利用，天然气的全球性布局的未来影响，现在无论是通过减量置换、还是优化布局产生的新增先进产能是不是还会形成未来的过剩产能，形成更为严重的财务负担，应该谨慎论证把握。更何况还要警惕由于煤炭产能释放受到抑制、煤炭供需偏紧造成疯狂上涨的煤价，可能引起煤炭无序开采的死灰复燃带来的威胁。

因此作者认为当前供给侧结构性改革对煤炭行业来讲不适宜再新增产能，已经探明储量煤炭资源作为战略储备不纳入开采日程。在去产能的同时，优质产能的形成更多的是依靠对原有产能的绿色开采的改造和煤炭资源使用上的低碳高效利用上。与之同时国家要尽快出台债转股等具体相关金融政策降低煤炭企业负债率，通过兼并重组化解金融风险。研究类似于"减量重组"等可有效降低退出成本、缓解社会矛盾、减轻财政负担的去产能方式，对资源整合改造建设煤矿承担化减过剩产能任务分类施策，支持鼓励对煤炭资源终端低碳高效使用技术的研究开发利用。

二、去产能背景下煤炭行业兼并重组浪潮中的金融安全

目前资本市场兼并重组成为服务实体经济、助改革、强主业、促转型、去产能的重要举措。2016 年我国上市公司重大并购重组事项披露 580 架，涉及交易金额超过 2 万亿元，其中钢铁、水泥、船舶、电解铝、煤化工、汽车、纺织、电力等 8 大产能过剩行业共有 118 家上市公司实施并购重组，合计交易金额 2336.78 亿元。因此 2016 年以来在煤炭行业去产能、脱困发展与转型升级的过程中出现了许多新亮点、新业态和新模式，其中，重要一点就是企业兼并重组取得新进展，神华集团与国电集团、中煤能源与国投、保利和中铁等企业的煤矿板块、山西(阳泉)国际陆港集团的组建等。

国家发改委、能源局在内的 16 部委联合印发《关于推进供给侧结构性改革防范化解煤电产能过剩风险的意见》就有相关的部署，包括积极推进重组整合，鼓励和推动大型发电集团实施重组整合，鼓励煤炭、电力等产业链上下游企业发挥产业链协同效应；支持优势企业和主业企业通过资产重组、股权合作、资产置换、无偿划转等方式，整合煤电资源等。

2017 年 9 月国务院发布《关于支持山西省进一步深化改革促进资源型经济转型发展的意见》指出，要在更大程度、更广范围推行混合所有制改革，制定出台山西省国有企业混合所有制改革工作方案，率先选择 30 家左右国有企业开展混合所有制改革试点。特别是山西省国有资本投资运营有限公司的成立和相关企业股权划转基本上吹响了山西省大型国有企业兼并重组的号角。《山西省"十三五"煤炭工业发展规划》中也把推进煤炭产业集约化发展作为规划推进措施的一项重要举措，规定创新运用市场经济手段，继续推动煤矿企业实施战略性重组，构建现代化大型煤炭企业，进一步提高产业集中度，有序减少办矿主体数量和煤矿数量。

因此未来煤炭行业兼并重组可能成为金融风险的另一个潜在影响，因此要未雨绸缪，防范兼并重组过程中可能出现的杠杆风险、交易风险、跨界风险、整合风险和减值风险。尤其是杠杆的应用需要更加谨慎，避免形成新的债务负担和隐形负担。

第二节　从国家层面建立、健全中国煤炭金融
安全预警管理体系

目前，已经有专家学者就全国范围内的能源金融安全预警管理系统的构想进行了研究和论证。提出了包括建立、健全中国能源金融安全预警管理机构、强化能源金融安全预警管理工作的组织体制以及建立、健全中国能源金融安全预警管理信息系统等措施在内的能源金融安全预警管理系统的构想，其中能源行业就涵盖了煤炭开采和洗选行业、石油天然气开采行业和电力生产行业。因此，从国家层面来看，应该以全国能源金融安全预警管理系统的构建和有效运行来实现国家层面中国煤炭金融安全预警管理体系的建立，其具体工作内容如下：

一、在国家能源安全预警管理委员会框架下建立、健全中国煤炭金融安全预警
**　　管理机构**

目前，我国能源安全研究仍然分散在煤炭、石油天然气、电力等各个部门，能源安全的研究更多地还是集中于能源生产供应运输上的安全，经济运营安全方面还没有引起政府层面的高度关注。行业金融安全预警的职能更多地是由金融监管机构执行。容易造成各部门仅仅关注本部门管辖的信息，很难做到信息共享，也就很难做到科学决策了。因此，从组织机构上和管理体制上明晰我国能源金融安全预警管理势在必行。中国煤炭金融安全预警管理应该融汇在中国煤炭安全预警管理工作中，在 2010 年国务院成立的国家能源委员会内设立国家能源安全预警管理委员会，整合各个部门的资源力量，全面负责对包括煤炭行业在内的中国能源行业经济安全状况的监测、评估、预警管理和风险防范，以及必要时候的危机处理。包括负责收集全国、各个重要区域和重点企业的煤炭金融安全运行的相关信息，建立煤炭金融安全预警评价监测指标体系，建立全国、各个重要区域和重点企业的煤炭金融安全评价预警模型，定期发布国家煤炭金融安全指数，建立国家煤炭金融安全运行管理制度，建立国家煤炭金融安全运行会商制度，建立完善国家煤炭金融风险防范技术体系和对策库，定期发布能源行业投资风险预警报告、定期评估煤炭行业融资政策的执行情况，建立国家煤炭金融安全危机应急处理机制。

二、在国家能源金融安全信息管理系统框架内完善中国煤炭金融安全预警管理
**　　信息系统**

国家煤炭金融安全是一个包括多方面的系统工程。其中，煤炭行业各层次金融安全运行信息的获取与监控是实现预警管理的基础，因此，必须在国家能源金

融安全信息管理系统框架内建立健全中国煤炭金融安全预警管理信息系统，以数字化手段达到信息收集、信息处理、预警管理、风险应对等复杂的工作。准确、及时、系统地获取中国煤炭行业各个层次的投融资风险和财务运行的各类信息，并对这些风险运行信息进行必要的归纳总结、整理分类、分析评价、回馈相关部门和机构以及进行必要的档案存储。

综合中国能源金融安全预警管理体系和煤炭行业金融安全预警管理体系的信息，按照确定的分类标准，建立国家煤炭金融安全信息的数据库。各项指标数据的搜集统计，按照煤炭行业金融安全预警管理体系确定的指标体系明确统一的含义解释、计算公式、计量单位和统计口径，以及满足国家煤炭金融安全数据库建设需要的标准代码。具体监控指标主要包括 GDP 增长率、CPI 定基数据、企业景气指数、汇率波动率、贷款增长率、财政收支比率等宏观经济指标，煤炭行业各个层次组织的资产负债率、利息保证倍数、资产报酬率、债务股权倍数、销售毛利率、销售利润率、总资产周转率、利润总额增长率、长期负债占比、资产负债率等指标，按照前述中国煤炭金融安全预警的方法开发出相应的信息管理系统，按照现阶段各地煤炭安监局的设置层级，分别负责建立健全完整、正规的国家煤炭金融安全信息统计网络和统计报表制度。同时在国家能源安全预警管理委员会内成立境外能源金融安全市场信息服务中心，负责建立境外煤炭等能源金融安全信息网络，一是收集国际煤炭金融安全信息；二是为煤炭等能源企业境外投资提供服务；三是当能源金融风险预警事项发生时，协调国家相关部门保护境外等能源投资者利益。

三、在国家能源安全预警管理委员会下建立国家煤炭金融安全预警和应急系统

在建立国家煤炭金融安全信息系统的基础上必须配套建立国家煤炭金融安全预警和应急系统，能够根据国家预设的财务安全预警模型和计算方法，随时监控和计算各个层级煤炭金融风险因素的变化。当煤炭金融安全预警指数进入到预设的警戒限度时，向相关机构部门和企业发出相应的预警信号，并根据不同预警度，制订启动相应的应急预案，完善各类应急措施。为此，要加强各个层级的国家煤炭金融安全预警体系的研究，尽快建立国家煤炭金融安全的预警机制，包括密切关注国际煤炭金融财务安全发展态势，全面评估我国各个层级的国家煤炭金融安全状况，监控我国煤炭金融安全发展变动情况，根据国内外煤炭金融安全形势适时判断可能发生煤炭金融危机的严重程度，进行各个层级的国家煤炭金融安全评级与预警，并针对不同级别的国家煤炭金融安全程度设计应急方案。

四、从国家层面创造条件扩大煤炭行业融资渠道和融资规模

相关研究表明，融资规模对上市煤炭企业的产值、总资产的增长影响较大，

而对利润的增长影响并不显著。但是，不同的融资结构和投资结构的影响是不一样的，研究开发投资和外资资金、财政预算内资金的作用正向影响更大一些。要促进我国煤炭行业的发展，无论是从保证煤炭供应的角度，还是促进能耗降低、实现经济转型、在能源经济发展中逐渐注重碳金融和环境金融的发展，都要求扩大煤炭行业融资渠道，增加融资规模，以促进煤炭行业的可持续发展。融资规模增加的基本途径是广开煤炭行业融资来源，促进煤炭行业开放，创新融资方式。

(一)从国家层面创造条件优化煤炭行业融资渠道

从我国煤炭行业的发展来看，无论是满足日益增加的能源需求，还是煤炭产业实现经济转型，注重环境保护、生态平衡，提高能源利用效率，避免资源浪费，提高能效方面需要的资金量都是巨大的。因此，必须改进现有煤炭行业融资渠道、多方面挖掘社会资金潜力。国家预算内资金投向应该主要起到产业引导和指向的作用，起着煤炭领域科技进步的孵化器作用，尽量不在市场能够发挥作用的普通煤炭领域增加预算内投资额度。国家应该首先加大煤炭领域的研究发展经费投入力度。对于相关院校、研究机构和企业的煤层气、煤制油、低质煤炭资源高效利用、深层煤炭资源开采、煤炭清洁能源利用、煤炭节能技术发展等相关领域加大技术研发投入。并且主要投入煤炭生产领域的资金也应该是用于促进煤炭新技术转化为实际生产力的启动资金或者引导资金，从而能够吸引更多的社会资金进入新技术煤炭资源开发利用领域。尽可能形成煤炭新技术项目、平台、产品、环境四位一体，研发、孵化、转化、产业化一条龙的转化机制。

对于金融市场信贷资金而言，首先看重的还是相关金融机构作为市场经营主体的自主经营决策权利的独立性。政府主要通过货币政策的调整，运用诸如行业信贷差别利率政策、优惠利率政策、政府贴息贷款等来引导金融市场信贷资金投向，配合国家煤炭等能源产业发展规划，促进煤炭产业升级和规范产业秩序，形成良好的煤炭产业市场结构。压缩风险较高的小型煤炭企业的信贷需求，坚决退出信用等级低、资源枯竭、历史负担重、经营状况差、不符合产业政策规定的煤炭企业。同时加大对符合行业信贷政策要求的煤炭企业的授信和有效信贷力度，推动煤炭产业由资源、资本密集型向智力、科学技术密集型转变，进一步延伸煤炭产业链条，提高煤炭产品的深加工和精加工利用。金融机构自身要积极推出适合煤炭行业的金融产品创新品种，推进金融产业与煤炭产业的高度融合。银行业金融机构要结合煤炭行业的实际，进一步加大金融产品创新力度，积极开办销售合同或其他应收账款项下的贸易融资业务、探索设立还贷基金账户等，建立和完善煤炭等能源行业贷款风险分类管理机制，合理设置授信风险额度预警指标，增强对煤炭各类风险的识别监测能力。应该与国家能源安全预警委员会保持密切联系，接受国家能源安全预警管理委员会定期发布的国家煤炭金融安全报告，按照煤炭金融安全指数的状况适时调整自己的煤炭金融策略。同时必须创新煤炭等能源金融服务机构，整合现有商业银行、保险机构、信托服务机构等金融机构的内部资源，形成有针对性的煤炭等能源领域金融服务分支。建立新型的煤炭等能源类金融服务体系，如建立由政府出资设立的煤炭等能源开发性金融机构、组建信贷和投资业务主要限于煤炭等能源领域的能源商业银行、重点打造信托行业的煤炭等能源产业信托发展基金，使用专业的煤炭等能源金融人才，建立和完善对煤炭等能源项目信贷的监测、风险控制和资金引导等长效机制。

对于煤炭企业自筹资金而言，虽然目前效率较低，包括发行股票、发行债券、利润留存等途径，从渠道上讲这部分资金来源还应该再发扬光大。鉴于各个能源生产行业、尤其是煤炭行业资产负债率都超过 60%，因此，这个行业的自筹负债融资在审批时应该慎重，避免长期偿债能力下降，带来中长期的隐患。

对于外资应该在保证国家安全的前提下设立煤炭行业引进外资目录，进一步开放煤炭市场，包括煤炭开发实体市场和煤炭金融市场。既要鼓励国际大型煤炭企业集团参与国内煤炭领域的勘探、开发、炼制、精深加工等能源产业链的实体投资，又要规范国际大型金融机构对中国煤炭等能源金融市场的适度适当参与。利用外国的先进煤炭等能源技术与管理经验，尤其是煤炭等能源金融市场建设管理的先进经验，改善煤炭等能源行业资金环境，提高煤炭等能源行业的资金配置效率，重视煤炭等能源行业金融的生态效应。

(二)创新煤炭行业融资渠道与方式，增加煤炭行业资金调配能力

随着我国能源金融市场的逐步发展与完善，已经有能力为煤炭投资领域提供越来越多的资金形式，也有越来越多的市场主体以不同的方式进入煤炭等能源投融资领域，如大力引进和发展煤炭等能源投资信托金融产品、大力发展煤炭行业项目融资、大力发展煤炭等能源行业融资租赁、大力鼓励煤炭等能源企业海外上市融资，等等。

五、优化煤炭行业融资结构，提高资金利用效率

相关学者的研究结果表明，不同的融资结构对煤炭行业发展的贡献率存在明显差异。以煤炭行业产值增长率、煤炭行业总资产报酬率或者净资产收益率作为煤炭行业发展的衡量指标，计量结果都表明不同来源的资金对于煤炭行业发展的贡献度是不一样的。综合来看，从统计的煤炭行业资金来源渠道看，利用外资和运用国家预算内资金进行煤炭行业建设对于煤炭行业的促进作用要大于煤炭行业自筹资金和国内贷款的使用，其中，促进作用最低的是企业自筹资金。从我国煤炭行业投资资金来源构成趋势来看，煤炭工业利用外资的投资比重逐年下降，煤炭行业的融资开放程度正逐步降低，而自筹资金的投资比重大幅上升，这表明煤

炭行业资金利用效率在不断弱化。相对低效的企业自筹资金成为煤炭行业融资的最主要渠道，无疑加大了煤炭行业的融资风险。

因此，中国煤炭行业金融安全预警管理应该进一步优化煤炭行业融资结构，首先，煤炭行业在保证国家煤炭安全的基础上进一步开放国内煤炭市场。在重要的煤炭高效和清洁化利用领域加强国际合作交流，在煤炭领域新技术应用成果转化环节中更多地与外资进行技术交流与合作；另一方面，还是要在对国际煤炭投资风险监控机制完备的情况下，鼓励煤炭企业和其他投资机构走出去，大力利用与收购国外煤炭资源，在尽可能实现经济效益的前提下确保国家战略性煤炭安全的实现。其次，从煤炭行业资金来源利用效率上看，国家预算内资金还是有较高的煤炭发展促进作用的，因此，中国社会主义特色市场经济的发展在关系到国家经济安全命脉的煤炭安全领域的政府引导性投资的增加是一个很重要的国策。从目前来看，中国政府增强煤炭控制力是国家战略的必然选择。从国际投资来看，近期已经显现出国家外汇储备资产多元化转移的倾向，并且由以前单纯的持有金融资产转向有形资产与金融资产并重的态势。再次，从银行信贷资金来看，由于煤炭开采行业的资产负债率一直很高，无论是原有的商业银行还是建议新成立的能源银行，对于煤炭行业的信贷投向一定要慎重。各金融机构应尽量培养专业的能源金融人才，建立和完善对能源项目信贷监测、控制和引导机制。最后，从煤炭企业自筹资金来源看，煤炭企业在上马能源新项目时一定要慎重论证，避免盲目上马。短期内可能会产生一定效益，但是，随着行业产能过剩危机的出现和经济转型对能源需求的变化，煤炭企业的产能可能面临着市场供求变化和产业转型的双重打击，进而给煤炭投资造成较大损伤。另外，对于煤炭投资项目的运作也应该加强管理，避免经营风险。同时逐步扩大煤炭行业在资本市场上的融资能力，支持煤炭企业发行短期融资券、股票和中长期债券，扩大符合条件的科技型清洁型煤炭企业上市规模，提高直接融资比例；大力引入能源信托、能源支持证券、产业投资基金、风险投资基金等融资机制，拓宽能源产业发展投融资渠道。通过市场选择机制、并购及置换等资本运作方式，引导资金进行能源产业整合。

近期重点解决加快煤炭企业债转股启动落地进程，在银企双方协商谈判同时国家应该出台必要的原则政策，帮助银行解决诸如收益及退出机制问题，帮助企业解决股权确认问题、估值问题、股权结构多样化以后的公司治理结构问题。尽可能尽早找到切实可行的降低煤炭企业资产负债率和债务负担的有效途径。

六、从国家层面完善煤炭行业投资风险防范体系

国家的煤炭行业产业政策引导和调整是确保煤炭行业安全目标实现的首要前提。中国煤炭企业境外投资的安全更要依赖于国家所购建的海外投资安全保障体系，依赖于国家的力量来防范和化解国际投资政治风险和外汇风险，境内的跨区

域投资需要政府机构协调地方利益关系、劳资关系和产能的合理布局。

(一)通过国家能源安全预警系统预测国家能源供求状况，调控煤炭生产投资进度与规模

从中国经济转型的发展趋势来看，以高能耗为主要特征的经济增长方式势必不可持续。众所周知，我国单位 GDP 的能源消耗量数倍于世界发达国家，显然随着经济增长方式的转变，单位 GDP 的能源消耗量下降是必然趋势，近年来能源需求量剧增的态势也不可能一直持续下去，因此，由于近几年能源需求量剧增而上马的煤炭等能源新项目所增加的煤炭等能源供应产能很有可能形成过剩产能。所以，国家能源安全预警委员会应该在煤炭等能源安全研究成果的基础上向国家发展和改革委员会、国土资源管部等相关部门建议国家煤炭等能源供给和需求变化数据，研究现有煤炭等能源生产产能，对于国内上马的煤炭等能源生产项目进行详细的产能匹配分析。加大煤炭等能源储量勘探力度，摸清国内煤炭等能源资源赋存状况，但是，在发放采矿许可证等环节要充分考虑产能的合理性问题。我国应该学习日本和美国对于本国煤炭等能源资源储量的战略眼光，对于国内煤炭等能源探明资源储量不一定立刻开发，应该充分考虑利用原有产能高效生产，探明的煤炭储备尽量留作国家能源战略型储备，留待日后以备应急之需。上马煤炭开采新项目一定要注重从产业整合的角度出发尽量形成良好的煤炭等能源市场秩序，建设大煤炭企业集团，避免小而散可能给煤炭等能源投资安全带来的更大隐患。在力所能及的范围内尽量首先通过外购或者境外投资的份额分配得到稳定时期的煤炭等能源满足。

(二)促进国家鼓励煤炭对外投资相关政策的完善，创立有关煤炭海外投资的专门法律和制度

需要明确国家煤炭等能源海外投资战略主要负责的部门，合理引导煤炭企业投资方向，包括投资的产业领域、区域特点、国家地区关系、地缘政治、技术先进程度等。国家应该建立煤炭等能源行业国际投资政治风险援助资金，如果煤炭等能源企业遭受政治风险后，可以考虑就化解政治风险所需的资金专项融资，就政治风险建立风险基金，对能源企业注入新鲜的血液，使其有能力来承受暂时的流动性困境。具体措施上需要落实企业投资的自主权，减少审批范围，简化审批程序，鼓励金融机构为企业境外煤炭等投资项目提供融资便利和良好的金融服务、建立完善的煤炭等企业境外投资税收服务指南、重点推进资本项目改革、进一步推进外汇管理体制改革、促进贸易和投资便利化等内容。

(三) 尽快与重要煤炭等资源输出国签订双边投资保护协定并积极参加世界银行下的多边投资担保机构

双边投资保护协定是资本输出国和东道国之间签订的，以鼓励、保护、促进两国间投资活动的条约、共识。据商务部统计，截止到 2012 年，中国已与 130 个国家签订了双边投资保护协定，其中，有 31 个非洲国家，与东盟、智利等 7 个国家和地区签署了自贸协定，与中国香港、中国澳门签署了《更紧密经贸关系安排》，与台湾省签署了《海峡两岸经济合作框架协议》，签署了 11 个基础设施领域合作协定或备忘录、14 个劳务合作协定或备忘录。商务部投资促进事务局与 36 个国家和地区的 71 家投资促进机构建立了合作机制，签署了 67 个投资促进备忘录。建成运行了对外投资合作信息服务系统。2009 年开始发布 162 个国家地区《对外投资合作国别(地区)指南》，还定期发布《中国对外直接投资统计公报》《国别贸易投资环境报告》《中国对外投资促进国别报告》和《对外投资合作、对外承包工程国别产业导向目录》。2010 年，首次发布了《对外投资合作发展报告 2010》。2010 年 8 月，商务部会同外交部等七个部门印发了《境外中资企业机构和人员安全管理规定》，发布了大量的安全预警信息，妥善处理各类境外安全事件，指导和督促企业完善境外安保制度，制定突发事件工作预案，加强防范和应对。

但是，中国与一些重要煤炭等能源输出国之间尚未签订双边投资保护协定，只能在单边的机制下向境外国家和地区通过外交的途径进行索赔。这种索赔不在法律框架的保护下，结果很难预料。中国政府还应该积极参加世界银行主持下的多边投资担保机构，因为这个机构可以直接承保各种的政治风险，为海外煤炭等投资提供经济上的保证。

(四) 建立煤炭等能源海外投资政治风险评估和预警机制，定期发布海外煤炭等投资国家风险分析报告

目前，我国煤炭等能源对外直接投资基本集中在一些地缘政治十分复杂的国家和地区，政治风险、外汇风险及经营风险都很大。而一般的煤炭等能源投资企业由于受各种客观条件的限制，无法就受资国本身的风险状况做出准确的评估，需要一个专门的海外煤炭等能源投资评估机构，对拟进行煤炭等能源投资的东道国进行全方位的、科学权威的风险评估。分析判定煤炭等受资国政府对外国公司的政策，以往的政府类型、党派结构和各党派的政治实力及其政治观念，政策的历史走向和政策形成的公共选择程序，有可能取代执政者的政治势力，受资国政府与我国政府关系、受资国政府受西方大国和国际能源组织影响程度等。国家能源安全预警委员会必须在这方面与商务部、中国出口信用保险公司等部门紧密合作，在上述机构发布的相关对外煤炭等直接投资报告的基础上针对煤炭等能源领

域的投资选择重点国家和地区、重点项目向煤炭等能源企业集团发布相应的煤炭
等能源海外投资国家风险分析报告。

(五)完善海外直接投资国家风险保险制度

海外投资保险制度是世界各资本输出国的通行制度。自美国 1948 年在实施马
歇尔计划过程中创设这一制度以来，日本、法国、德国、挪威、丹麦、澳大利亚、
荷兰、加拿大、瑞士、比利时、英国等国家先后实行了海外投资保险制度。我国
从 2001 年开始设立承办出口信用保险业务的政策性保险公司，即中国出口信用保
险公司来对中国企业对外出口及海外投资等行为承保国家风险和买方风险。国家
风险包括买方国家收汇管制、政府征收、国有化和战争等；买方风险包括买方信
用风险如拖欠货款、拒付货款及破产等和买方银行风险，如开证行或保兑行风险
等。但是，现在中国的海外投资保险还存在着诸如参保费率较高、参保门槛较高、
审批程序较为复杂等问题，尤其是我国企业的风险意识仍然不高，导致我国海外
投资的参保率普遍不高。这在 2011 年的利比亚危机中显现无遗，据商务部统计，
2010 年我国对外直接投资累计净额约 3047.5 亿美元，而海外投资保险的承保责任
余额为 173 亿美元，承保占比仅为 5.7%。据报道，在此次 2011 年利比亚危机中
资机构的损失中，能得到保险赔付的只有 4 亿元人民币。因此，有必要建立海外
投资保险强制保险机制，对于政治风险必须由政府保险机构出面进行承保，适当
降低保费、降低投保门槛、简化保险程序。

(六)有效利用国际法防范我国煤炭等海外直接投资政治风险

目前在国际经济法领域，对于国际直接投资风险防范其作用的规范主要是世
界银行的《多边投资担保机构公约》(MIGA)和《解决国家与他国国民间投资争
端公约》(ICSID)。宗旨是向外国私人投资者提供政治风险担保，包括征收风险、
货币转移限制、违约、战争和内乱风险担保，并向成员国政府提供投资促进服务，
加强成员国吸引外资的能力，从而推动外商直接投资流入发展中国家。我国分别
于 1988 年和 1990 年加入两个公约，成为缔约国。因此我国应该推动这两个条约
的签约范围，提高发展中国家与发达国家在海外直接投资风险防范待遇上的一致
性。煤炭等能源投资企业应该充分理解和运用 MIGA 和 ICSID，为国际煤炭等能
源投资风险防范和争端解决争取更多的于己有利的结果。

第三节　从行业和区域层面完善中国煤炭金融
安全预警管理体系

2011 年 4 月 27 日举行的第五届中国企业跨国投资研讨会上发布的《中国企

业对外投资现状及意向调查报告(2008~2010)》显示，从近三年我国企业对外投资的行业结构来看，投资于农业、采矿业和能源业的比重有了较大增长。国家发改委相关人士也在会议期间表示"十二五"期间，我国将加快实施"走出去"战略，引导各类所有制企业有序到境外投资合作，深化在能源、资源等领域互利合作，提高国际化经营水平。意味着能源行业将成为"十二五"期间我国企业实施"走出去"战略、进行对外投资的主要方向。未来几年，我国政府将继续出台一系列支持企业"走出去"的政策措施，这将为推动我国能源企业走出去提供强大的政策动力。

　　但是由于各方面的原因，目前我国煤炭企业投资、尤其是境外投资面临着较大的风险，国际经济形势依然复杂，自然灾难频发，社会和政府动荡增多，经济前景的不确定性仍然存在，发达经济体经济增长乏力，失业率居高难下，全球资本流动性增加，新兴市场通胀压力加大，保护主义继续升温，国际市场竞争更加激烈。这些不利因素将加大中国企业尤其是煤炭企业"走出去"的难度和投资风险。由于我国煤炭行业的行业管理机构在20世纪90年代末以后发生了重大变化，专职煤炭行业管理机构被撤并后，煤炭行业发展的行业管理职能被下放到了各个省、市、区。国家对于煤炭行业的管理机构主要是国家煤炭安全生产监督管理局负责全国煤炭行业的安全生产、能源局负责协调全国的能源行业发展，更多的行业管理职能主要是从生产运输和使用安全的角度来进行的，对于行业发展经济安全的监控管理尚未形成体系和常规性的工作。因此，对于煤炭行业和重要煤炭产销省区的煤炭行业管理机构来讲，从行业管理职能加强来看，经济安全监控与管理上的职责加强是经济形势发展的必然要求。

一、从煤炭行业层面来看要加强煤炭行业财务风险的协调防范工作

　　从煤炭行业层面来看，从组织机构上还是要在国家能源安全预警管理委员会框架下来完成煤炭行业金融安全预警管理工作。主要任务应该是协调各个煤炭生产子行业的对外直接投资活动，避免内部恶性竞争，形成国际市场合力。在国家能源委员会的统一协调调配下，以国家能源安全预警委员会为主导力量，密切联系商务部、中国出口信用保险公司以及各重要煤炭产销大省的煤炭工业局等相关机构，协调煤炭等能源相关行业协会机构、监督管理机构和主要企业集团，做好国际煤炭等能源投资的宏观布局。完善中国煤炭金融安全预警管理信息系统，建立国家煤炭金融安全信息的数据库。完成 GDP 增长率、CPI 定基数据、企业景气指数、汇率波动率、贷款增长率、财政收支比率等宏观经济指标、煤炭行业各个层次组织的资产负债率、利息保证倍数、资产报酬率、债务股权倍数、销售毛利率、销售利润率、总资产周转率、利润总额增长率、长期负债占比、资产负债率等各项指标数据的搜集统计工作，建立健全完整、正规的国家煤炭金融安全信息

统计网络和统计报表制度以及境外煤炭等能源金融安全信息网络。能够根据国家预设的财务安全预警模型和计算方法，随时监控和计算全国煤炭金融风险因素的变化，及时向相关机构部门和企业发出相应的预警信号，并根据不同预警度，制订启动相应的应急预案，完善各类应急措施，向国家相关决策部门提供决策依据。

二、从重要煤炭产销区域层面来看要加强煤炭行业金融安全预警管理工作

目前，从全国各地重要煤炭产销区域来看，主要的管理机构是各省、市、区设立的煤炭工业局或者煤炭工业厅，以及在省、市、区内设立的各地市煤炭工业管理部门。要想在煤炭行业层面建立全国范围内各个层次的煤炭行业金融安全预警管理体系，山西省煤炭工业局作为山西省煤炭行业的主管部门，在辖区内煤炭行业经济安全职能的维护上，应该起着责无旁贷的作用，各地煤炭工业管理部门应该作为联系国家能源安全预警管理委员会和各个煤炭企业的桥梁与纽带，在煤炭行业金融安全预警管理体系中发挥着中坚作用。

从山西省煤炭工业厅主要职责来看，目前全国各地煤炭工业主管部门的工作职责主要包括负责辖区内煤炭行业管理和煤矿安全监督管理；贯彻落实国家煤炭产业政策，提出辖区内煤炭行业发展战略和政策建议并组织实施；拟定辖区内煤炭生产开发规划并组织实施；参与编制矿区总体规划；拟定煤矿准入条件和办矿标准并组织实施；提出煤炭资源矿业权设置的初审意见；按辖区内人民政府规定权限，审批、核准煤炭企业技术改造类固定资产投资项目；承担辖区内煤矿安全监管责任，编制并组织实施煤矿安全生产规划，监督落实煤矿安全生产责任制；负责分解下达设区的市和国有重点煤炭企业安全生产控制指标并进行考核；承担辖区内煤炭生产监管责任，制定煤炭生产技术规范、规程和标准；实施行业调控；负责煤炭生产许可证颁发管理工作；监测煤炭工业经济运行情况；负责辖区内煤炭行业统计调度、信息化工作；负责辖区内煤炭运销管理工作；负责煤炭经营资格证颁发管理工作；对辖区内煤炭行业职业教育培训工作进行组织协调和业务指导，负责辖区内煤矿相关从业人员的考核发证；指导辖区内煤炭行业机电管理工作；经授权，承担辖区内煤炭行业企业劳动用工管理工作；指导辖区内煤炭行业环境保护和林业管理工作；承担辖区内人民政府交办的其他事项。

从中可以看出，地方煤炭主管部门的职责中涵盖了负责监测煤炭工业经济运行情况和辖区内煤炭行业统计调度、信息化工作，但是，并没有真正明确提出经济安全状况监测和安全预警管理方面的职责。在地方煤炭行业主管部门的机构设置中，普遍设立了经济运行处和财务处，来负责辖区内煤炭行业经济运行监测管理相关的职责，如山西省煤炭工业厅的经济运行处主要负责研究提出煤炭经济运行年度调控目标，监测山西省煤炭生产、运销情况，分析山西省煤炭经济运行动态，解决煤炭经济运行中的重大问题；统计经济技术指标，发布煤炭经济技术、市场信息；负责规范煤炭经营秩序；合理布局铁路发煤站、公路管理站和储煤场；负责山西省煤炭年度产、运、需衔接和运输计划的平衡；协调煤炭调运工作；负责煤炭经营资格证颁发管理工作；审核铁路发煤单位的立户、开户和变更；负责煤炭销售票等票据管理工作。山西省煤炭工业厅的财务处主要负责审计煤炭机关的财务管理；监管直属单位的资产和财务工作；指导全省煤炭行业财务、会计工作；负责全省各类煤矿财务指标的汇总；参与各类煤炭基金、专项资金的收缴、使用和监督管理工作；负责煤炭可持续发展基金煤矿建设项目省补资金的使用、管理和监督工作；监督检查煤矿企业安全费用投入和使用情况。

　　从两处的职责上看，还是停留在简单的事后财务检查阶段，煤炭行业财务运行状况并没有和外部宏观经济运行监测有机结合起来，经济运行监测与财务监测还是停留在传统经济财务指标的监控上，其主要缺陷如下：

　　(1)信息的收集处理滞后，尚未实现信息化实时监测处理煤炭行业金融安全运行信息。

　　目前，信息报送主要是靠人工报送的事后统计资料，而且报送的信息也是较为分散的财务指标和财务数据的信息，不仅地区行业主管部门尚无法做到对煤炭行业相关经济运行信息的实时监控，就是煤炭集团企业内部对于本企业内部各个分支机构财务信息的监控主要也是靠事后的人工报送相关的财务指标信息，经过手工加工处理后才能形成决策依据，由于现代企业规模膨胀急剧加快，使得财务信息激增，不仅使得各单位处理要报送的财务信息的速度放慢，而且准确度下降，从而使得财务信息失真度加大，信息的时效性受到了巨大冲击，相关决策部门的政策反应明显滞后，对于行业风险因素的应对明显滞后。

　　(2)行业财务信息的处理尚未形成系统化、科学化的管理体系。

　　目前，煤炭行业财务信息的处理、报送及监控的内容主要还是煤炭企业内部运行的财务指标和财务数据，各个指标数据间的相互关系和对于企业经营安全情况影响程度的大小没有被考虑，各个指标的影响因子基本上是等权对待的，没有系统性地分析影响煤炭企业金融安全的相关因素以及各因素是如何影响煤炭企业金融安全的，在与煤炭行业金融安全预警有相关性的因素中各自的权重占比多少，各个因素是如何影响煤炭行业金融安全状态的，这些工作目前都没有在煤炭行业区域性行业主管部门的工作职责中准确体现出来，势必造成煤炭行业经济运行安全监控的时效性和精确性较差。

　　(3)尚未形成煤炭行业金融安全运行预警监控的管理信息系统。

　　目前，国家行业主管机构和区域性煤炭行业主管机构尚未建立系统化的煤炭行业金融安全预警监控系统，既缺乏相应的机构设置、人员配备，也缺乏相应的工具和理论指导。特别是定量性的计量经济学手段的应用上比较薄弱，使得各单位处理和报送的经济运行信息处于零散的状态，没有把外部的宏观经济因素和内部经营管理因素有机地结合起来评判，做不到系统性的计算评估煤炭行业金融安全预警指数，做不到及时评估煤炭行业金融安全状况，也无法准确地找到影响煤炭行业经营安全的主要影响因素，也就很难做到对症下药进行行业政策调整与管理。

因此，各地煤炭行业主管部门必须高度重视所辖区域内煤炭行业的经济安全运行问题，通过系统性的一揽子解决方案来构建煤炭行业金融安全预警管理体系，切实保证尽早发现煤炭行业金融风险，防范和化解煤炭行业经营中可能存在的融资风险和投资风险，保证煤炭行业的健康稳定发展。

(1)建立煤炭行业金融安全运行信息化实时监测处理传输系统。

由于国内重要煤炭产销省、区内大型煤炭企业集团众多，如山西省境内就有大同煤矿集团、山西焦煤集团、阳泉煤业集团、潞安矿业集团、晋城无烟煤集团、山西煤炭运销集团有限公司、山西煤炭进出口集团有限公司、中煤平朔集团有限公司、山西正华实业有限公司等，拥有《煤炭生产许可证》的矿井有335座，证载生产能力达到每年56406万吨，其中，国有重点煤炭企业拥有143座，地方煤炭企业拥有192座。如此庞大的煤炭生产企业的金融信息的搜集处理与分析的工作量可想而知。因此，必须建立山西省煤炭行业金融安全运行信息化实时监测处理传输系统，能够建立连接地区行业主管机关和各个煤炭集团企业财务系统的电子化网络，以提升辖区内煤矿内部控制效果，按照既定财务数据和财务指标内容，按照既定时间节点，由各个煤炭企业财务管理部门及时按照既定格式内容搜集本企业金融运行相关信息，通过信息系统实时传输到地区行业主管部门，实现辖区内主要煤炭企业在主要财务指标上的信息查询、显示与共享功能。形成企业内部控制系统的统计与辅助分析决策功能，在主要的资金管理、回款管理、财务指标、成本管理等环节自动按照公式进行相关指标的计算与统计，生成相关的资金运行情况、销售回款情况、费用控制情况、财务指标完成情况等分析报告，供各级财务管理人员进行决策参考。这样就可以使得地区行业主管部门能够做到对煤炭行业相关经济运行信息的实时监控，加快辖区内各个煤炭企业集团处理要报送的财务信息的速度放慢，增加信息的准确度，减少财务信息的失真度，从而能够充分保证辖区内煤炭行业金融运行信息的时效性，为相关决策部门的政策反应的及时性提供准确实际的信息保障。

(2)建立煤炭行业财务信息系统化、科学化的管理体系。

区域性行业主管部门通过信息化系统得到辖区内煤炭行业财务信息后，应该在系统内部建立金融安全运行分析评价系统，引入影响煤炭企业经营安全的宏观经济指标体系监控，融入到各个煤炭企业集团金融安全运行评价指标体系中，研究清楚各个指标数据间的相互关系和对于企业经营安全情况影响程度的大小，将各个指标的影响因子确定清楚，做到系统性分析影响煤炭企业金融安全的相关因素，以及各因素是如何影响煤炭企业金融安全的，在与煤炭行业金融安全预警有相关性的因素中各自的权重占比多少，各个因素是如何影响煤炭行业金融安全状态的，能够做到对于这些信息融汇到一个管理系统中，最终能够做到计算出辖区内煤炭行业金融安全预警指数，根据历史数据和研究结论确定出辖区内煤炭行业金融安全预警指数的警戒区间划分，能够做到准确评估辖区内煤炭行业金融安全状况。

(3)建立科学的煤炭行业金融安全运行预警监控管理系统。

在诸如山西省煤炭工业厅等各个区域性煤炭行业主管机构内部整合财务部门和经济运行计划监控部门的力量，建立系统化的煤炭行业金融安全预警监控系统，运用适当的定量性的计量经济学手段，使得个单位处理和报送的经济运行信息处于集中系统性的状态，把外部的宏观经济因素和内部经营管理因素有机地结合起来评判，做到系统性计算评估煤炭行业金融安全预警指数，做到及时评估煤炭行业金融安全状况，准确地找到影响煤炭行业经营安全的主要影响因素，做到对症下药进行行业政策调整与管理。

第四节　从煤炭企业层面完善中国煤炭金融安全预警管理体系

从煤炭企业角度看，近年来煤炭企业规模实力有了长足的进步，市场经济的发展对于能源的巨大需求所带来经济增长的红利掩盖了很多的风险和问题。2011年以来经济增长下滑带来的能源需求下降，2009年以来山西省煤炭行业整合后经营管理难度的加大以及近年来煤炭企业国际化运营所遇到的复杂风险都给煤炭企业的经营管理带来了新的挑战。因此，山西省煤炭企业逐步开始重视如何加强企业集团的内部控制能力建设，通过完善内部信息化系统和提升企业财务管理水平，构建完善的煤炭企业金融安全预警管理体系，做到能够实时了解和监控影响煤炭企业金融安全的若干关键因素，根据煤炭企业金融安全预警管理体系所提供的预警状态信息有针对性地及时作出经营战略和策略调整，保证煤炭企业经营的安全，进而保证国家能源安全战略目标的实现。

一、全面加强煤炭企业财务管理综合能力提升与评估工作

企业重视财务管理能力的建设与提升是保障煤炭企业金融安全的基础性前提。因此煤炭企业经营安全的实现首先必须在思想上重视加强企业财务能力的建设与评估，按照企业财务能力评估的标准来全面加强企业财务能力提升工作，国际上财务管理能力认证体系已经很健全，中国财政部和中国资产评估协会一直在推进中国企业财务能力评估工作，但是由于种种原因，这项工作的推进在国内的

表 8-1　2016 年山西省煤炭上市公司股权结构分析

上市公司	总股本/万股	流通股比例	有限售条件流通股比例	总股东数/户	控股股东	控股股东控股比例/%
大同煤业	167370	100%	0%	107336	大同煤矿集团有限责任公司	57.46
阳泉煤业	240500	100%	0%	101580	山西焦煤(集团)有限责任公司	58.29
西山煤电	315120	100%	0%	155293	山西焦煤(集团)有限责任公司	54.40
潞安环能	299141	100%	0%	86572	山西潞安矿业(集团)有限公司	61.03
兰花科创	114240	100%	0%	69855	山西兰花煤炭科技实业集团有限公司	45.11
山煤国际	189246	100%	0%	66201	山西煤炭进出口集团有限公司	57.43
安泰集团	100680	100%	0%	77751	李安民	31.57
山西焦化	76570	59.66%	40.34%	69962	山西焦化集团有限公司	14.22

(二)山西省煤炭企业必须大力提升财务机构和财务人员地位

目前,山西省煤炭企业的财务机构和财务人员更多地执行的是会计核算职能,在此基础上兼带执行财务管理职能,虽然煤炭上市公司按照要求都设有财务总监,但是,在煤炭企业集团中的实际地位和权力仍然比较有限,很难真正进入煤炭企业的决策层,财务总监更多的是为贯彻执行煤炭企业集团的经营决策而履行筹集资金和投资管理的职责,对于投资和融资项目的话语权相对较少。很难起到事前科学决策、防患于未然的作用。

为确保山西省煤炭企业财务管理工作质量和金融安全目标的实现,必须大力提升财务机构和财务人员地位。首先是真正建立首席财务官(chief financial officer)制度,首席财务官意指公司首席财政官或财务总监,是现代公司中最重要、最有价值的顶尖管理职位之一,是掌握着企业的神经系统(财务信息)和血液系统(现金资源)的灵魂人物。在治理结构层次,首席财务官受聘于董事会,代表股东对经理层实施财务监督;在公司内部组织结构中,作为公司管理层的重要成员,主导公司的财务运作体系,承担起战略与资源管理、理财和控制的职责,在煤炭企业战略规划、经营决策、绩效评价、经营控制、风险管理和关系协调中发挥公司高管"第三把手"的作用,将煤炭企业金融风险控制延伸到项目决策阶段,真正实现煤炭企业金融安全预警管理的全过程参与与控制,只有大力提升山西省煤炭企业财务机构、财务人员和财务官员的地位与独立性,才能从组织机制上真正保证山西省煤炭企业金融安全预警管理工作的效果。

(三)大力提升山西省煤炭企业财务管理信息化水平

目前,山西省煤炭企业会计核算的信息化水平经过多年的建设与使用已经达到了比较高的水准。但是,财务管理工作更多地还是依靠会计核算得出的会计报表基础上通过人工操作计算得出一些财务分析报告和财务安全结论，在企业金融安全影响至关重要的资金管理、预算管理、融资决策和投资决策的管理以及宏观经济形势行业发展状态的分析还是普遍依靠手工收集相关数据资料信息进行加工处理，没有把各种信息集中起来进行决策分析，导致影响金融安全目标实现的各种重要信息的获取相对比较滞后，而且缺乏相对关联性。因此，山西省煤炭企业在公司会计核算电算化的基础上必须大力投入在煤炭行业金融安全运行信息化实时监测处理传输系统框架系统内建设完善各自的煤炭企业财务管理信息化系统。

　　该系统可以由外部宏观经济形势指标变化监测系统、资金安全监测系统、融资安全监测系统、投资安全监测系统、财务指标变化监测系统、金融安全预警指数计算检测系统等分系统组成。按照前面煤炭企业金融安全预警管理体系中的既定财务数据和财务指标内容、按照既定时间节点，由各个煤炭企业财务管理部门及时按照既定格式内容搜集本企业金融运行相关信息，通过信息系统实时传输到煤炭企业集团财务管理部门，在主要的资金管理、回款管理、财务指标、成本管理、预算管理、宏观经济环境、金融市场发展状态、行业投资市场发展等环节自动按照公式进行相关指标的计算与统计，生成相关的企业资金运行情况、销售回款情况、费用控制情况、财务指标完成情况、宏观经济分析报告、行业发展情况简报、金融市场政策变化简报、投资领域发展简报、金融财务风险分析报告等分析报告。同时，按照煤炭企业金融安全运行预警管理研究体系的要求在企业内部建立本企业金融安全运行分析评价系统，引入影响煤炭企业经营安全的宏观经济指标体系监控，融入到本企业集团的金融安全运行评价指标体系中，确定各个指标数据间的相互关系和对于企业经营安全情况影响程度的大小，将各个指标的影响因子确定清楚，以及各因素是如何影响本企业金融安全的，在与煤炭行业金融安全预警有相关性的因素中各自的权重占比多少，各个因素是如何影响本企业金融安全状态的，能够做到对于这些信息融汇到一个管理系统中，最终能够做到计算出本企业的金融安全预警指数，根据历史数据和研究结论确定出本企业的金融安全预警指数的警戒区间划分，能够做到准确评估某个具体煤炭企业的金融安全状况。

（四）大力提升山西省煤炭企业产融结合水平

　　山西省煤炭企业金融安全目标的实现在一定程度上取决于煤炭企业动员财务资源的能力，因此，山西省煤炭企业必须大力提升煤炭企业产融结合水平，争取在拥有最广大财务资源的金融领域享受到足够的经济资源的支持能力，在煤炭企业融资活动和投资决策中让金融领域的资源发挥重要的支持作用。目前除了山西省煤炭企业公司上市和银行信贷、资产保险以外，山西省煤炭企业尚未形成与金融领域全面的战略型合作，对于金融领域财务资源的动员能力还有待于深入挖掘。

因此，山西省煤炭企业必须在以下几方面更深入加强与金融领域的联系与合作。第一是广泛与商业银行、征管公司、保险公司和信托机构建立战略联盟关系、强化煤炭集团财务公司的桥梁和纽带作用；第二是有效利用各类金融工具的组合投融资功能，包括各类普通股、优先股、混合股票、各类债券、各类基金以及信托产品和各类创新信贷工具；第三是结合利用境内外银行中短期信贷市场、股票市场、债券市场、基金市场、信托市场以及衍生工具市场实现煤炭企业的投融资和公司治理目标。

(五)全面落实贯彻山西省煤炭企业全面预算管理

全面预算是实现煤炭企业战略规划的重要工具，是煤炭企业提升企业战略管理能力的最重要的财务控制手段之一，也是煤炭企业金融安全预警管理体系进行控制管理的标准来源。目前，山西省煤炭企业试行全面预算管理时间不长、尚未完善的工作很多，在全面预算管理的基础体系、全面预算的编制方法、全面预算的执行力和全面预算执行的业绩评价等方面仍然存在很多不足，全面预算管理尚未达到应有的作用。因此，山西省煤炭企业必须实施好全面预算管理，保证全面预算管理的目标不偏离企业利益相关者利益最大化的目标，建立企业全面预算管理委员会，由煤炭企业集团内部各职能部门经理组成，由企业最高领导人担任全面预算管理委员会主任，提高其权力地位。各个预算成员单位在从编制、执行到评价的全过程要进行有效良好的沟通，建立完善的企业全面预算编制、评价体系、建立煤炭企业责任会计的辅助核算体系，进行全面预算管理有效的过程控制和科学的评价体系，构建科学化的全面预算管理平台，融入更多的管理会计智能控制模型，并与各种财务核算和业务系统进行有效集成，将预算数据整理分析工作作为煤炭企业金融安全预警管理体系的前端和控制标准的来源。

(六)提升山西省煤炭行业企业财务报告质量和对外输出财务信息内容与质量

目前，煤炭企业的财务报告偏重于企业内部传统的财务分析性质，主要还是从偿债能力、盈利能力、周转能力、增长能力等指标的变化上来进行分析，对于财务指标的完善性、适用性、相关性的考虑已经赶不上经济形势变化的需要，单纯的各种财务能力的分析没有反映出一个企业整体的财务风险状态和财务安全状况，对于影响煤炭企业金融安全的至关重要的宏观经济信息的分析较弱，对于企业财务安全实现至关重要的金融市场发展分析也较弱。更重要的是，传统的财务分析并没有重视财务指标之间的关联关系和重要程度，没有系统性地分析影响煤炭企业财务指标变化的相关因素，以及各因素是如何影响煤炭企业财务指标变化的，在与煤炭行业财务指标变化的有相关性的因素中各自的权重占比多少，各个因素是如何影响财务指标变化安全状态的，这些工作目前都没有在现在的煤炭企业财务分析工作中准确体现出来，势必造成了煤炭企业经济运行分析的时效性和精确性较差。

因此，必须提升山西省煤炭行业企业财务报告质量和对外输出财务信息内容与质量，首先，要完善山西省煤炭行业企业财务报告和对外输出财务信息的内容，增加一些重要的信息，如宏观经济信息、金融市场信息、环境保护信息、社会责任信息，通过增加一些财务数据和财务指标来完善财务信息输出的内容；其次，要力争给煤炭企业财务信息使用者一个具体全面的财务分析结论，而不是把一大堆数据和指标扔给信息使用者而使得信息使用者不知所云，这就要求企业在对外公布财务报告时能够使用一些具体的方法技术，把大量的信息融汇成一个具体的可理解的结论，至少是一个可以互相比较的明确结论。就需要在煤炭企业财务信息加工处理方法上加以改进，按照煤炭企业金融安全预警指数计算公布的要求来完善煤炭企业财务信息系统。

(七)将山西省煤炭企业财务管理工作质量与煤炭企业重要运营事项挂钩

煤炭企业财务管理质量的提升必须有足够的外部强制措施推动才能在煤炭企业中贯彻落实，为此，国家财政部等相关部门在涉及企业各项重大决策审批过程中，必须把企业财务管理能力的评估作为其中一个决定因素，如在国家财政政策实施过程中，在进行重大项目审批、财税减免等各类决策中，把企业财务管理能力的评估结果作为考核的一个重要方面；在货币政策实施中，如对煤炭企业信贷差别利率的决策、信贷政策的实施时也把企业财务管理能力的评估结果作为对企业信贷决策和利率决策的一个重要方面；在金融市场上，把对煤炭企业财务管理能力的评估结果作为煤炭企业初次发行股票上市和各类增资活动的一个重要条件；在企业并购重组活动中，把煤炭企业的财务管理能力的评估结果作为审批的重要依据之一，等等。通过这些相关政府部门的强力推动，才能真正促进煤炭企业在追求规模扩张的同时重视企业金融安全预警管理工作，实现煤炭企业的长治久安。

二、构建适合企业需要的大型煤炭企业集团财务管理模式

(一)煤炭企业集团财务管理现状

1. 财务管理职能缺失

目前，大部分煤炭企业仍然偏重于搞财务核算，财务管理的职能没有充分发挥出来。有些下属单位距离集团本部远，较偏僻，交通和通讯等方面较落后，这种状况使得煤炭企业普遍存在对下属缺乏有效的监督和控制，管理严格的企业可能进行个别的事中审计和监督，而其他企业可能只对年终形成既定事实的情况进

行所谓的业绩考核，失去了管理的意义。

2. 集团母公司在对下属子公司的管控方面显得力不从心

由于近几年企业规模扩张，集团成员单位快速增加，管理级次增多，而集团在财务管理组织架构设置、权责划分、管理体系构建、管理手段等方面未能尽快健全完善，管理工作无法渗透到下属单位，使得集团层面的决策、发展思路等无法在基层真正得到贯彻落实。比如资金不能集中管理，对下属企业的重大资金变动情况无法掌控。子公司不经集团统一协调，私自安排融资、担保、投资等活动，不仅加大了融资成本，而且影响集团整体融资能力。集团对子公司的监管手段落后，仅通过财务报表中的收入、利润指标考核模式已经无法适应管理的需要，事前对考核指标的制定缺乏科学性和严肃性。事中缺乏实时监控(下属子公司无计划或超计划、超预算、超规模支出等)，缺乏控制手段，无法实现事中预警，不能采取有效整改措施，确保集团阶段性目标的完成，且事后审计监督的效果也大打折扣，最终给集团财务管理带来一定的困难和风险。

3. 集团下属各子(分)公司财会人员对本单位经营管理以及财务活动验证以实施监督，财务真实状况不能准确反映到集团总部

基层财务人员在业务上接受母公司管理，但在人员任免、工资报酬上则接受所在单位的管理，基层财务人员往往受本单位领导的约束和影响更大，可能为了所在单位的利益而损害集团公司的利益。因此，集团各下属企业财务人员由于受到内部的控制、部门利益和业务能力局限等的影响，常会造成会计核算不准，隐瞒收入、成本，报表不真实，集团据此汇总合并出的会计报表掩盖了下属企业的实际经营状况，账物不符、造假账问题不同程度存在，致使财务风险加大。

4. 财务信息化管理一体化、智能化程度不高，对内对外的信息披露迟缓

现代社会是信息化社会，煤炭企业集团要提高竞争力，与国际社会接轨，必须加强信息化管理。财务管理信息化工作是企业信息化管理的重要组成部分。目前，相对于煤炭企业在安全管理和生产调度等方面，财务管理信息化装备和管理相对滞后，不能满足当前煤炭企业集团规模扩张下财务管理业务的需要。尽管各单位财务部门实行计算机管理，但并没有实现生产流程、人力资源、物流、财务等信息资源的有效整合，各管理软件为"铁路警察，各管一段"。因此，财务信息化建设仍然落后，相关报表满天飞，不能及时快速提取有效信息。大部分财务人员仅熟悉会计业务，不善于甚至不懂得利用现代化信息技术手段改进工作效率，尤其表现在编制集团汇总及合并报表方面，由于集团下属成员单位较多，层级拉长，需要逐级上报，且集团内部企业之间的往来业务频繁、交易量大等，极大地影响了合并报表的抵消工作。集团下属企业信息披露迟缓导致总部信息不能及时统计，对企业管理层的经济运行分析及决策非常不利。当公司领导想了解某些数

据，等财务人员费了九牛二虎之力报到领导面前的时候，已经不需要了。

(二)煤炭企业集团财务管理模式的设计

企业集团的财务管理不仅包括以集团总部的自身业务范围为对象的管理，同时更重要的是集团公司或母公司作为管理总部对其子公司及其他形式的成员企业进行的管理。事实证明，在当今经济全球化竞争愈发激烈的形势下，企业集团只有成功地实施财务管理，才能真正实现对其成员企业的控制，发挥集团整体优势，取得规模效益。集团公司财务要重点发挥企业在战略管理、资本运作、财务控制、风险防范等方面的功能，保证企业集团战略目标的实现。这就要求集团公司的财务管理由"事务核算型"模式转变为"经营管控型"模式。

经营管控型财务管理，要求财务管理从被动接受日常事务向主动服务经营转变、从静态式管理向动态式管理转变。经营管控型财务管理更加强调对战略实现的控制反馈功能，通过预测、决策、计划、预报等环节提供有关未来信息的会计，及时制定政策，合理利用资源，有效强化内部管理，为提高企业经济效益、实现企业战略目标提供服务，它的主要职能是计划、考核、控制、决策。实现以上管理模式转变，需要合理安排集团母子公司财务管理体制，规范财务系统组织架构设置，依靠一系列完整有效的财务管理系统来完成。

1.煤炭企业集团财务管理模式的体制安排

高效的母子公司财务管理体制安排，应牢牢把握出资人职责定位，既依法履行好出资人职责，维护好所有者权益，做到不缺位、不越位、不错位，又切实维护好各子公司作为市场主体依法享有独立法人地位。各子公司最靠近一线市场，对市场变化的灵敏感知度高，因此，应给予其一定的经营决策自主权，发挥其积极性。煤炭企业集团中集团公司对成员企业的管理与控制力度、深度、宽度，应根据具体情况，视集团公司与成员企业间的资本关联关系以及不同子公司管控重点予以区别而定。从资本关联紧密度区分，集团对全资及控股子公司拥有绝对的控股权，从维护出资人利益、争取股东权益最大化的角度出发，集团对其要进行重点财务管控，因此，管控的力度比参股公司或集团协作企业相对要大。从不同子公司产业发展类型区分，集团从做强主业、夯实主业发展根基的角度考虑，对煤炭产业类子公司的相对于非煤产业的财务管控要更严格、更深入、更宽泛。从不同子公司的发展阶段区分，处于创业期的子公司，往往更需要集团的扶持和保护，资金保障依赖性强，相对于成熟期的子公司，集团财务管控力度要更大。与财务管控力度、宽度、深度相适应，财务管理体制应根据企业集团对各子公司战略发展的不同定位进行设计和安排，以便控制和协调各成员企业的活动，实现有效的财务管理。

(1)与集团资本关联度紧密的控股子公司，在重大融资、投资、资本运营、收益分配、大额资产处置等方面的重大财务决策权和审批权要高度集中于集团总部，以整合和集中集团的各项资源，保证集团整体战略的贯彻与实施，避免集团扩张造成的失控，降低财务风险。具体到以煤炭生产为主的控股子公司，因集团公司大多以煤炭生产起家，企业在多年的煤炭产业生产经营中积累了丰富的管理经验，母公司在人才、技术、财务、管理等方面有较高的资源优势。所以，为确保做强主业、夯实基础产业根基，煤炭企业集团需要对煤炭产业类公司的人财物及产供销高度集中、统一管理。母公司履行投融资中心和利润中心职责；煤炭产业的子公司是成本中心，只有日常业务决策权和具体执行权，在财务战略、财务预算的制定与实施，资金的筹集与分配，成本的核算与控制，收益分配以及财务机构设置、财务负责人任免上，都由母公司集权管理。

(2) 对以集团控股的非煤企业。母公司在人才、管理方面的资源相对不足，技术方面相对陌生，如果参照煤炭企业过分强调集权管理，难免会陷入外行领导内行的误区。所以集团总部在保留重大融资、投资、资本运营、收益分配等重大财务决策权和审批权以及重要财务人员任免权的同时，应将一些日常财务决策权下放，不干预子公司生产经营活动，提高子公司的经营积极性。母公司发行投融资中心职责，子公司履行利润中心职责。

(3) 对以集团参股的单位，集团应加强和完善董事、监事管理办法，通过派驻产权代表，规范产权代表的管理，将集团经营及财务管理政策通过子公司的董事会去贯彻实施，维护集团投资权益。

2. 煤炭企业集团财务组织结构体系设置

(1) 母公司财务职能定位。母公司财务部门应按照财务管理和会计核算两大职能分别设置相应科室。其中财务管理职能主要负责集团公司各项基本管理制度和财务管理办法的制定，融资方案制定和实施，企业集团的资金调度、配置和管理，财务预算编制、调整、控制和考核，经济运行和分析，内部审计和监督，参与集团公司重大资本运营和收益分配管理，为集团公司领导决策服务等。会计核算主要负责整个集团公司的会计核算、会计制度的制定、报表汇总编制等。此外还承担对全集团会计人员进行日常管理、专业培训、人员考核等工作。与大集团财务管理形式相适应，母公司财务职能要更加凸显其管理和控制职能，为此，要更多地充实母公司在战略管理、资本运作、财务控制、风险防范等方面的功能。

(2) 各子(分)公司财务职能定位。贯彻落实集团公司各项财务管理制度和经营决策，做好本单位的会计核算、预算编制和控制、资金管理、资产运营和管理、报表编制等工作，完善内部控制制度，加强会计监督，开展月度、季度和年度的财务分析，参与公司日常管理和运作，为所属单位管理与决策服务。

(3) 实行集团内部会计委派制。为防范下属公司会计信息失真、集团公司经营决策得不到贯彻实施、资产流失、损害产权所有人利益等情况出现，企业集团作为下属子公司的出资人和所属分公司的产权所有者，对所属公司实行会计委派制。一是由集团公司向所属全资子公司和控股子公司派驻财务总监(或财务负责人)，进入子公司董事会或管理层，明确其职责和权限，委派人员主要应承担监督资产劳动、重大投资决策、审查会计报表、重大问题汇报等职责，对重大财务收支和经济活动实行与派驻单位总经理联签制度，以及时制止各种违反会计法规的行为，防范财务风险。为保证委派人员会计监督工作的独立性，避免所在单位拉拢和影响，委派财务总监(或财务负责人)的工资、福利要由集团总部发放和管理，同时，集团公司还应加强对被委派的财务总监定期述职、考核和轮岗，达到委派人员对子公司经营状况和财务状况敢于管、管得住的目的。另一种情况是由集团公司向分公司委派财务经理(或财务负责人)，管理方式与财务总监一样。财务经理(或财务负责人)进入其领导班子，参与企业各项经济决策。

(三)财务管理体系的构建

与财务管理体制安排和财务组织机构体系设置相适应，集团应健全和完善符合集团公司战略发展的财务管理体系，确保集团公司财务管理权力渗透和延伸到子公司，以提高企业集团财务运行效率，增强集团整体竞争能力，服务和支撑企业集团持续稳定健康发展。

1.健全财务预算管理体系，构建绩效考评平台

预算是集团公司对子公司实施财务有效控制的重要手段。财务预算的制定是以财务管理的目标为前提，根据企业的发展规划，对一定时期内企业资金的取得和投放、企业经营成果及其分配等资金运作所作的具体安排。财务预算的编制就是将企业经营目标的主要指标分解，落实到每一个责任单位，并作为对各责任单位经营管理业绩进行考核评价的依据。

集团公司应成立由有关职能部门组成的预算管理委员会，最好设在董事会下，以保证其权威性。预算管理委员会下设预算管理办公室，办公室设在集团财务部门。集团公司在预算管理体系中的主要工作内容如下：负责集团公司预算管理制度的制定、集团总预算的编制、审核、指标下达、过程监控和预算考核；定期组织审查、监控各子公司财务预算执行情况；根据集团预算控制目标加强对下属各单位业绩考核和绩效评价；对集团公司的经济运行情况进行分析；年终根据下属各单位的利润完成情况，由集团公司董事会决定后执行。

集团公司要科学制订相关评价指标，强化对预算执行的刚性考核。在制订绩效评价指标时，要强化子公司的收益实现功能和分公司的成本控制功能，对子公司突出对反映盈利能力的利润指标、净资产收益率指标考核，对分公司突出对成本费用以及资产周转率等的考核。按产业区分，对煤炭产业，要按利润总额及净利润进行考核；对非煤产业，要按行业净资产收益率平均水平进行考核。业绩考

核的结果，要与该单位的工资总额、经营者的年薪直接挂钩。

2. 健全财务信息化体系，构建"标准统一、制度统一、快捷高效、支持决策需要"的会计核算平台

在今天充满活力的市场环境中，煤炭企业集团如何从分布于各地的分子公司规程如数据寻求中集团公司所需信息，将各分、子公司发生的财务数据、业务数据通过电话、网络等手段传送管理总部，达到及时了解信息和监控的作用，是支撑集团公司经营决策的基础。煤炭企业集团要积极整合生产、安全、财务、人力资源、运销等信息子系统，培育和形成企业信息收集、传递、反馈的完整体系，建立比较完善的企业信息化、自动化管理平台，提高企业快速反应和决策能力。要结合企业实际，优化组织结构，优化业务流程，努力实现信息化建设与精细化管理的互动和整合，实现企业物流、信息流、资金流的集成和优化。财务工作要以"精细化"为要求，通过标准化和信息化手段，深入到财务工作的每一个细节，夯实基础工作，实现企业集团内部信息高效集中和共享，提高整个财务系统的运行效率。财务信息化体系的构建不仅能满足常规财务管理的需要，还能满足集团内部自动编制合并报表的需要，使企业能够实时掌握集团的经营状况，实施对下属单位会计信息的随时调用和跟踪监控。同时，建立统一的会计处理流程、核算标准和各种规范制度，使企业会计业务处理流程制度化和规范化。

3. 健全融资管理体系，构建高度集中的资金管理平台

资金是企业的血液，是任何企业管理中的重点。当前，煤炭企业集团无论是兼并重组地方煤矿、延伸产业链项目还是培育新兴产业，资金运作量都非常巨大。因此，为保证集团发展的资金需求，要在争取银行信贷支持的同时，开拓多元化融资渠道，丰富融资链条，并要理顺集团公司和各级子公司的筹融资管理体系。集团公司因其规模大、实力强、声誉好，利用大集团品牌优势，与各商业银行在利率谈判方面占有主动权，议价能力也较强，可以取得优惠利率。集团所属子公司使用集团公司授信额度，可以达到降低财务费用的目的。

为提高资金使用效率，实现集团价值最大化，必须构建高度集中的资金集中管理平台。近年来，为充分使用内部闲置资金，使集团内资金使用效率达到最大化，各大煤业集团或成立自己的财务公司或强化总部结算中心功能，加强对资金的集中管理，构建了适应企业发展的资金管理平台。新的平台下需要理顺资金管理体制，即集团总部财务管理部门为企业集团资金管理的决策平台，是集团资金管理和运作的中枢。负责制定集团资金管理相关制度和办法，提出发行债券、发行股票、银行信贷等融资方案，审核子公司融资申请，统一管理对外担保事项，实施负债问题控制和资本结构调整优化。集团财务公司、集团资金结算中心为操作层平台，具体落实集团各项资金管理决策，实施资金集约化管理，加强内部资

金融通，保证重点项目资金需求。

4.健全资本集中运作体系，构建"统一管理、集中实施"的产权管理平台

近年来，煤炭集团公司经营规模和领域愈来愈大，经营业务也呈现出复杂性和多元性的特点。在新的格局下，尤其要统一产权管理，构建"统一管理、集中实施"的产权管理平台，强化对各子公司以股权为纽带实施决策和管理，加强对资产经营和资本运作整体策划、集中实施，进一步提高产业的规模效应和竞争力。

集团产权管理平台主要负责对各子(分)公司的产权登记管理、产权交易管理、资产评估管理。在进行并购重组、资产转让处置时，要严格按法律程序履行相关决策程序，从维护出资人权益的立场出发，把握好各个工作环节，认真开展财产清查、财务审计、资产评估工作，准确核实资产价值，确保资产在资产重组和交易中不流失。为此，应就开展资本运作制定工作规范和具体的操作细则，一是统一业务规范，根据国家相关政策法规和本企业相关规定，制定企业并购重组的具体业务规范，明确工作纪律、职责分工、政策依据、工作环节、需关注的主要风险点和对策建议等；二是完善业务流程，从工作流程入手规范集团并购重组活动，实现集团相关专业部门之间、总部与所属投资主体之间、企业与律师、审计、评估等中介顾问之间的紧密配合和有效衔接。

5.健全财务风险管控体系，构建内部审计工作平台

财务风险是企业最致命的风险。煤炭企业集团要构建财务风险监控机制，将重要子企业和高风险子企业分类实施管控。要通过推进集团资金和负债融资集中管理，加强存货、应收账款和现金流管理，巩固资金链条，防范资金风险；通过推进董事会建设和"三重一大"集体决策制度，防范决策风险；通过促进企业内部控制体系和内部审计工作平台建设，加强对固定资产购置、股权投资、企业并购、外部融资、对外担保、重大基建项目、工程及物资采购和高风险业务等重大财务事项的控制，防范业务管理风险。

内部审计是企业经济运行的自我"免疫系统"，对于防范企业财务风险，完善内部控制，堵塞企业管理漏洞具有重要意义。一是要配备高素质审计人才，建立健全内审机构，为避免下属单位对审计工作的干扰，确保审计效果，必须增强内审工作独立性。企业集团总部要加强对审计工作的直接控制，基层审计机构除服务于本单位企业管理外，更要服从于总部的垂直管理。二是建立完善的内部审计工作规范和规章制度，使审计工作有序开展、有章可循、违章必究。三是要将内审关口前移，使审计工作全过程监督和控制，提早防范财务风险。许多教训告诫我们，过程管控比事后的结果监督更为重要。内部审计要从"事后监督"转向"过程控制"，从传统的财务收支审计拓展到企业重大决策、业务流程与授权责任、主要风险点及其控制、大额资金的安全性、项目实施过程及效果、内控体系有效性

等方面。

6.健全人才培训考核体系，构建会计人员管理平台

适应大集团管控型财务管理的要求。集团财会人员不仅要精于会计核算，而且要成为企业经营决策的参谋助手，全方位提高财会人员队伍素质。一是建立全员培训的长效机制。要有计划地组织学习培训，使财会人员及时掌握国家最新颁布的政策法规，了解财务工作的新理念、新方法，熟悉企业经营管理的新进展、新变化，努力提高财会队伍的政策水平和业务能力。还要注重对财务人员信息网络知识的培训，培养一批既熟悉会计业务又擅长于运用信息技术进行管理的复合型人才。引导企业提升财务信息化管理水平，同时要加强对会计人员的职业道德教育，促使会计人员正确规范自己的会计行为，树立遵纪守法意识，不偏不倚地处理好各种利益关系，真正做到"诚信为本、操守为重、坚持准则、不做假账"，以引导企业增强法制意识，加强自律管理，规范其经营行为。二是加强对委派财务负责人的轮换、述职、考核等制度，切实提高委派人员的履职能力。三是搞好队伍梯队建设，打造一支高素质精英团队。要加强会计人员档案管理，要坚持德才兼备原则，严把会计人员入口关。要从专业结构方面引进和培训财务管理的专业能手，从能力结构、年龄结构等方面加强人才选拔、轮岗锻炼和培养，做好后备人才库动态管理。

三、全面强化山西省煤炭企业财务综合管控能力提升金融安全管理工作

近些年，山西省煤矿企业实施兼并重组，改变了原先"多、小、散、乱"的产业格局，提高了煤炭产业的集中度和产业水平，实现，煤炭工业的转型发展。经过整合，山西省的煤炭企业出现了一批规模较大、管理水平先进、资源利用率高的集团企业。

集团是一些企业的结合体，以其中一个实力较为雄厚的大型企业为核心，以产权作为连接的纽带，跨地区、跨行业乃至跨所有制、跨国经营。企业集团层次结构多并且其产权通常是以母子公司体制为主体的多法人经济结合体。近年来，随着企业集团的形成、发展和壮大，集团内部，母子公司之间各个部门职能的整合，资源的整合显得尤为重要。而管控体系作为调整企业战略关系，融合企业文化，改善企业组织结构，调动企业的积极性，追寻共同价值的体系框架，越来越得到企业界的关注。在集团管控体系中，财务管控占据其核心地位，母公司通过自身的财务管控而调节和管理子公司的财务经济活动和生产经营活动，而子公司同样通过自己的财务管控达到对其子公司的管控，最终，在整个公司层级中，母公司的调控作用在各层级都有效并能够传递到最下层公司。这种财务管控系统延续传递作用效应的过程实质上产生了放大效应的作用，即母公司管控比自己资本大几倍、几十倍乃至更高的其他资本，起到了资金杠杆作用。

财务管控根据各个企业的发展战略，组织层次结构不同，分成了集权式、分权式、统分结合式的三种管控模式。在不同财务管理模式下，母公司凭借其原始资本的权力，将子公司的重大财权集中到母公司，并把母公司的财务管理权力渗透并延伸到子公司。根据集团财务管控体系模式不同，联系企业的结合过程中人、财、物的整合，从财务人员、资金管理、资产管理、全面预算、投资融资管理、会计信息系统六个角度讲述财务管控体系构建。

（一）打造有效的财务人员管控体系

提高企业集团母子公司管控效率的有效途径是通过对子公司财务人员的管控，加强财务监控。母公司向子公司委派财务人员，根据集权程度的强弱可以选择派出财务总监、财务经理、财务人员从事子公司的财务管理工作，这部分人员直接向母公司负责。

（二）建立严格的资金管理管控体制

母公司实行集团内部资金集中统一管理。具体来说，就是将集团内部的资金统一结算。集团下属各子公司在银行开设账户，对于超过限额的对外资金支付、由母公司审批。除此之外，子公司的资金收入以及子公司间的资金调划、调用等事项由母公司统一办理和审批。子公司财会部门主要负责资金的日常管理、编制资金收支计划、组织资金收支平衡、进行资金收支业务的核算。为保证子公司经营的灵活性以及零星开支需要，母公司应给予子公司限额以内的资金支付权，对于子公司的多余款项，应及时存入集团内部资金银行。

以山煤集团内部成立独立资金结算中心为例，该内部独立资金结算中心类似于该集团的银行，效仿银行的管理办法，同时，借助外部银行运行，实行收支两条线和资金的有偿使用，这样就实现了资金使用的三个统一，统一集中管理，统一贷还，统一调配；对子公司中未流动的资金，可以加速其周转率，提高资金的使用效率；每年节约财务费用都在几千万元以上，同时，随着企业的发展，信息化手段实现资金的集中统一，为成立财务公司做好了充分的准备，同时，为集团公司实行集权制的财务集中管理奠定了坚实的基础。

（三）构建严密的资产管理管控体系

企业的资产是企业发展的骨架，公司的运营离不开对外长期投资、无形资产管理、关键设备购置、成套设备购置、重要建筑物建造。对于这些资产管理，限额以上的资产包括资产重组涉及的资产处置必须经母公司审批，对于限额内的流动资产及其余资产子公司有一定的处置权，但必须报母公司备案。子公司拥有日常的资产管理权，但在这个过程中，母公司对子公司处置的资产有监控权，确保整个集团公司资产在管控体系下不会非正常流失。

（四）实施全面的预算管控体系

集团母公司通过预算控制手段，首先下达预算方案，对预算在企业的实施情况进行进度检查，对实施的结果进行考核。通过全面预算管理，母公司对各子公司及下属单位的成本费用可以随时进行间接管理。对于子公司而言，子公司和下属单位所计提的各项税金、基金及附加费、保险费都应集中汇缴至母公司，由母公司统一对外缴纳、统一管理和统一监督。

（五）加强企业科学的投资融资管控体系

企业进行长久的运营，离不开筹资活动和投资活动。在设置母公司融资决策权时，应保持合理的资本结构，尽量避免因融资不当而危及集团生存，母公司在融资过程中应注意以下项目的融资：资本投入多的项目融资，举债融资并且该融资对企业资产负债率超过安全线，融资活动会改变母公司股份比例，融资活动会改变子公司注册资本，通过子公司之间的并购方式去融资，发行股票债券等方式的融资。母公司在集中融资权限的同时，应赋予子公司一定额度融资权，但对子公司自行融资的项目，应进行备案审查，进行监督以控制整个集团融资的风险。

集团财务部拥有最大资本运营管理权限，对子公司的对外投资、合并、分立、转让、改制等资本运营活动决策应进行集中管理，各子公司及下属公司不能保留原先这些权限，以适应集团发展对财务管理提出的新要求。

企业的对外投资与企业战略的实施高度相关，所以，对外投资权应集中于母公司，全资子公司和控股子公司没有对外投资决策权。对内投资决策可采用集权基础上的适当分权，母公司对控股公司的分权程度要大于对全资子公司的分权程度。流动资产投资决策权以及简单再生产范围内的技术改造权利完全交与子公司；在扩大再生产范围内的固定资产投资，应给予子公司限额投资决策权，超过限额的投资项目必须由母公司审批，或者按子公司自有资本的一定比例确定内部投资权；在一定时期内，无论投资项目多大或投资额多少，只要投资总计不超过比例，子公司都可以投资，超过比例，无论项目大小都不能再投资。

（六）建立现代化的会计信息管控体系

会计信息影响控股公司的决策，因而，需要对会计信息进行过程和结果管控。过程管控主要是指子公司使用的会计信息处理系统和传递系统需要符合控股企业信息监控和接收的需要。结果管控主要是指对会计信息质量提出要求，从而需要管控会计师事务所的聘用。以山西潞安环能公司为例，这些年集团企业总部建立了一套动态监控的软件系统，集团中心要求各下属子公司统一标准定期上传财务管理信息。对于各个子公司使用的软件，由软件开发商统一开发，防止上下级财务信息无法融合。潞安环能内部逐渐实现三个统一，包括母、子公司会计制度政策统一、会计核算方法统一、会计核算软件统一。财务信息网络化使得潞安环能公司下属单位实现报表合并，连续实现决算数据的自动生成，财务资源整合能力逐步增强。

四、全面强化山西省煤炭企业内部控制能力来提升金融安全管理工作

内部控制是指经济单位和各个组织在经济活动中建立的一种相互制约的业务组织形式和职责分工制度。内部控制的目的在于改善经营管理、提高经济效益。它是因加强经济管理的需要而产生的，是随着经济的发展而发展完善的。最早的控制主要着眼于保护财产的安全完整，会计信息资料的正确可靠，侧重于从钱物分管、严格手续、加强复核方面进行控制。随着商品经济的发展和生产规模的扩大，经济活动日趋复杂化，才逐步发展成近代的内部控制系统。

(一)煤炭企业内部控制中存在的问题

随着煤炭企业的发展，其在内部控制环节暴露出的问题也越来越多。传统的煤炭企业根据企业内部根深蒂固的管理模式，建立了相应的内部会计控制制度。当前，煤炭企业大力兼并重组，大都以公司制形式存在，随着经济体制的改革，原先组织结构脱胎于原有的计划经济模式，部分组织机构不能有效地运行，造成会计内部控制弱化，内部控制环节与管理控制环节脱节，制度与管理责任，管理者利益结合不紧密。首先，分析目前企业内部控制中存在的问题。

1. 企业财务内部控制环境不良

改革开放后，煤炭企业大多由原先的矿务局和煤矿转换经营机制而成，这些年，经过煤炭企业兼并、重组、收购等整合，部分煤炭企业对企业内部控制还停留在过去的机制上，甚至不将内部控制与企业管理结合起来，仅是觉得规范化操作就够了。除此之外，企业改革只注重组织结构，忽略了控制方式的跟进，股东会、董事会、经理层、监事会无法各司其职，造成决策权、执行权和监督权相互分离，往往容易出现一支笔、一个人控制重大财务决策问题，给企业长远发展造成巨大损失。

2. 会计控制机制未能有效执行

目前，部分煤炭企业对内部会计控制的认识不高，内部控制制度零散。在会计控制机制方面，规章制度的设置，只是停留在理论层面，操作性不够，造成执行与理解的多样性。会计部门对建立内部会计控制制度重视不够，自我防范、自我约束机制欠缺，造成财务内部控制制度不能得到有效执行，致使重大事项决策和执行程序有一定随意性。部分企业中，存在会计部门稽查工作流复杂，浮于形

式，权责没有落实到对应的财务人员，造成会计控制机制混乱。

3. 审计部门缺乏独立性

煤炭企业内部审计作为企业内部控制的一部分，对内部会计控制的再监督，也是对内部控制其他环节实行监督的重要部分，但是在操作中，内部审计工作在部分煤炭企业没有得到真正的重视，从而内部审计的作用基本流于形式，无法独立出来，极大地影响了内部会计控制功效的发挥。

4. 财会人员素质参差不齐

随着集团公司近几年发展，原先的会计人员部分被派往其他子公司担任管理人员，新的会计人员数量不足，年龄小，专业力量弱。虽然企业通过一些财务培训，但是整体财务人员风险意识淡薄，财务管理素质未得到提高，虽然定期进行财务内部控制培训及后续教育，但在实际操作中都流于形式，未能真正提升财会人员的业务素质及职业道德水准，致使在办理业务时，容易造成未遵照会计制度办事的现象，所以需要加大力度改善会计人员专业结构，适应企业的发展。

(二) 加强煤炭企业财务内部控制的措施

通过对煤炭企业传统内部控制分析，发现其中存在的问题，可以从以下几个方面进行改善。

1. 完善治理结构、优化控制环境

完善法人治理结构不仅是现代公司制的特征，也是适应煤炭市场经济发展的必然要求，合理的企业组织结构将有利于公司整体的运营，控制企业的经营及财务风险，有利于保障财务内部控制建立与实施，从而创造整个财务内部控制良好环境氛围。为此，煤炭企业需要股东大会、董事会、经理层、监事会等组织机构明晰职权责，按所制定的规章行使权力，相互监督、制约，为实施有效财务内部控制奠定基础。

2. 财务内部控制制度的完善与强化

在建立社会主义市场经济体制和深化会计改革过程中，整合后的煤炭企业应在遵守会计准则的基础上，从本企业会计工作的实际出发，建立健全自身会计政策，强化企业财务内部控制制度。集团公司应按照不相容职务相互分离的要求，对各机构的职能进行科学合理分解，制定对应的权限，对设定的财务机构具体岗位的名称、职责、工作要求进行规范。在对业务处理中，重大的财务决策事项、大额资金支付业务则需按规定的权限和程序实行集体决策审批或联签制度，不能由一人单独决策或擅自改变集体决策意见，确保筹资、投资、资金运营等经济活动安全有效地进行，同时，应定期执行财产清查制度，对子公司和其附属公司大额资产进行定期或不定期清查相结合的方式，以保证账、证、物相符或对运行过程中重大差错及时查明原因，落实责任，查处违规违纪行为，保护资产的安全完整。

在财务内部控制体系中，针对相应的权力明确相应的责任，并建立考核与激励制度，促使财务内部控制在整个企业得到有效的贯彻执行，要做到人人有事做，事事有人担。

3. 加强会计监督

会计监督是企业会计活动有序正常运行的保证，主要包括内部审计监督，各个财务部门自身的监督，外部监督，包括独立事务所的监督及政府部门监督。

强化企业内部审计。在煤炭企业内部应建立一个不依附于任何职能部门的、相对独立的内部审计机构，在公司董事会的直接领导下，独立地行使审计监督权。除此之外，内审人员素质的高低直接影响企业内审工作的质量，应配备具有专业知识的人才，现有审计人员应当加强政治和业务学习，提高自身素质和业务水平。

加强企业外部会计监督。企业内部会计控制是企业内部控制的组成部分，其产生和发展受企业内外两方因素的影响。因此，建议实行会计委派制，会计委派制的管理机构为公司财务处（部），委派机构向各基层单位派遣会计机构和财务负责人。委派的会计机构隶属公司财务处（部）管理，会计委派坚持"精简、统一、自愿、监督"的原则，做到"按岗设人，岗有人做"，保证受派人员对受派单位依法实施会计监督。

4. 财会人员素质的提高

财会人员作为内部财务控制实施的主体，同时又是受其他部门监督、控制的客体，财务人员素质高低，不仅影响工作效率，还对企业财务战略发展有一定阻碍作用，所以集团内部必须制定相关工作规范来约束会计人员的行为。对于员工业务水平的提高，需通过培训及后续教育不断强化，加强基本的道德意识教育。同时，为了保证培训的质量，企业也要对培训结果进行考核、激励，实行奖惩结合的方式，保证会计领域的血液得到不断更新，财务内部控制制度得到有效落实与执行。

五、重点提升山西省煤炭企业资金管理能力提升金融安全管理工作

煤炭企业作为一种资源型企业，容易受到行业生产特点的影响，因而在我国长期实行的是粗放型管理模式。如果煤炭企业的资金管理不能够引起足够的重视，这样就会造成资金使用效率低下等问题。随着我国市场经济的不断深入和发展，这些问题越来越影响到煤炭企业的有效运行，因此，提高煤炭企业对资金管理能力，掌握资金运动的特点和规律，有效地组织煤炭企业的资金运动，才能正确处理相应的资金关系，从而提高煤炭企业的经济效益。具体从以下几个方面来实行：

（一）努力提高企业财务管理人员的业务能力和自身素质

随着时代的发展，企业对人才的要求也更加严格。山西省煤炭企业进行规模化的整合之后，企业规模也日益发展壮大起来，因而对企业自身所需的人才也更加重视和需要。山西煤炭企业要提高自身资金管理能力，需要的就是财务管理队伍有着高效的管理效率、高素质的人员及突出的业务能力。因此，煤炭企业首先要不断加大对现有财务人员的业务培训，聘请国内外同类行业的专家为财务人员传授经验，使得财务人员不仅能够充分学习专业知识，而且还能优化自身的知识结构和增加财务管理的经验。其次，山西省煤炭企业应该注重提高财务人员的综合素质，比如，财务人员不仅能够做好传统的财务工作，而且还要能够做到财务的预测、控制、管理等工作，为加强企业财务管理发挥基础性作用。最后，山西煤炭企业应加强与高等院校的合作，注重人才的培养和引进，这样才能保证队伍的先进性，从而不断提高企业自身的资金管理能力。

（二）把资金管理的成果纳入到煤炭企业的考核评价标准中

2009 年以来，山西省煤炭行业整合后，日益集团化，但公司的分公司及子公司的数量也在随之增加，这样带来的是经营管理难度的加大及煤炭企业国际化运营所遇到的复杂风险。因而，煤炭企业在进行资金管理时，必须树立现代财务管理理念。可以将资金管理的运营成果纳入到子公司和分公司考核评价标准中，可以以资金周转率、资金利用率、应收账款周转率、销售的现金回款率等为具体指标来进行考核，这也是对考核体系的补充和完善。

（三）推行全面的资金预算管理，保证资金合理有序进行

煤炭企业不仅要面对自身的压力，如生产成本的提高、销售下降等，还要面对复杂多变的外部经济形势，这就使得煤炭企业更加注重资金的使用能力，因此，煤炭企业应切实强化资金管理，持续深化推行全面预算管理。第一，建立全面、完善的年度现金流预算体系，山西煤炭企业可以借鉴全国和国外优秀企业的年度现金流预算体系，根据自身公司情况来合理地制定体系。第二，许多煤炭上市公司已经建立了完善的月度、季度滚动现金流预算，山西煤炭企业应该去全部推行实施。这样不仅可以结合实际和预算完成情况，还可以建立完善的滚动资金预算体系，然后根据管理需要和实际情况，对年度预算不合理的部门进行及时调整，从而提高资金管理能力。第三，加强煤炭企业的现金流量分析，建立科学的分析体系。煤炭企业与一般企业的不同之处，在于它是资源型企业，要根据煤炭行业的特点，找出存在的问题，并提出进一步加强资金管理的意见、措施，从而提高资金的使用效益。第四，目前财务部门已经建立信息化制度，而且山西部分煤炭企业早已成立了财务公司，如潞安环能，财务公司作为一个独立的法人公司，是集团公司下属的子公司，它可以充分利用电子技术，搭建财务公司资金管理信息系统，作为煤炭集团公司的资金结算平台，充分发挥财务部门"结算中心"和"金融服务中心"的作用，进而加大对各子、分公司的资金归集力度，提高整个资金管理能力。

(四)加强部门之间的配合和协作，重视其他部门人员资金的利用

煤炭企业的资金管理涉及煤炭的开采、运输、销售等多个程序，因而资金管理的高低与各个部门的资金利用有关，因为这些部门员工一般来说也应该承担着降低资金管理成本的责任，这就要求员工要节约经费，不乱增加经费的使用。但最主要的是管理人员，应该加强财务管理的决策层、各部门的管理人员以及实施监督管理者的节约意识，培养他们对企业提高资金管理的重视，同时，建立多渠道监督方式，并最终把加强资金管理意识形成企业文化的有机组成部分。因此，煤炭企业应注重企业各部门的沟通与合作，让企业上上下下形成良好的成本与效益意识，这也是提高煤炭企业资金管理能力的基础工作之一。

六、通过促进山西省煤炭企业成本管理控制能力来提升金融安全管理工作

在山西省"十三五"规划的前提下，全面实施产业调整振兴规划，在煤炭企业整合重组形势下，煤炭企业想要取得长足发展，关键之一是提高煤炭企业自身的成本管理能力。具体可以从以下几个方面进行。

(一)强化煤炭企业生产成本过程控制

生产环节成本的控制是煤炭企业成本控制的重要一环，也是提升成本控制能力的重要步骤。我国煤矿生产分为直接生产环节和辅助生产环节。直接生产环节包括采煤、开拓、掘进等。辅助生产环节则包括通风、排水、供电等，因而为保障煤炭企业生产成本的稳定性，煤炭企业有必要加强此过程的成本控制。

第一，煤炭的开采工作对于企业来说非常重要，因而开采的成本控制工作也值得高度重视。煤炭企业不仅需要持续创新技术，同时要引进高端先进设备，加强对煤炭开采巷道的优化，从而减少煤炭人员的使用，提高开采效率，提高收益的同时，降低生产成本。

第二，努力改善煤炭企业各方面的经营管理，以最大限度地减少生产过程中的各项支出。煤炭企业可以建立完善的企业监督考评体系，尤其是加强对生产过程中所消耗的全部物料等有关费用要严格进行监督和记录，发现不可取之处要及时修正，这样才能控制好成本。这就要求煤炭企业充分明确各岗位权利和义务，同时，各部门应该严格控制好成本，约束自己内部员工的费用使用，避免费用的

乱用现象，这方面可以采取有效的奖惩机制来进行，这样员工们在生产过程中能够努力降低生产成本。

第三，成本控制能力能否得到提高关键在于领导层。煤炭企业应该首先保证高层能够做到有效领导，其次，再以基层管理的成本控制为基础，形成企业上上下下成本管理一盘棋的有利局面。这样就能够做到成本的追踪、成本信息的反馈及成本的有效控制，从而使得企业领导能够把握好生产成本调控的大方向。

第四，在公司采购方面，成本是很大的，而且其中必然存在着一些浪费现象。企业应该要求采购人员和其他人员本着比价比质的原则购买材料，同时，对材料的使用及保管等环节也要重视。

第五，倡导中央提出的"反对铺张浪费，厉行勤俭节约"，这就要求煤炭企业需要加强对废旧物的处置。本着再次利用、改作他用、替代使用的原则，进行最优化的选择，提高使用部门及管理部门的设备利用效率，同时，对设备及时地进行维护，尽量延长已有设备的使用年限，控制好成本，提高成本的控制能力。

(二)完善煤炭生产资源有偿开采制和煤矿隐患排查机制

煤炭企业要完善采矿权的市场建设，加快建立自身的煤炭资源价值评估专门化机构。同时，为进一步提高采矿与探矿市场的有效竞争，避免政府过多的行政干预从而造成企业效率的低下，煤炭企业有必要创新采矿与探矿交易金融工具，让这个市场来确定矿产业的实际价值。同时，要加紧建立煤炭资源价值专门化评估机构，所有的采矿与探矿权相关的经济开采成本、开采难度系数等事项都交由该机构进行专门化管理。这样，能够缩减成本，提高成本的控制能力。

我国煤炭事故频发，造成大量的人员伤亡，对企业和社会乃至国家都产生了负面影响，由此导致的企业安全生产成本也在增加。瓦斯爆炸是煤炭企业生产中引发安全成本最大的因素，因而煤炭企业不应只追求利益，应该为了降低由其导致的安全成本，可以考虑减少巷道数量，这是有效的办法。同时，煤炭企业要变安全隐患因素为可开发资源，将煤与伴生资源联合开采共同开发。这样可以高效地提高煤炭企业的成本控制。

(三)根据企业自身特点，构建适当的成本控制方法

煤炭企业有多种成本控制方法可以选择，但是，符合企业自身特点的才是有效合理的。煤炭企业要考虑自身的组织结构、企业文化、生产方式等，在此基础上进行成本的制定。随着时代不断发展，经济环境不断变化，传统的方法如责任成本法等不能适应或不能完全适应已经变化了的情况，企业如果继续实行，不但不能提高成本控制能力，反而会降低经营效率等，因此，迫切需要结合本单位或本部门生产经营的实际情况进行分析研究，选择作业成本管理法或成本企划法等

现代方法来加强对自身成本的控制能力。当然，企业进行大胆革新，将传统与现代相结合，在一定条件下常常是非常有效的。

（四）建立以科技驱动为主导的成本控制系统

为增强煤炭企业的竞争力，企业自身必须加快科技创新步伐，提升技术水平。首先，煤炭企业要加大科技投入，资金的投入是技术创新的保障。煤炭企业要加快向技术型转变，实现集约化的生产，从而缩减成本。尽快创新，提高技术进步和引进先进技术，不仅是煤炭企业发展的强大的推动力，也是降低生产成本最直接、最科学、最有效的措施之一。其次，煤炭企业要加快信息建设，建立网络管理体系。信息技术渗透到企业管理中可大大降低管理成本。为此，煤炭企业要结合自身实际加快、抓好信息建设，逐步建立起横向到边、纵向到底的闭合网络管理体系。这也是煤炭企业控制成本的有效途径之一。

七、山西省煤炭企业财务管理能力提升经验总结

（一）实现企业财务管理信息化

企业财务管理信息化是指企业广泛利用现代信息技术，如 ERP 管理信息系统，充分开发和利用企业内部或外部的、企业可能得到和利用的并与企业生产经营活动有关的各种财务信息，以便及时把握机会，做出决策，增进运行效率，从而提高企业竞争力水平和经济效益的过程。对于大型煤炭企业来说，只有建立企业的信息化管理系统带动管理的创新和升级，强化对企业生产链每个环节的财务管控，明确每个环节的资金流动情况，才能推动公司生产、经营、安全管理和各项工作再上新的台阶。信息化管理系统从本质上说是煤炭企业在管理体制和经营机制中的一场革命，是带动企业生产、经营、安全管理创新和升级的突破口，在提高企业管理水平、促进管理现代化、转换经营机制、有效降低成本、加快技术进步、增强市场竞争力、提高经济效益等方面都有着深远的现实意义。

（二）实行资金集中管理

对于企业集团，资金的集中管理显得尤为重要。为了适应战略发展的需要，提高集团资金整体使用效率，防范财务风险，增强集团资源配置能力和财务监控能力，应坚定不移地推行资金集中管理。首先，资金集中管理能提高资金整体使用效率。通过资金集中管理，将各分公司或部门沉淀的资金汇集到财务集团公司统一运作，盘活了资金。其次，资金集中管理能防范财务风险。资金集中管理后，企业的抗风险能力显著增强，资金流动的规范性和稳健性提高，通过与各家银行沟通协调，各成员企业长、短期融资合理搭配，避免了短贷长投，有效地控制了

财务风险。最后，资金集中管理能增强资源配置能力和财务监控能力。通过资金集中管理，进一步强化了议价能力，凭借企业优良的品质和良好的信誉来努力提高资产收益率、降低融资费率，增强了企业的资源配置能力。

(三)完善财务内部控制

一般来说，企业资金的内部控制体系主要可以分为事前防范、事中控制和事后监督三个环节。事前控制，首先企业需要建立一套严格的内控规章制度。在企业的资金管理过程中，要合理设置职能部门，明确各部门的职责，建立财务控制和职能分离体系。事中控制主要体现在保障货币资金安全性、完整性、合法性和效益性资金安全性控制。其范围包括现金、银行存款、其他货币资金、应收应付票据的控制。事后监督，在每个会计期间或每项重大经济活动完成之后，内部审计监督部门都应按照有效的监督程序，审计各项经济业务活动，及时发现内部控制的漏洞和薄弱环节。中国煤炭企业通过对内部控制和风险管理理论的认真研究，结合企业的具体情况，借鉴了国际先进的内部控制和风险管理框架，提出了内部控制体系的建设方案。

(四)施行集团财务战略

财务战略管理是为实现企业战略目标和加强企业竞争优势，运用财务战略管理的分析工具，确认企业的竞争地位，对财务战略的决策与选择、实施与控制、计量与评价等活动进行全局性、长期性和创造性的谋划过程。财务战略管理既要体现企业战略管理的原则要求，又要遵循企业财务活动的基本规律。通过实施财务战略管理，对企业原有的财务流程系统进行再造和优化，促进财务工作的转型升级。用财务战略统领企业财务工作，立足企业全局需要和长远发展，引导财务管理实现决策支持、价值创造和风险控制功能，从而有效提高企业财务管理的适应能力和支持保障能力。

施行集团财务战略步骤：①进行财务战略环境分析。财务战略管理的起点是企业财务战略环境分析，通过战略环境分析，管理人员可以对企业所处的外部环境和行业结构、顾客需求、企业自身的资源状况和能力有比较清楚的了解，从而确定企业财务战略的具体目标。②依据相关原则对财务战略的目标进行定位。财务战略的总体目标是促使企业总价值不断增长，实现企业价值最大化，形成企业核心竞争力，保持财务资源优势，支持企业总体战略的顺利实现。③建立财务战略体系。主要涵盖财务治理战略、资金管理战略、控制管理战略和会计管理战略四个子系统。④财务战略业绩评价与调整。企业集团财务战略业绩评价是结合企业集团的财务战略，从战略和价值的角度，采用财务指标与非财务指标相结合的综合绩效评价方法来动态地衡量企业集团财务战略目标的完成程度，并及时反馈信息的过程。⑤财务流程再造。财务流程再造应着重加强以下四个方面的工作，一是优化集团价值链管理；二是提高财务管理流程自身的科学性；三是提高财务流程与业务流程耦合度；四是促使财务管理流程与内部控制相匹配。

(五)提高资金使用效率

煤炭采掘业有投资规模大，生产难度大，危险系数高，投资回收期长等特点，加上一些客观原因，容易造成企业资金长期的积压与呆滞。尽量减少留存资金，盘活现有存量资产，是企业增收节支，提高效益的途径之一。可以通过以下方式提高使用效率：一是合理安排采购计划，加强计划管理，引进日本精益生产的模式(JIT)，根据生产和加工的需要，合理安排订货与采购量及资金，同时尽量避免物资闲置，减少不必要的库存，加速资金周转。二是加强对相关生产辅助设备的管理回收工作。煤炭生产和深加工中工作面大，生产和加工各异，除需大型机器设备外，还需购买大量的辅助设备，造成资金的极大浪费，成本随之增加。三是加强对应收账款的管理，减少应收账款的回收周期，在避免因缩短付款期带来的不利影响的同时，尽量提高资金回收期。四是完善闲散资金的管理。对公司的期间费用，如管理费用、财务费用定期进行盘查，清理各种非生产用资金盈亏。减少不必要的管理费用支出，杜绝公款私用行为。搞好与金融机构或贷款方的关系，在公司战略允许范围内尽量减少债务性融资，减少利息支出。

本 章 小 结

前面七章在充分分析我国煤炭行业发展现状，剖析煤炭企业发展所面临的风险因素的基础上，借鉴可靠的风险预警模型对中国煤炭金融安全进行风险分析与预警研究。第八章则在此基础上分别在国家层面、行业层面、企业层面三个层面对建立和健全中国煤炭金融安全预警管理体系提出对策建议。特别是在企业层面，以山西省为例，大到企业的战略层面，小到企业的操作层面，对企业的各个环节进行分析并提出自己的见解。不仅是对山西省，而且对全国各省的煤炭企业发展都有重要的意义。

参 考 文 献

陈守东, 马辉, 王晨. 2007. 中国金融脆弱性指数的合成及风险预警系统的建立——基于因子分析和 Markov 区制转移模的方法探讨[C]. 南昌: 中国数量经济学会 2007 年年会.

陈文俊. 2005. 企业财务风险与危机管理研究[M].吉林: 吉林科学技术出版社.

迟春洁. 2004. 能源安全影响因素及测度指标体系的初步研究[J]. 哈尔滨工业大学学报, (4): 80-84.

迟春洁. 2006. 能源安全预警研究[J]. 统计与决策, (22): 29-31.

邓晓岚, 王宗军, 李红侠, 等. 2006. 非财务视角下的财务困境预警——对中国上市公司的实证研究[J]. 管理科学, (3): 71-80.

高昊, 李昊彤. 2013. 中国煤炭安全度量体系的构建和预警[J]. 统计与决策, (3): 59-60.

高鸿桢. 2005. 国家金融安全的统计分析[M]. 北京: 中国统计出版社.

郭斌, 戴小敏, 曾勇, 等. 2006. 我国企业危机预警模型研究——以财务与非财务因素构建[J]. 金融研究, (2): 78-86.

郭小哲, 段兆芳. 2005. 我国能源安全多目标多因素监测预警系统[J]. 中国国土资源经济, (2): 13-15.

何谐. 2008. 我国煤炭行业上市公司财务预警研究[D]. 哈尔滨: 黑龙江科技学院.

侯运炳, 张文, 杨新华, 等. 2008. 河北省煤炭资源安全预警研究[J]. 煤炭学报, (5): 561-565.

胡健, 孙金花. 2016 区域能源安全外生警源形成机理及预警体系构建研究[J]. 中国能源, 38(12): 37-41.

胡汝银. 2006. 经济与金融市场一体化: 制约因素与行动取向[J]. 上海金融, (1): 4-7.

贾玉婷. 2016. 煤炭上市公司财务风险预警研究[D]. 石家庄: 河北地质大学.

李继尊. 2007. 中国能源预警模型研究[D]. 北京: 中国石油大学.

李凯风, 朱贵宇, 宋鹏鹏. 2013. 中国煤炭行业金融安全预警管理实证研究[J]. 统计与决, (18): 92-95.

李凯风, 刘传哲. 2010. 基于 VaR 的我国煤炭行业金融安全影响因素分析[J].中国安全科学学报, (7): 134-140.

李晓峰, 徐玖平. 2004. 企业财务危机预警 Rough-ANN 模型的建立及其应用[J]. 系统工程理论与实践, (10): 8-14.

梁飞媛. 2005. 基于现金流的财务危机预警系统实证研究——以机械设备行业为例[J]. 财贸经济, (2): 23-27.

梁飞媛. 2005. 基于现金流的财务危机预警指标体系初探[J].贵州财经学院学报, (4): 44-47.

林伯强, 黄光晓. 2012. 能源金融(第 2 版)[M]. 北京: 清华大学出版社.

林伯强. 2008. 中国能源发展报告 2008[M]. 厦门: 厦门大学中国能源经济研究中心: 187.

林伯强. 2010. 2010 中国能源发展报告[M]. 北京: 清华大学出版社.

刘传哲, 何凌云, 王艳丽, 等. 2008. 能源金融: 内涵及需要研究的问题[J]. 中国矿业大学学报(社会科学版), (9): 59-62.

刘平元. 2010. 煤炭行业财务风险预警 Logistic 实证研究[J]. 科技信息, (24): 725.

刘强, 姜克隽, 胡秀莲. 2007. 中国能源安全预警指标框架体系设计[J]. 中国能源, (4): 16-20.

刘彦文. 2009. 上市公司财务危机预警模型证研究[D]. 大连: 大连理工大学.

卢宇林, 孔新宇, 贾红睿, 等. 2002. 上市公司财务失败预警系统实证分析[R]. 深圳: 深圳证券交易所第四节会员单位、基金管理公司研究成果.

吕峻. 2006. 基于非财务指标的财务困境预测及征兆分析——来自制造业上市公司的实证研究[J]. 中国社会科学院研究生院学报, (2): 52-58.

马成慧. 2013. 露天煤炭开发企业的财务风险管理问题研究[J]. 新财经 (理论版), (12): 341.

倪玉, 徐侨屿. 2016. 煤炭安全预警指标体系建立路径及现实意义探寻[J]. 环境工程, (s1)：950-953.

聂富强. 2005. 中国国家经济安全预警系统研究[M]. 北京：中国统计出版社.

宁静鞭. 2008. 基于 KNN 和 Logistic 回归方法的财务预警模型比较[J]. 商业时代, (13)：74-75.

任惠光. 2007. 中国 A 股上市公司财务危机预警模型构建及实证研究[D]. 山东：山东大学.

商宇航, 郝传波. 2010. 黑龙江省煤炭资源保障安全预警研究[J]. 矿产保护与利用, (2)：53-57.

佘升翔, 马超群, 赵庆华, 等. 2007. 能源金融的发展及其对我国的启示[J]. 国际石油经济, (8)：3-10.

沈悦, 王小霞, 张珍. 2008. AHP 法在确定金融安全预警指标权重中的应用[J]. 西安财经学院学报, (02)：65-69.

宋杰鲲, 李继尊. 2008. 基于 PCA-AR 和 K 均值聚类的煤炭安全预警研究[J]. 山东科技大学学报, (2)：105-108.

孙晓琳. 2010. 基于 Kalman 滤波和 BP 神经网络的财务危机动态预警模型研究[D]. 哈尔滨：哈尔滨工业大学.

王慧敏, 陈宝书. 1996. 煤炭行业预警指标体系的基本框架结构[J]. 中国煤炭经济学院学报, (4)：10-13.

王克敏, 姬美光. 2006. 基于财务与非财务指标的亏损公司财务预警研究[J]. 财经研究, (7)：63-72.

王琳, 周心. 2008. 我国上司公司财务危机预警模型的实证研究[J]. 重庆科技学院学报, (6)：83-85.

王璐, 庞皓. 2009. 中国股市和债市波动溢出效应的 MV-GARCH 分析[J]. 数理统计与管理, 28(01)：152-158.

王思强. 2009. 中长期能源预测预警体系研究与应用[D]. 北京：北京交通大学.

王宗军, 熊银平, 邓晓岚, 等. 2006. 非财务信息与财务危机预警——来自我国上市公司的证据[J]. 价值工程, (8)：155-158.

吴超鹏, 吴世农.2005. 基于价值创造和公司治理的财务状态分析与预测模型研究[J]. 经济研究, (11)：99-110.

吴世农, 卢贤义. 2001. 我国上市公司财务困境的预测模型研究[J]. 经济研究, (6)：46-55.

杨淑娥, 黄礼. 2005. 基于 BP 神经网络的上市公司财务预警模型[J]. 系统工程理论与实践, (1)：12-18.

姚宏善, 沈轶. 2005. 用遗传神经网络模型预测公司财务困境[J]. 华中师范大学学报, (2)：195-197.

叶莉, 陈立文, 王树强. 2007. 河北省金融安全监测预警系统的构建[J]. 统计与决策, (20)：119-121.

袁缘. 2007. 关注关联交易消除银行信贷风险[J]. 金融经济, (20)：154.

袁媛. 2007. 通过流程银行建设加强商业银行内部控制[J]. 金融经济, (22)：172.

张宏民, 葛家理. 2002. 我国能源经济复杂系统仿真研究[J]. 系统仿真学报, (11)：1443-1446.

张后奇, 等. 2002. 上市公司财务危机预警系统的实证研究[R].深圳：上证联合研究计划第三期课题报告.

张紫娟. 2015. 煤炭行业上市公司财务危机预警[J]. 经济论坛, (8)：66-68.

赵长城, 王洲洋. 2009. 基于主成分与 BP 神经网络的中国能源安全预警研究[J]. 经济研究导刊, (11)：241-242.

赵家廉. 1999. 煤炭经济运行分析与预警系统的建立[J]. 中国煤炭, (10)：17-18.

赵青平, 刘平.2010. 从我国煤炭为主的能源结构看经济的可持续发展[J]. 北京：2008 第四届海峡两岸应用统计学术研讨会.

赵媛. 2011. 基于可持续发展的煤炭上市公司财务危机预警研究[D]. 太原, 山西财经大学.

郑翰杰 2015. BL 煤炭公司财务危机的预警研究[D]. 西安：西安理工大学.

Charnes A, Cooper W W, Ferguson R O. 1955. Optimal estimation of executive compensation by linear programming[J]. Management Science, 1(2): 138-151.

Chen M Y, Chen J E. 2001. Statistical inferences in quantile regression models:Primal and dual aspects[J]. Manuscript, 26(1): 41-86.

Chernozhukov V, Umantsev L. 2001.Conditional value at risk: Aspects of modelling estimation[J]. Empirical Economics, 3: 271-292.

Engle R F, Manganelli S. 2004. CAViaR: Conditional autoregressive value at risk by regression quantiles[J]. Journal of Business and Economic Statistics, 22: 8-151.

Georios K, Leonidas Z. 2005. Conditional autoregression quantiles: Estimating market risk for major stock market[J]. Financial Forecasting, 24: 13-17.

Jorion P. 1996. Risk: Measuring the risk in value-at-risk[J]. Financial Analysis,52:47-56.

Koenker R, Bassett G. 1978. Regression quantiles[J]. The Econometric Society, 26(1): 33-50.

La Fleur J K. 2002. Managing a return to financial health[A]//Altman E I. Bankruptcy, credit risk,and high yield junk bond [M]. England: Blackwell Publisher.

Min J H., Lee Y C. 2005. Bankruptcy prediction using support vector machine with optimal choice of kernel function parameters[J]. Expert System with Application, (28): 603-614.

Wagner H M. 1959. Linear programming techniques for regression analysis[J]. Journal of the American Statistical Association, 54(285): 206-212.